Minerva Shobo Librairie

ブルームと梶田理論に学ぶ

戦後日本の教育評価論のあゆみ

古川 治

[著]

ミネルヴァ書房

まえがき

　本書は，アメリカのB. S. ブルームらが開発したブルーム理論が1970年代初頭，到達度評価発展の役割を果たすだけではなく，「教育の現代化」の結果生まれた「落ちこぼれ問題」の解決や，日本における教育評価，カリキュラム，教育目標，授業論など教育に関わる幅広く教育改革へ影響を与え，日本の教育改革の転換点となるとともに，その教育研究実践の多くが，梶田叡一の評価理論を通して学ばれた経過から，梶田と共同研究を行い日本のブルームの実践研究の草分けとなった神奈川県藤沢市教育文化研究所の植田稔たちの「藤沢グループ」や「国立大学附属四中学校」の研究を通して，日本におけるブルーム理論の受容と成果を梶田理論の発展として考察したものである。

　そのため，第Ⅰ章はまず，ブルーム理論の導入を説明する必要上，戦後の日本の教育評価の主流であった相対評価についても遡って，戦後アメリカ教育使節団の指導で導入された科学的評価法として受け入れられた相対評価の歴史を，指導要録の変遷に沿いながら，相対評価の理論的基礎を築いた中心的人物であった教育心理学者の橋本重治の評価論を中心に相対評価の導入，定着，矛盾の止揚について考察した。

　次に，第Ⅱ章第2節は梶田叡一たちによる「ブルーム理論の日本における受容と発展」に関する激しく揺れ動いた，相対評価から絶対評価への改革へと進んだ1970年代を分析した。第4節では相対評価から絶対評価へのターニングポイントになった1980年の指導要録改善協力者会議の議論の様子を再考した。第Ⅲ章はブルーム理論を土台にしながら梶田が独自に「梶田理論」へと発展させた理論の内容を説明した。第1節は梶田叡一が完全習得学習の授業が広がるにしたがって目標達成型の授業形式が目につき再度原則を確認する，1976年に発表した歴史的な文書「完全習得学習の基本原則」について掘り出して触れた。後半は1980年代に入り完全習得学習の在り方の発展として仏教の経典「法華経」をヒントにして開発した「開示悟入」という授業論を提案した内容につい

i

て光をあてた。第2節では，「自己評価能力の育成」について論じた。自己学習のまとめは，振り返り活動であり，梶田にとっても「自己評価論」は重要な位置を占める。第3節は1989年の学習指導要領で提案された「新しい学力観」を支える自己学習能力の必要性と原理，「新しい学力観」を説明する「海面に浮かぶ氷山としての学力モデル」について論じた。第4節ではブルーム批判の対象となる行動目標的な工学的な心理学批判を受け，行動主義的な内容を梶田が「修正タキソノミー」として修正したタキソノミーについて説明した。

第Ⅳ章は，1983年にブルームが日本に再度来日した時の講演並びに質疑の記録を多くの頁を割いたが歴史的資料として採録した。

第Ⅴ章は，「ブルーム理論と実践を拓いた人々の足跡」として代表的なグループ，学校，研究者たちの格闘の取り組みを当時の方々の貴重なインタビュー記録として採録した。日本のブルーム研究の草分けとなった神奈川県藤沢市教育文化研究所の植田稔，茨城県下館小学校長の宮本三郎，「国立大学四附属中学校」と呼ばれている岩手大学附属中学校，静岡大学附属浜松中学校，島根大学附属中学校，福岡教育大学附属福岡中学校，文部省初等中等教育局の中島章夫課長，梶田叡一など教師と文部行政官，研究者等の関係者である。

今，改めてブルーム理論の日本への導入について光を当てなければならない理由は，当時を切り拓いた先人の方々がお亡くなりになったり，ご高齢になったりしているという理由もあり，ブルームついて知らない若い先生方にブルーム理論や梶田理論を知ってもらいこれからの授業実践に生かしてもらいたいという強い願いもある。加えて，現在中央教育審議会では2020年からの次期学習指導要領のあり方が議論され，知識基盤社会を主体的に生きていくための資質能力を育成するための授業改善の方法として「アクティブ・ラーニング」による主体的・協働的な深い学びを実現することが求められている。「アクティブ・ラーニング」の学習によって，能動的，主体的，協働的な学びにより，主体的で総合的な深い学びが育たなければならない。この「アクティブ・ラーニング」の「深い学習」の成果を振り返り，見届ける評価方法として，梶田が提唱した「修正タキソノミー」の必要性が出てきているのではないか。これらの点も，若い先生方に学び直しをしていただきたい点である。

まえがき

　本書の企画は，もともと平成19年度〜21年度　科学研究費補助金（基盤研究C）「通知表にみる学力観の変遷に関する研究」の成果が土台になっている。本書出版に際しては，甲南大学　伊藤忠兵衛基金より出版助成を受けることができ実現する運びになった。ここに，ご協力ご支援いただいた関係者の皆様方に記して感謝申し上げる次第である。

古川　治

ブルームと梶田理論に学ぶ　目　次

まえがき

第Ⅰ章　戦後教育評価論のあゆみ

第1節　戦後期の教育評価……2
1　はじめに……2
2　新しい学習指導要領における評価……3
3　「考査」から「評価」への転換……5

第2節　学籍簿から指導要録へ……8
1　学籍簿は戦後指導要録へ……8
2　相対評価の基礎を築いた橋本の評価論……10
3　相対評価の根拠となる正規分布曲線……14

第3節　相対評価批判と到達度評価……16
1　相対評価の矛盾と到達度評価の誕生……16
2　相対評価批判と到達度評価の実践提言……20

第4節　相対評価から到達度評価へ……22
1　橋本の到達度評価論と相対評価の折衷的評価論……22
2　全国の学校現場に広がる到達度評価……23

第Ⅱ章　B.S.ブルーム理論の日本における受容と発展

第1節　ブルーム理論とマスタリーラーニング……30
1　教育目標の分類学（タキソノミー）とは何か……30
2　形成的評価の理論……32
3　マスタリーラーニング（完全習得理論）の理論……34
4　カリキュラムの理論……35

第2節　『教育評価法ハンドブック』翻訳と藤沢グループ………… 36
　1　ブルーム理論の日本への受け入れ………………………………… 36
　2　IEA「カリキュラム開発のための上級者国際セミナー」への参加…… 37
　3　ブルーム理論実践の草分けとなった藤沢教育文化研究所………… 39
第3節　国立大学四附属中学校とブルーム実践………………………… 42
　1　「学力保障と成長保障」の提案——岩手大学附属中学校の開発研究………… 42
　2　情意面からのブルーム理論研究——福岡教育大学附属福岡中学校の研究実践… 43
　3　「ライフタスク」「ライフセミナー」の開発…………………………… 47
　　　　——静岡大学附属浜松中学校の研究実践
　4　ブルーム理論の弱点の克服と梶田理論の展開……………………… 49
第4節　指導要録の相対評価から絶対評価への転換…………………… 52
　1　ブルーム理論を受け入れた昭和55年指導要録改善協力者会議……… 52
　2　ブルーム理論の限界と課題の克服…………………………………… 53
　3　アメリカの学力問題とブルームによるマスタリーラーニングの提案…… 55
第5節　ブルーム理論導入における梶田の役割………………………… 57
　1　日本におけるブルーム理論の受容をどう評価するか………………… 57
　2　ブルーム理論の今日的必要性………………………………………… 58
第6節　通知表の役割と改革のあゆみ…………………………………… 60
　1　指導要録改善と通知表改革…………………………………………… 60
　2　戦後の「通知表の指導要録離れ」のあゆみの分岐点………………… 61
　3　本紙とポートフォリオファイルのセットの通知表「学びの光り」…… 64
コラム　梶田叡一研究の折り返し点としての『授業改革の論理』… 67
　　　　——ブルーム理論を日本の教育界に問うた成果，1977年，文化開発社

第Ⅲ章　梶田理論の発展

第1節　完全習得学習の実践課題と開示悟入の提案…………………… 70
　1　完全習得学習の実践の広がりと課題の出現………………………… 70

2　「開示悟入」によるタキソノミーの組み直し…………… 74
第2節　自己評価能力の育成…………… 84
　　1　自己評価能力の育成…………… 84
　　2　自己評価活動の問題点…………… 85
　　3　自己評価活動の心理的過程…………… 86
　　4　自己評価は，何について，いつ，するべきか…………… 88
第3節　新学力観と自己学習能力…………… 92
　　1　自己学習能力と新しい学力観…………… 92
　　2　「海面に浮かぶ氷山としての学力」の提唱…………… 93
　　3　総合的な学力を育てる能動性，体験性，内面性…………… 95
　　4　新しい学力観は観点別評価の四つの窓から総合的に評価する………… 97
　　5　「教え論」から「学び論」への転換…………… 99
第4節　梶田の修正タキソノミー…………… 101

第Ⅳ章　B.S.ブルーム博士講演（来日記念講演）

B.S.ブルーム博士　講演　マスタリーラーニングとは…………… 110
　　――その成立と発展
　　1　生徒の学力はそれ以前に何を学んだかで決定される…………… 110
　　2　マスタリーラーニングは学力の決定論からの脱却…………… 112
　　3　マスタリーラーニングによる学力の向上…………… 114
　　4　集団指導しながら，個別指導と同じような効果を上げる方法………… 119
　　5　マスタリーラーニングをいつすれば効果が上がるか…………… 122
　　6　教師がマスタリーラーニングから得るものは何か…………… 123
　　7　Q＆A：ブルーム博士の回答と梶田叡一（翻訳補助者）の補説……… 124
　　8　ブルーム博士からのメッセージ…………… 131
コラム　教育学者ブルーム博士…………… 134

目　次

第Ⅴ章　ブルーム理論と実践を拓いた人々の足跡

第1節　植田　稔氏インタビュー……………………………………………… *138*
第2節　竹田紀男氏／田中吉兵衛氏インタビュー……………………… *150*
第3節　陣川桂三氏インタビュー……………………………………………… *166*
第4節　伊藤雅章氏／杉浦治之氏インタビュー……………………… *180*
第5節　宮本三郎氏インタビュー……………………………………………… *196*
第6節　中島章夫氏インタビュー……………………………………………… *210*
第7節　梶田叡一氏インタビュー……………………………………………… *219*
　　　　──戦後教育評価改革のこれまでとこれから
コラム　心理学者梶田博士………………………………………………………… *234*

資料編
　　　戦後教育評価のあゆみ……………………………………………………… *237*
　　　戦後の指導要録の様式の変遷…………………………………………… *246*

あとがき

人名索引／事項索引

第Ⅰ章
戦後教育評価論のあゆみ

第1節
戦後期の教育評価

1 はじめに

　戦後の我が国の学校教育における教育評価は，戦前行われていたような教育測定（measurement）や教師の経験と感に基づく主観的絶対評価（認定評価）に変わって，学習の評価方法では教師の主観性を排して，科学的に行うため，小・中学校の指導要録（permanent cumulative record）において集団に準拠した評価として相対評価（norm-referenced evaluation）が用いられるようになった。相対評価は正規分布曲線（normal distribution curve）を前提にして，生徒集団を機械的に5段階に割り振る評価方法である。相対評価は戦前の教師の主観的な絶対評価と違い，集団を準拠にして行う評価（norm-referenced evaluation）であり，ある集団における個人の能力の位置づけが明らかにできる（学力等の個人の差を弁別）ので，客観的な選択資料としても用いやすいという点などから，科学的で客観的な評価方法として成績評価，通知表，内申書，指導要録等の評価方法として長く主座を占めた。

　しかし，1960年代後半以降の通知表論争，70年代に入り絶対評価（absolute interpretation），形成的評価（formative valuation），完全習得理論（mastery learning）を提唱するブルーム理論の日本への紹介，相対評価と絶対評価の論争の経過をたどり，1980（昭和55）年文部省の指導要録の改訂において観点別学習状況という記録欄を新設し，学習状況をみる到達度評価法（criterion-referenced evaluation）によって評価することになった。到達度評価の広がりの結果，相対評価は徐々に絶対評価（目標に準拠した評価，absolute interpretation）に改訂されていった。

2　新しい学習指導要領における評価

（1）考査は学習指導の効果を上げるためのもの

　1947（昭和22）年，文部省から発行された学習指導要領（一般編，course of study），序論「なぜこの書はつくられたか」の書き出しは，戦後教育について「これまで上の方から与えられたことを実行する画一的な傾きのあったのが，下の方からみんなの力で，作り上げていくようになってきた」と述べている。新しい学習指導要領は（試案）と断った上で，第一章―教育の一般目標，第二章―児童の生活，第三章―教科課程，第四章―学習指導法の一般，第五章―学習結果の考察と52頁で構成され，特に学習評価に関わっては，第五章―学習結果の考察として35～52頁までの8頁を当て重視している。第五章―学習結果の考察では，(1)なぜ学習結果の考察が必要か，(2)如何にして考査するか，(3)熟練の度の考査で構成され，評価は教師の側からは「かれらがどう変ったかつきとめてみなければならない」，そのため「教材が適切であったか」，「指導法が適切であったか」を反省することができるし，児童の側からは「自分の学習がそのめざすとこにどれだけ近づいているかをみる機会となり，次の学習を如何にすべきかをつかむことができる」など，教師側，児童・青年側の両面からの手が掛かりになるし，考査は「学習指導の効果を上げていくため，欠く事のできないものである」考査の科学性と新教育の精神が感じられる内容である。新しい学習指導要領の評価ではまだ文部省は「評価」という用語を用いずに「考査」という用語を用いているが，その評価観は「教師にとって」「児童生徒にとって」と学習評価の意義を踏まえた内容になっており，文部省が戦後初めて教育評価についての考え方を表した記念すべき学習指導要領であった。

（2）「考査」にこだわった青木の新しい評価論

　この学習指導要領の新しい評価の作成に関わった中心人物が，文部省教科書局の教材研究課長を務めた教育心理学者の青木誠四郎（1894～1956）である。青木（1949年から東京家政大学長へ転出）は1947（昭和22）年の学習指導要領であ

えて「考査」概念を用いた理由を，1948（昭和23）年の『学習指導の基本問題』という自著の第4章で次のとおり述べている。

> わたし達は学習の指導において，その過去をふりかえって将来を企て，教師の責任を果たすようにしなければならないし，学習指導の問題を解決するように努めなければならない。ここに，指導結果の考査の意味がある。
> EVALUATIONといわれているものを評価とか，判定とかいう言葉で考えている人が多いが，評価というと，ただその結果を評価するという語意が強く……効果判定という言葉もそうである。これは考査という語が従来の試験のような内容をもつにおいがあるので，新しい言葉として工夫されたのであろうし，EVALUATIONという語の直訳としては適当であるともいわれているが，いま上に言ったような意味でのEVALUATIONという全体の働きを示す点でどうか。わたしは，しらべ考えるという意味の考査という語を新しい意味において用いていきたいと思う。

青木は，その上でこの学習結果の考査の意義として，①考査は学習指導の改善を目指すもの，②学習の到達点を明らかにできるもの，③考査は多面的にする，④変化を見るものであるので，指導前の考査と照合が必要，⑤継続的にすることが必要で，そのため到達点を知識，態度，理解，技能の多面的な面から考査を行わなければならないと述べている。青木は，考査という用語を使いつつも，評価は教師にとって，生徒にとって，指導の改善のためというなど戦後の新しい評価観の立場を明らかにした。

しかし，戦前の教育測定時代から活躍していた青木は，考査の客観性を重視する故に，学力の個人差は知能と関連し，知能の分配は正規分布曲線によるという立場をとり，そのため教育測定にも，知能検査にも肯定的であり，戦前からの教育測定学がすべての点数を持って正規分布曲線にすることに対しても理解を示したと考えられる。

3 「考査」から「評価」への転換

(1)「評価」を用いた1951年版学習指導要領

文部省が1951（昭和26）年に発行した学習指導要領は，Ⅰ，教育の目標，Ⅱ，教育課程，Ⅲ，学校における教育課程の構成，Ⅳ，教育課程の評価，Ⅴ，学習指導法と学習成果の評価の107頁から構成され，評価に関する内容は，Ⅳ，教育課程の評価とⅤ，学習指導法と学習成果の評価の二章にわたって論述された。注目すべき点は文部省の評価に関する用語が「考査」から「評価」に変わると同時に，加えて1951（昭和26）年版学習指導要領は47年版に比べて，「人格の全体的発達の観点から」総合的に評価することが追加されたことである。しかし，1947（昭和22）年版の考査の考え方，①教師には学習指導計画を改善する契機にすること，②子どもには学習の進め方を反省する契機にすることの新しい時代の教育評価の考え方の二点は1951（昭和26）年学習指導要領にも引き継がれた。

(2) 小宮山栄一の「教育評価」論

1951（昭和26）年版学習指導要領並びに1948（昭和23）年版児童指導要録の改訂委員の中心人物として「評価」という用語を導入し，戦後の評価を拓いたのが，1946年に文部省教科書局事務官に就任した小宮山栄一（1913～1963）である。小宮山栄一（昭和26年に東京高等師範学校教授へ転出）は1949（昭和24）年の自著『教育評価の理論と方法』のまえがきで，「新しく叫ばれつつある評価（エヴァリェーション）ということばは新しく，理論的，方法論的展開は今後の研究に俟たなければならないが，本書が多少なりとも寄与することができれば」と前置きし，戦後最も早く新しい評価論（エヴァリェーション）を述べている。

小宮山は戦前の評価の反省として，「（これまでの評価が）個人差を正しく認識し得なかったことは，成績の制定にもそのまま反映して，学期末あるいは学年末において児童がどれだけ進歩したかを測定するのではなくして，他の児童

との比較によって，学級の平均とか一定の標準に照らして，優劣を制定することが多く，指導上どのような役に立つか反省が加えられることはまれであった」と述べ，第九章「結果の解釈と処理」で具体的に（テストの）素点に意味が与えられるためには，絶対的な規準と比較するか，他の生徒の成績と比較しなければならない。例えば，「この児童はよく本を読むことができると言えるのは，他の児童と比較することによってそういえる。考査や測定から得られた素点を解釈したり利用したりするための技術が教育的統計法と呼ばれるものである」。測定の結果を分配表あるいは分配曲線をもって現すと，全体の傾向を知ることができる。「正規分配曲線は理論的思考に基づいた数学的概念であるが，それが統計法の上に重要性を持っているのは，ある種の事実の実際的分布状況ときわめて一致の度が高いためである。」「この曲線の特徴として，中央に山があってそれから左右に進むにつれて低くなり，全体は鐘を伏せたような形で左右対称で」，評価方法として相対評価法を推奨している。

　小宮山は教育測定と教育評価の違いについて，「教育測定が児童生徒がある教材をどれだけ学習したかという観点から行われていたのに対して，教育評価はその教材をどのように学習しているか，いかに児童生徒の人格をつくりつつあるかということを学習者側から中心に問題にするものであり，教育評価は学習成果を判定するだけのものではなく，学習指導への改善へとつなげるものである」という考えを述べている。したがって，教育方法としては，これまでの測定に加えて標準テストの使用と相対評価法等を総合的に使用する評価方法を提案した。小宮山は文部省が昭和24年に旧来の学籍簿を新しく「指導要録」と命名する前の学籍簿改訂委員会にも参加し，全国の教師に五段階相対評価法（five point ratings）を推奨している。

　しかし，留意すべき点として同時にこの評価法には欠点があり最小限にする必要があるとも指摘している（東京文理大学内教育心理研究会，1949）。それは，五段階相対評価法は統計法に従った方法であり，教師はすべての児童生徒に立てた目標に到達するように指導しなければならないのであるから，すべてのものが到達すれば学力は正規分布しなくなる。わずか50〜60人の学級を基準にしてこの方法を適用するには無理があるとも述べている。しかし，小宮山たちが

勧めた学籍簿改訂委員会，その後の「指導要録」の五段階相対評価法は講習会を通して学校現場に広がり，小宮山たちの評価論は，戦後の新しい相対評価導入の基礎づくりの役割を果たした。

第2節
学籍簿から指導要録へ

1　学籍簿は戦後指導要録へ

（1）指導要録の誕生と五段階相対評価

　1947（昭和22）年，7月に文部省教科書局長・学校教育局長の連名で，「学習指導要領の解釈及び適用について」の通知が出され，「学習結果の考察と記録について」に関して，「学期末の機会に，学習結果の考察を整理するにあたり，従来のならわしのように，単位に各教科ごとに学科試験を行って，点数又は標語を与え，児童生徒の序列をつけたりするのは好ましいことではない。むしろ，児童生徒の発達や学習過程上の特徴をとらえ，それを客観的に記録し，指導の基礎資料とすることが望ましい」とした。これを受け旧学籍簿が，1949（昭和24）年，9月に文部省初等中等教育局長通知として，「児童指導要録」と改訂された。

　1949（昭和24）年の指導要録の様式は，①在籍状況，②出欠状況，③身体の記録，④標準検査の記録，⑤行動の記録，⑥学習の記録，⑦全体についての指導経過等である。標準検査の記録では知能検査が位置づけられた。「行動の記録，学習の記録は，普通の程度を『0』，それよりすぐれた程度のものを『＋2』，それより劣る程度のものを『－2』，とする。『＋1』，『－1』はそれぞれの中間程度を示す。一般に『0』が多数，『＋2』『－2』は極めて少数」というものであった。「行動の記録」は「人と親しむ」以下23項目が設定され，五段階相対評価法で行われ，「所見」は個人内評価（intra individual interpretation）が用いられた。学校現場への講習会が行われ，「＋2」「－2」は各7％，「＋1」，「－1」は各24％，「0」は38％の正規分布曲線によると，五段階相対評価が学校現場へ講習された。

次の1955（昭和30）年の指導要録の改訂では，学習の記録は「評定」欄と「所見」欄とに分けられたが，「評定」は5，4，3，2，1の五段階相対評価の記入になり，「行動の記録」も自主性等9項目に整理され，A「特に優れたもの」，B「普通」，C「特に指導を要するもの」の三段階絶対評価に変更された。他は大きな変化はなかったが，「優秀な児童・生徒を有する学校では，相対評価では優秀な成績にもかかわらず正しく評価されない」などの問題点が指摘された。その後，指導要録の改訂は1961（昭和36）年，1971（昭和46）年と続き，1980（昭和55）年の改訂では絶対評価に基づく観点別評価が導入されるなど絶対評価へと転換されていくことになった。

（2）指導要録が二つの機能をもつ矛盾

　旧学籍簿から改訂された指導要録の変遷を振り返っていてみよう。『教育評価事典』の「指導要録の変遷」の項目解説には，以下のようにある。

　　指導要録の前史として学籍簿がある。1881（明治14）年「学事表簿取調心得」で「生徒学籍簿」の記入項目が規定された（学業成績を含まない）学校戸籍であった。1900（明治33）年に，学籍簿の様式が定められ，操行を含む学業成績の記載が始まった。次いで，1941（昭和16）年国民学校学籍簿では，学業成績において習得，考察，処理等の評価観点を示し，優・良・可の「良」を「学年相応に習得したもの」と初めて評価基準を示した。戦前の学籍簿は教育原簿を標榜するに至ったが，目標，教材が絶対化されているものでは子どもの能力の分類と選別の域を出なかった。

　　戦後の指導要録は戦前の学籍簿の戸籍的性格を批判し，子どもの発達を全体的・継続的に記録して，指導に生かすための原簿とその性格が規定された。1948（昭和23）年の小学校学籍簿（翌年指導要録と変更）では，学習，行動，身体，の全面にわたって精細な分析的評価項目を設定し段階評価を行った。このとき，教師の主観的な評価を排除するため相対評価が導入され，指導要録が1955（昭和30）年改革の際，対外的な証明の原簿という性

格が付加され,指導機能と証明機能という二つの機能を担わされることになった。

項目を担当した山根俊喜は,「指導要領がこの対外的な証明機能という側面から,指導要録の「客観性」「簡潔性」「統一性」が強調され,この「客観性」の要求が相対評価を温存させることになり,「簡潔性」の要求は戦後初期にはなかった教科別総合評定の復活をもたらし,各教科の評価の中心に相対評価が据えられ」強固な存在になったと分析している。

2　相対評価の基礎を築いた橋本の評価論

(1) 相対評価を出発点にした橋本の初期の評価論

橋本重治(1908～1992)は,青木誠四郎や小宮山栄一に続いて戦後の「指導要録」に相対評価よる理論的な基礎を提供し,指導要録の評価枠の構成に大きな影響を与えた教育心理学者である。橋本の評価研究は,1950(昭和25)年の『教育評価法』から始まり,文部省の1960(昭和35)年版「指導要録」作成にも加わり(当時,横浜国立大学学芸学部助教授)それ以降絶対評価が導入されることになった1980(昭和55)年版「指導要録」までの間,相対評価による教育や教育行政などに大きな影響を及ぼし,戦後評価論をリードした研究者である。

橋本の評価研究の処女作は,1950(昭和25)年の『教育評価法』と考えられるが,橋本はこの著作の序で,

> 社会の進歩や科学の発展とともに,教育哲学やカリキュラムや方法論が新しく変わってゆくのは当然であり……必ず有効性に規準で凡ての教育計画を検証する何等の工夫が入用であり,評価は将にそのための工夫である」。「今日の教育に新しいカリキュラムと学習指導法とを導入したのと同時に,新しい評価法を導入したのは正しいことであった。評価も亦,単にアチーヴメントだけではなく,態度・興味・鑑賞・人格性・適応性・精神能力・健康等々人格の全位相の発達変化を取り扱うことになった

と述べ、第一部「現代教育評価の性格」、第二部「現代教育評価の用具」、第三部「評価目標の分析とその評価の実際」、第四部「結果の処理解釈と評価計画」の四部構成で、「近代評価の精神と実際を明らかにする」と提言した。内容を見ると橋本は評価方法の技術・技法を中心に著しているように見えるが、第一部「現代教育評価の性格」で述べた社会の進歩や科学の発展とともに、教育哲学やカリキュラムや方法論が新しく変わってゆくのに合わせて近代教育評価も変わっていかなければならないとして、戦前の教育測定とは一線を画し、「指導のための評価」という戦後の教育論、学力論を背景に大きな視点から評価論を展開した。

橋本は、現代教育評価の機能として次の五点を挙げた。それは、① 児童生徒の有効なガイダンスの技術を準備するため、② カリキュラム・指導学習法並びに教材の有効性の吟味と修正のため、③ 生徒に、自分の進歩と欠陥とを評価させ、激励と動機を与えるため、④ 父兄や一般社会の批判に応え、その協力を得るため、⑤ 学校の業績に一定の水準を維持するためである。

次に、そのような現代教育評価の機能を持った評価の特質として、① 教育の目的、指導の目標と不離の緊密関係を持つ（測定やテスト特別される所以の点であると強調）、② 包括的・継続的でありかつ融通性に富む（カリキュラムや指導法の改善に奉仕するためにも包括的であることが要求される、ガイダンスや生徒の学習指導の一部とするためには成るべく継続して行わなければならない）、③ 現代評価は診断的である（そこから治療手段が生まれるものでなければならない）、④ 現代評価は評価を生徒のものとする（自己評価を通して自己向上を）、⑤ 現代評価は叡知的な結果の解釈を要求する（単に点を出す優劣ためだけではなく、生徒の要求・興味・態度・才能・環境との関係で吟味し、目標の進歩と関連させ、その人格の図絵を描くところまで進むのが好ましい）という。その上で、彼の後年の主著である『教育評価法総説』（1959年）、『新教育評価法総説』（1976年）に発展する教育心理学的な評価方法の技術・技法の膨大な内容に継る基本的な評価方法の技術・技法を述べている。

さらに、第四部「結果の処理解釈と評価計画」では、「評価の目的は、個々の生徒のガイダンスやカリキュラム・教授法の改善等にあるということ、従っ

て最終手段は結果の解釈利用にある」として具体的に，その手法を提言している。①その個人自体の立場からの処理解釈，②他との比較での処理解釈（個人についての単一テストの結果を学級その他の集団内において他の生徒の成績との比較よって相対的に処理解釈することは他の一つの方法であり，理論的には問題もあるが依然試みられてよい方法である。）橋本は，「1学級50人のクラスでは，5段階法による区割りが小・中学校では適当である」として，柔軟に正常分配曲線を利用することを勧めている。ここに橋本のその後の相対評価論の考えが提出されていると見ることができる。

(2) 処理解釈が最終的に重要と考えた橋本

次に，戦後の指導要録の評価法の構成を主として「相対評価」方法が優れ，補う評価方法として「個人内評価」と「絶対評価」の組み合わせが望ましいと提言した橋本の理論について見てみたい。

橋本は，1959（昭和34）年に24章構成（699頁）の大著『教育評価法総説』を著し，その後の1981（昭和56）年には『到達度評価の研究』を著し到達度評価の役割にも理解を示したが，その評価観は基本的に相対評論が中心であり，終生変わることはなかった。

まず，第一部，「教育評価の概念と原理」では，ソーンダイク（Thorndike, E. L.）以来の日米における教育測定批判と評価への発展，次に教育評価の機能と特質について，現代教育評価の機能と現代教育評価の特質を改めて述べ，「教育評価は，教育計画全体の必須の一面であり，有機的一断面であり，教育の全体制を理解しなければ評価ということが理解されないし，近代評価法の研究はそのまま教育全体の理解に導いてくれる」と教育と評価の関係を，教育技術の問題に矮小化することなく教育における評価の意義を新しい戦後教育という大きな枠に位置づけて捉えている。

そして，相対評価の重要性については第五部，第二十三章で求めた資料の処理解釈が評価の仕事の最終段階であることとし，「評価の本義が，価値判断と解釈ということにあるのであるから，この段階の仕事は評価のあらゆる過程中最も本質的な仕事である」「小学校や中学校の指導要録や通信簿の五段階評点を

……いかに評価し，解釈し，評点や標語に表すかという問題であって，評価の利用の見地からみてもまた生徒や父兄に及ぼす影響から上からみても重要な問題であると」と重く位置づけられた。

（3）相対評価，個人内評価，絶対評価の併用

　橋本は相対評価，個人内評価，絶対評価の三者について次のように概念規定している。「相対評価とは学級の他の生徒や，全国の同年齢の成績を規準に，それと比べて相対的に見る評価法である。この方法をとれば，知能その他の点から見て成功であると解釈できる場合でも，他の生徒と比べて劣っておれば2とか1とか，可とか不可とかで評価されることになる。小学校，中学校の指導要録の学習記録の中の『評定』がこの相対評価による。相対評価法は，生徒の人数の比率を予め定めておいて，その比率に従って評定する」方法であると規定している。

　次に，個人内評価については，「成績の結果を他の生徒と比較し解釈するのではなく，その個人の中で，個人内差異をみることによって解釈する方法である。その個人の一定教科内における諸観点，諸領域の成績間の比較」，また「個人の成績を縦断的に過去の成績と比較する。これで進歩の概念による評価が可能になる」として，個人内評価を横断的個人内評価と縦断的個人内評価に分類している。

　さらに，絶対評価については，

　　学校のカリキュラム要求を規準としてそれに照らしての評価，予め定められた学年相応程度を規準としてそれに比較しての評価であり，100点満点法で60点以上を合格とか40点以下は不合格とか決めるのはこの立場である。たとえば，およそ80点以上とった生徒は，仮にそれがクラスの大半を占めていたとしても，全部成功したと解釈しても差支えないことになる。現行指導要録では，高等学校の「評定」がこの立場をとっている。

とそれぞれについて概念規定と説明を行っている。

第Ⅰ章　戦後教育評価論のあゆみ

（4）信頼性・客観性を備えた相対評価

　その上で，橋本は各評価法の長所，短所について述べている。相対評価，個人内評価，絶対評価法には一長一短があり，どれか一つの方法で十分というような方法は存在しないと前置きしつつ，相対評価の長所として，①「学校・学級ではきわめて客観的に評価することができる」。②「5点を取った子は学級や学年で上位の7～8％（50人中上から4～5人）に入っていることを意味し，各評点の示す価値の度合いが明確である」。③「他の方法がもっている教師の主観が入る余地を排除し，他者と比べてみてこそ，はじめて事態がはっきりするし，生徒や父兄も最後の合点がゆく」と評価している。
次に，個人内評価の長所としては，「今日の個性教育の見地そのまま即した評価の仕方である。個人の横断的なデコボコを診断的に評価でき，縦断的な時間的変化をみることができるので，発達の評価も可能とされる」。しかし，「客観的な比較を可能にする根拠が欠如している」としている。また，絶対評価の長所としては，①「この方法が信頼できるようになれば，個人や集団の学習の成功・失敗をみきわめることができ，進歩発展を見ることができ，②「正しく行われるなら，……無用の競争をなくすことができよう」が，短所として「主観性と非信頼性にあり，程度を規定するというけれども結局教師の主観に左右される致命的弱点」があると言い切る。
　その上で，橋本は「評価では信頼性とか客観性ということが重要で，欠点があるにもかかわらず相対評価法は大きな長所をもっている。他の方法も併用することにより短所を補うこと」ができると結論づけている。
　1961（昭和36）年の指導要録改訂協力者会議には橋本も委員として参加し，彼の三者併用論を基に，「評定」欄は相対評価，「所見」欄は横断的個人内評価，「進歩の状況」欄は縦断的個人内評価によって構成されることになった。

3　相対評価の根拠となる正規分布曲線

（1）正規分布曲線の性質

　その上で，第二十四章「正規分布曲線の利用」で相対評価の統計的根拠で，

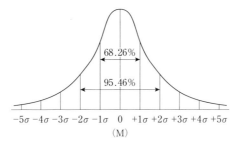

図1-1　正規分布曲線とそのS.D.との関係
出所：橋本（1959），612頁。

評価のための統計法として，正規分布曲線は数学の理論に基づいているから，「知能・学力・身体その他心理的，教育的事象を，この曲線並びにその場合の標準偏差（S.D）の持ついろいろな重要な数学的性質を応用し解釈することは有益である」としている。

橋本は，指導要録の五段階評価法の根拠として，「旧来，学籍簿や通信簿などの評価法に関しては，百点満点法とか，十点法とか，甲・乙・丙とか，上・中・下とか優・良・可などの標語が用いられてきたが，どの方法もそれを統制する規準らしい規準もなく設定されているので客観性がなかった。指導要録の評定法を客観的にするには，正規分布曲線の性質を援用するほかない」，「1学級50人程度の集団にこれを応用して，5・4・3・2・1の評点がそれぞれ，7，24，38，24，7パーセントとなる。最も多くの人から受け入れられている五段階評価法である。」と，正規分布曲線を相対評価の理論的根拠としている。

第3節
相対評価批判と到達度評価

1 相対評価の矛盾と到達度評価の誕生

(1) 落ちこぼれ，通知表等評価問題の噴出

　1961（昭和36）年に指導要録が改訂されて以降，相対評価の矛盾が噴出する間の時代的議論は如何なるものであったのか。1960年代から1970年代にかけては，受験競争による序列化教育の激化，現代化による「落ちこぼれ」問題，相対評価批判等学力と評価に関する教育問題が次々に生起し，絶対評価（到達度評価）を誕生させるきっかけになった時代である。

　まず，1961版指導要録批判が提起された。代表的な意見を紹介すると，1961（昭和36）年には民間教育運動として算数教育の「水道方式」を開発した遠山啓が，『現代教育科学』（3月号）誌上で，相対評価は「教育はすべての子どもが5を取ることであるが，五段階評価は成績を上げるためには誰かが落なくてはならない排他的な競争を煽る評価である」と批判した。

　次に，生活綴り方教育の立場から東井義雄が『現代教育科学』誌上の1961（昭和36）年3月号，1962（昭和37）年5月号で相対評価では，子どもの「伸び」が表現できない，人間全体を評価できない，現行の所見欄では子どもの態度を評価できない非教育的な評価であると批判した。

　また，遠山同様民間教育運動として仮説実験授業を創設した国立教育研究所の板倉聖宣も1966（昭和41）年に相対評価批判を「正しい学力評価」（『教育心理学年報』）として，各地の学校で講演を行っている。早くから理科の仮説実験授業の「授業書」づくりを通して，教育内容を到達目標とする到達度評価の考え方を問題提起しただけに，板倉は科学の授業を仮説実験授業の方法ですることを創設する中で教育評価についても先進的に研究し，後年雑誌「ひと」

(1974年6月号)で「私の評価論」としてそれまでの相対教育批判をとりまとめて著している。

1973(昭和48)年，いち早くブルーム理論を日本に紹介し，形成的評価を通した完全習得学習の先導役を果たし教育評価改革に大きな影響を与えた梶田叡一は後年到達すべき教育目標を，「達成目標」「向上目標」「体験目標」に分類する際，板倉が提案していた「方向目標」をヒントに「向上目標」を設定したと述べている。

(2) 相対評価に対する教育心理学者の立場

教育心理学者たちはどのように考えていたのか。1980(昭和55)年の「指導要録改善協力者会議委員」を務めた教育心理学者の肥田野直(東京大学教授)は1966年発行の『教育学全集』第4巻(細谷俊夫・末吉悌次・吉田昇編著)「学力と評価」で，「相対評価は学級全体が進歩すれば，個人の努力や進歩は評点では変わらない。この欠陥を補う絶対評価—縦の評価(個人の進歩の評価)に適した尺度が必要で」，次に「標準検査の記録であるが，標準学力検査や知能検査が学習指導やガイダンスへの利用は不十分である。」また，「相対評価は教師にはそれなりに意味を持つが，我が子を育て導くかが関心事の保護者には，現行の相対評価は知能検査が父母の競争心をかきたてる以外の作用を持たない」と知能検査にまで問題提起をしている。

日本教育心理学会の関係者は如何に見ていたのか。当時の状況(主として論文の多くは1970年半ば頃，昭和40年代を中心に執筆されたが，出版が1982(昭和57)年と遅れた『日本の心理学』)(教育科学研究会の創設者である心理学者の城戸幡太郎の80歳を記念して出版)の中で，松本金寿(東北大学名誉教授)は「教育心理学の動向」の中で「評価の問題」として次のように，教育評価の問題を跡付けている。

　　日本教育心理学会は，1966(昭和41)年大会では『正しい学力評価のあり方』，1969(昭和44)年大会では『現代教育評価の諸問題』を総会シンポジウムの課題として取り上げてきた。これまで我が国の研究の依拠してき

> た教育測定運動の延長線上の評価論と，教育実践の中で求められている教育評価論のギャップは埋められなければならない。
> 　我が国の評価研究は検査・測定の次元にとどまっていると言わざるを得ない。戦後，わが国の教育界で広く公認されてきた五段階相対評価法についてその教育的矛盾が提起され，その止揚が開始されている。
> 　これまで，方法論にのみで見失ってきたことを反省すべきである。我々に課せられた課題は，教育目標の実現を正しく評価できる方法論を構築することと併せて，それが具体的な教育過程で機能する動態についての研究である。

と1960年代を総括し，問題の止揚の必要性が1970年代の評価研究の課題であることを認識していた。

（3）通知表論争と指導要録の是正

　1966（昭和41）年，兵庫県八鹿小学校は東井義雄校長の指導のもと到達度評価による通知表「あゆみ」を全国に公開した。東井は，「評価することは教師の悩みなのだ。現在の評価の仕方，方法，指導要録の中身そのものがもたらす悩みなのだ」。「評価する私たちにしても，一学期より伸びてきた場合励ましてやりたい。にもかかわらず，おなじ『3』という数字でしかその頑張りをあらわすことができないということは，苦しいことだ」と子どもにも教師にも励みになる「学習の記録」を打ち立てたい，と述べている。通知表の「学習の様子」は，各教科，学年ごとに到達目標を設定し，それぞれ「◎（目標の9割以上の達成），◯（9割〜6割達成），○（6割以下）」の3段階絶対評価に改革した。6年生の算数の場合の評価規準として，「数と計算」領域では，「整数，小数の四則計算ができる」「分数の加減乗除ができる」「そろばんを用いて2，3桁の掛け算ができる」，「量と測定」「図形」「文章題」の各領域で計10項目の評価規準を設定している。八鹿小学校に続いて，子どもたちの学力保障に取り組む学校や教職員団体，人権教育研究団体等多くの教員組織が推進役になって，通知表改革や指導要録記入方法の改善や指導カルテの導入などの取り組みが進

第3節　相対評価批判と到達度評価

んだ。

　1967（昭和42）年からは，1946年の社会科学習指導要領作成の中心者であり，「社会科の初志を貫く会」の創設者の一人だった上田薫は，「点数による評価は子どもの実態を把握し，それに対応した指導ができない」ので，「評価は実践の出発点，中間点として機能しなければなない」という評価論に基づいて，静岡県安藤小学校で「カルテと座席表」を用いた試みで子どもたちをとらえ，授業に活かす取り組みを始めた。

　ところで評価の問題はマスコミでも問題になった。1969（昭和44）年，2月のTVのモーニングショーの中で，保護者からの「今の通知表では我が子がいくら努力して良い成績を上げても，評価の人数枠が決まっていて評価されない」という趣旨の投書に対し，文部政務次官が「通知表は指導要録と違って評定の配分枠人数は決まっていないので『全員5でも3でもいいんです』という発言をきっかけに」，従来の相対評価による通知表の是非を問う通知表問題が生起し，その後各地の学校で相対評価から到達度評価による通知表改革が現れだした。

　また，1971（昭和46）年，全国教育研究所連盟が小・中・高等学校の児童生徒を対象に「学校の授業をどの程度理解しているか」という調査をしたが結果は，小学校7割，中学校5割，高等学校3割で，「7・5・3」教育，「落ちこぼれ問題」と批判された。

　さらに，1975（昭和50）年の国立教育研究所の学力調査，1976（昭和51）年には日本教職員組合の国民教育研究所での学力調査結果も総じて学力低下の実態を明らかにし，学校教育の「落ちこぼれ問題」「詰め込み教育」批判がいよいよ高まり，学力や序列を促す相対評価批判の声は大きくなっていき，学力と評価の改革が焦点化する時代状況を迎えた。

　1971（昭和46）年文部省は，相対評価の矛盾を是正するため，指導要録の改訂に関する学校への通知にあたって，「評定にあたっては，各教科の学習における児童生徒の平素の学習態度を考慮」し「あらかじめ各段階ごとに一定の比率を定めて，機械的に割り振ることのないように留意」することとした。また通知表についても，「取り扱いの注意」として「学校と家庭の連絡に用いられ

る通信簿等は，保護者が学校生活の実情をじゅうぶんに把握することが目的であるから，児童生徒の発達段階や学校の実情を考慮して記載内容を定めることが必要であり，指導要録の様式や記載方法等をそのまま転用することは適当でない場合もあるので，注意すること」の一文が加えられた。

しかし，さらに1972（昭和47）年には東京立川第二中学校の音楽の教師が通知表に「音楽をみんな楽しく学んだ」として全員に「オール3」の評価をするなど相対評価（評価不要論，評価不能論論争も混在した）による通知表の是非を問う通知表問題が生起し，評価をめぐる問題は複雑な様相を帯びてきた。

2　相対評価批判と到達度評価の実践提言

60年代後半から70年代後半にかけては国内だけでなく外国からも多くの相対評価批判や絶対評価理論の書籍や実践書が発表された。1969（昭和44）年の続有恒著『教育評価』，1971（昭和46）年の中内敏夫著『学力と評価の理論』，1973（昭和48）年のB. S. ブルーム『教育評価法ハンドブック』（渋谷憲一・藤田恵璽・梶田叡一監訳），仮説実験授業機関紙「ひと」（74年6月号）板倉聖宣「私の評価論」，1975（昭和50）年の京都府教育委員会編『到達度評価への改善を進めるために─研究討議の資料─』の学校への配布，1976（昭和51）年の梶田叡一著『形成的評価による完全習得学習』，梶田叡一・植田稔ら神奈川県藤沢市研究グループによる日本で最初のブルーム理論に基づいた『形成的評価による完全習得学習』，1979（昭和54）年の京都府教育員会による1975（昭和50）年以来の到達度研究を京都府教育研究所がとりまとめた佐々木元禧編『到達度評価』，1980（昭和55）年の『到達度評価ジャーナル』等次々に相対評価批判と到達度評価に関する理論と先進的な実践の試みが紹介されている。

このような時代状況について，橋本は1976（昭和51）年の『教育評価の新動向』（図書文化社）のはしがきに，「我国の教育評価に関する考え方は混迷し，新しい展望を求めて苦悩している。絶対評価，相対評価の問題，通信簿や指導要録，テストと差別，五段階相対評価の問題である。今世紀初頭の適性の個人差を測定と評価を導いた心理学的，統計的測定原理と，第二次大戦後世界的に

第3節　相対評価批判と到達度評価

広まった人間尊重論や一人ひとりを伸ばす教育評価のあり方を問うたところの社会的・倫理的原理とが未だ調和とバランスが取れていない状況にあると考えてよい」と述べている。橋本には，相対評価から絶対評価への歴史的転換点が「混迷の時代」と認識された。したがって，その後，橋本は，到達度評価について研究した上で，なお相対評価と個人内評価，絶対評価の三者を折衷することで「調和とバランス」を取ることを試みた。

　当時の伝統的な相対評価派の研究者たちの状況について，到達度評価研究の先導役を務めた村越邦男（中央大学助教授）は，1979（昭和54）年の『日本の学力』（第2巻）「教育評価の現段階」の中で，「国民の要求が変化を求めていても，教育評価の専門家たちはその変化に戸惑い一歩遅れて研究をすすめ，ある場合には変化を冷やかにみつめ，批判的な立場をとる者も多くいた」が，現場教師の到達度評価の実践的な研究の蓄積が1970年代後半に評価観を転換させていったと証言している。

第4節
相対評価から到達度評価へ

1 橋本の到達度評価と相対評価の折衷的評価論

　橋本は新しい時代の流れである到達度評価を研究し，1981（昭和56）年，到達度評価と相対評価の併用の必要性を『到達度評価の研究』に著し，問題の解決を図ろうとした。
　橋本は，「到達度評価と相対評価の併用の必要性」を掲げ，まず到達度評価の長所としては「教育測定的な方法に立ち，方法的には難点もあるが，目的論上は生徒の学習意欲や学級・学校のカリキュラムの改善のための教育決定に有用な情報を提供する」。これに対して，相対評価法の長所としては「心理測定的な立場から個人差の測定に焦点をおき，その方法論上高度の信頼性と操作容易性を有している上に，進路・進学指導に適している。他人と並べ比べての解釈をも併せて用いてこそ，合点がゆく社会的有用性も無視できない」と提言している。「到達度評価は長所を持つと同時に信頼度で困難点を持つので，補足するためには相対評価法と個人内評価を用いなければならない」と併用論の理由を次のように述べている。
　　①「到達度判定の信頼性のチェックに」，信頼性に欠ける到達度判定をチェックするためには，相対評価基準であるNRTによる相対評価法が共通性を持っているので補完できる。
　　②「発展的目標ににについてその利用が限定されていることの救済」，高度の理解・思考・態度・鑑賞・表現等の目標は絶対評価では正しく評価できない。
　　③「地域のカリキュラム評価や学力調査への相対評価の利用」，全国規模は別にして，学校・地域・市・県で学力調査価には到達度評価は適切で

ない。
④「知能・適性・性格の等の個人差の測定にために」，学力でない学習における入力条件である生徒の知能・適性・性格の等の個人差の測定には，到達度評価はなじまない等々を理由として述べている。この理屈は，1980年指導要録改訂の際，絶対評価による観点別評価を導入した折に，評価理論上異なる相対評価を残すために，文部省が「絶対評価を加味した相対評価」という折衷的表現を用いたことと相通じるところがある。

2　全国の学校現場に広がる到達度評価

橋本は，相対評価を必要とする教師たちがいる現実を把握するため，1977〜1978年に小・中学校，教育研究所・教育委員会（全国9都県，518人）に通信簿の五段階評価は「到達度がよいか」「相対評価がよいか」を質問紙調査した結果を『到達度評価の研究』の第11章「到達度評価と指導要録・通信簿」で結果報告を述べている。到達度評価支持は小学校30％，中学校32％，教育研究所・教委10％，相対評価支持は小学校61％，中学校62％，教育研究所・教委75％で，全体的には，到達度評価支持28％，相対評価支持63％で，「相対評価を支持するものが圧倒的多数である」と相対評価を補強している。

しかし，橋本たちの調査に先立つ，1975（昭和50）年には梶田叡一ら国立教育研究所による通知表調査では，到達度評価（観点別評価）の試行が各地の学校に広がりつつある実態が報告されている。「学校における評価の現状―通知表の全国調査結果の概要」の「学習の記録」調査結果によると，「教科の総合評定のみ」小学校21.1％，中学校40.8％なのに対して，「観点別評価のみ」が小学校25.3％，中学校51.7％，「両者の併用」では小学校46.6％，中学校49.3％と到達度評価（観点別評価）が学校現場に広がっている実態が分かる。学校現場は相対評価の矛盾の解決に向けて到達度評価へと向かい，時代は相対評価から変化しつつあったのである。

橋本は，戦後まだ戦前の教育測定の考えを合わせ持つ青木誠四郎や小宮山栄一たちの立場をとらず，アメリカのタイラー（Tyler, R. W.）たちの評価研究を

基礎に，戦後の新しい時代の「教育のための評価」を主張し，戦後相対評価の礎を築いた研究者である。

　しかし，後半の1960年代後半からの相対評価の矛盾が顕になると，到達度評価についても研究し長所も認めたが，しかし「時代の混乱」を到達度評価と相対評価の併用という折衷的評価論を提案し，問題の解決を図ろうとした。永年戦後の教育評価研究を行ってきた田中耕治は，橋本の折衷論の論法を「橋本パラダイム」と呼んでいる。「橋本パラダイム」とは，絶対評価は教育学的には優れているが教育測定学から見ると信頼性に欠け，客観性を持つ相対評価が有効であるが，しかし，相対評価は欠点があるので個人内評価で補うという論法である。「橋本パラダイム」の下では，「相対評価で努力しても評点があがらない子どもたちに，その努力を『個人内評価』（各観点に○を多く付ける）で救済する関係が生まれ，客観的に見れば『個人内評価』が『相対評価』の矛盾を糊塗する役割を担うことは否定」できないと，その矛盾点を指摘している。

　そして，文部省も相対評価の問題点の解決と全国学校現場での到達度評価に基づく教育実践の広がりを認め，1980（昭和55）年の指導要録の改訂では，学習の記録欄に「観点別学習状況」を新設することに決意を固めた。当時1979（昭和54）年9月9日付けサンケイ新聞は，「文部省，絶対評価の要素加味，成績五段階評価見直し」という見出しで，「指導要録の五段階評価を抜本的に見直し，新しい絶対評価の導入を検討する方針を固め，近く指導要録改善協力者会議を発足させることになった」と報道した。

　その結果，1979（昭和54）年10月2日に開始された指導要録改善協力者会議は教育心理学者，教育学者，現場教育関係者18人により，相対評価派と絶対評価派の激しい議論が繰り返された（委員を務めた茨城県下館市立下館小学校宮本三郎校長へのインタビュー証言，2008年3月20日）結果，1980（昭和55）年版指導要録改訂は歴史的なターニングポイントになった。

　橋本重治は，この評価観の転換が「我が国の小・中学校における評価システムに公式に到達度評価を導入した全く画期的なことであり，その影響するところは極めて大きいといわなければならない」（橋本，1981）とその評価観の転換の大きさを綴っている。橋本自身の変化同様，相対評価は，目標に準拠した絶

対評価へと評価観を転換することになった。

　しかし，この戦後の「相対評価の呪縛からの解放にはいくつかの重要な動きが先行した」と梶田叡一は『教育評価』の終章で述べ，それは「ブルームの『教育評価法ハンドブック』の訳出・紹介，神奈川県藤沢市教育文化研究所・国立大学四附属中学校等の形成的評価の実践研究，京都府教育委員会を中心とした到達度評価研究の取り組み，授業・学習システム論といった教育工学の影響である」と分析している。最後に，これらいくつかの源流を見てみよう。

　直接の一つ目の流れは，1973（昭和48）年，梶田叡一らによって日本に紹介されたブルームの『教育評価法ハンドブック』並びにブルームの教育目標の分類学，形成的評価，完全習得学習という一連の目標と指導と評価の一体化による授業改革の広がりである。梶田の指導で，日本で最初に目標分析と形成的評価の授業研究を開発した神奈川県藤沢市教育文化研究所の植田稔をリーダーとする藤沢グループ，東京都立教育研究所グループ，岩手大学附属中学校他国立大学四附属中学校などが続いた。

　二つめ目の流れは到達度評価研究として京都府教育委員会ぐるみ，学校現場ぐるみで取り組んだ京都地域である。1975（昭和50）年，京都府教育委員会発行『職場討議資料―到達度評価への改善を進めるために―』をきっかけに，相対評価批判を繰り返しながら学校現場での実践に，ブルーム理論の成果を取り入れ，最も学校現場に寄り添いながら熱心に取り組みが継続的に続けられた。

　そして，三つめ目の流れが，1970年代前後からプログラム学習，教授・学習システム論として発展した教育工学の流れである。目標を行動目標として体系化し，学習結果をフィードバックさせ評価として見取っていく教授・学習システム論としての教育工学の発展でもあった。事実，藤沢グループのリーダーであった植田稔は教育工学の行き詰まりをブルーム理論で打ち破ったと証言している。このように，一見，相対評価から絶対評価への転換は相対評価批判から直線的に行われたように考えられているが，実はその転換への流れにはいくつもの源流が下地になり，合流して実現したことを理解しておきたい。

　1970年代半ばには，以上のような経過を経て，それまで学習指導要領は教育学者，指導要録は教育心理学者の領分と慣習的に分けられていたものが，両者

が入り混じり議論することにより，教育評価は絶対評価へと転換（「絶対評価を加味した相対評価」とされ相対評価は残ったが）し，戦後の相対評価の矛盾を止揚し，到達度評価や完全習得学習を発展させていく出発点になった。

第Ⅰ章　参考・引用文献

青木誠四郎著『学習指導の基本問題』有朋堂，1948年。
赤沢早人「戦後教育評価論のパラダイム」『人物で綴る戦後教育評価の歴史』三学出版，2007年。
板倉聖宣著「私の評価論」，雑誌『ひと』（1974年6月号），『私の評価論』国土社，1989年。
梶田叡一著『形成的評価による完全習得学習』，明治図書，1976年。
梶田叡一・植田稔編著『形成的評価による完全習得学習』明治図書，1976年。
梶田叡一・藤田恵璽・井上尚美編著『現在現代教育評価講座』第一巻，第一法規，1978年。
梶田叡一編著『学びと育ちの評価―通知表全国調査』日本教育新聞社，1994年。
京都府教育委員会編『到達度評価への改善を進めるために――研究討議の資料』1975年。
小宮山栄一著『教育評価の理論と方法』日本教育出版社，1949年。
小宮山栄一後藤岩男著『中学校・高等学校の新学籍簿』東京文理大学内教育心理研究会，金子書房，1949年。
辰野千寿・石田恒・北尾倫彦監修『教育評価事典』図書文化，2006年。
田中耕治著『教育評価』岩波書店，2008年。
田中耕治編『よくわかる教育評価』ミネルヴァ書房，2005年。
続有恒著『教育評価』第一法規，1969年。
東京文理大学内教育心理研究会著『中学校・高等学校の新学籍簿』金子書房，1949年。
東井義雄・八鹿小学校著『「通信簿」の改造』明治図書，1967年。
橋本重治著『教育評価法』金子書房，1950年。
橋本重治著『教育評価法総説』金子書房，1959年。
橋本重治編『教育評価の新動向』図書文化社，1976年。
橋本重治著『到達度評価の研究』図書文化，1981年。
肥田野直著「学力と評価」細谷俊夫・末吉悌次・吉田昇編著『教育学全集』第4巻，小学館，1966年。
古川治編『指導要録・通知表にみる戦後学力観・評価観の変遷』科学研究費補助金対象研究　研究成果報告書，2009年。

第4節　相対評価から到達度評価へ

ブルーム，渋谷憲一・藤田恵璽・梶田叡一監訳『教育評価法ハンドブック』第一法規，1973年。
松本金寿著「教育心理学の動向」日本の心理学刊行委員会編『日本の心理学』日本文化科学社，1982年。
武藤文夫著『安藤小学校の実践に学ぶ——カルテと座席表の22年』黎明書房，1989年。
村越邦男著「教育評価の現段階」『日本の学力』2巻，日本標準，1979年。
文部省「学習指導要領（一般編）」，1947年。
文部省「学習指導要領」，1951年。

第Ⅱ章
B.S.ブルーム理論の日本における受容と発展

第1節
ブルーム理論とマスタリーラーニング

1　教育目標の分類学（タキソノミー）とは何か

　アメリカのブルーム（Bloom, B. S., 1913～1999）らが開発したブルーム理論とは、まず教育目標の分類学（タキソノミー Taxonomy of educational objectives）の理論、次に形成的評価（formative evaluation）の理論、これらを組み合わせたマスタリーラーニング（mastery learning：完全習得理論）の理論、これらを踏まえたカリキュラムの目標と評価の理論が主な内容である。ブルームらは教育活動でめざすべき教育目標を分類し、段階的に高度化する認識の枠組みを開発し、その枠組みを植物学の分類をヒントに「教育目標の分類学（タキソノミー）」と名づけた。

　具体的な例で、「三平法の定理がわかる」という場合、それは「直角を挟む2辺の2乗の和は斜辺の2乗に等しいという公式を覚えればいいのか」「三平法の定理が説明できなければならないのか」、それとも「直角を挟む2辺の長さが分かっている時、斜辺の長さが求められればいいのか」「三平法の定理を生活場面で活用できなければならないのか」など、「三平法の定理がわかった」といっても実に多様に解釈できる。

　一人一人の学習の「三平法の定理がわかった」という学びの深さが「覚えることなのか」「説明できることなのか」「使えることなのか」がわからないので、結局めざすべき教育目標が達成できたかどうかを見取ることができない。

　そこで、ブルームらのタキソノミーの認知の枠組みに照らし合わせてみることによって、目標か「知識」として習得できた、「理解できた」、「応用できるようになった」などどの段階まで知的能力が達成されたかが評価できることになる。タキソノミーは、認知的領域（cognitive domain—1956年出版）、情意的領

第 1 節　ブルーム理論とマスタリーラーニング

域（affective domain ―1964年出版），精神運動的領域（psychomotor domain ―未完）の三領域があるが，それぞれの領域ごとの最終的な目標を達成する過程で順序を追って達成すべき目標を明らかにするものである。認知的領域であれば「評価」（6.0），情意的領域であれば「個性化」（5.0），精神運動的領域であれば「自然化」（5.0）が最終的目標となる。「教育目標の分類学（タキソノミー）」と名づけたのは，クラシフィケーション（分類）ではなく，動物や植物の系統的分類の場合に用いられるタキソノミー（分類体系）という目標分類にとどまらず，目標相互の達成への段階的系列を重視したからである。ブルームらのタキソノミーはこれまで多様に理解されていた学習者の「到達した」という到達状況を「共通言語」として提供することで，客観的で正確に評価をすることが可能になったということである。

　教育目標の分類学の認知的領域，情意的領域，精神運動的領域の三領域はまず，1956年にブルームらにより認知的領域のタキソノミーとして刊行された。教育活動でめざすべき認知的能力を知識と知的能力の分野に大別し，知的能力の分野を「知識」（1.0），「理解」（2.0），「応用」（3.0），「分析」（4.0），「総合」（5.0），「評価」（6.0）の6段階に分け，さらに小分けにしたものである。

　例えば，まず「知識」（1.0）は用語や事実などの「個別的なものに関する知識」が土台にあり，次に「関係性や法則性に関する理解」，進んで，法則などを用いて応用場面で適用できる「応用能力」，さらに進み比較したり，分析したりする「分析能力」「総合能力」，「評価能力」へと順次高度化されていく。

　したがって，「個別的なものに関する知識」が土台になければ，次の「関係・法則の理解」さらにその上に「応用能力」は積み上がっていかないということになる。先ほど事例で述べたように，「わかる」といった場合に，「覚えていればいいのか」「説明できればいいのか」「使えればいいのか」と段階的に認知的能力が高まっていくものである。次に，1964年にはブルーム，クラスウォール（Krathwohl, D. R.），メイシア（Masia, B. B.）によって情意的領域のタキソノミーが刊行された。情意的領域のタキソノミーとは，学習活動を通して何かに気づき，面白そうだなと関心を示し，価値を認め興味が深まり，自分のものにしていく筋道に関する能力の段階的向上過程を示したものである。タキソ

第Ⅱ章　B.S.ブルーム理論の日本における受容と発展

表 2-1　教育目標の分類学(タキソノミー)の全体的構成

6.0	評　　価		
5.0	総　　合	個 性 化	自 然 化
4.0	分　　析	組 織 化	分 節 化
3.0	応　　用	価値づけ	精 密 化
2.0	理　　解	反　　応	巧 妙 化
1.0	知　　識	受け入れ	模　　倣
	認知的領域	情意的領域	精神運動的領域*

＊ブルームの弟子であるダーべが, 1971年夏スウェーデンで開かれた「カリキュラム改革に関する国際セミナー」においてわれわれに示したもの。
出所：梶田 (1983), 128頁。

ノミーの段階として,「受け入れ」(1.0),「反応」(1.0),「価値づけ」(3.0),「組織化」(4.0),「個性化」(5.0) の5段階に分けられ, またさらに小分けされている。この情意的領域のタキソノミーを作り上げるにあたっては, ピアジェ (Piaget, J.) の「他律的道徳から自立道徳へ」という考え方や, コールバーグ (Kohlberg, L.) の「価値の内面化過程」の研究が土台となっていると, 後年ブルームが語っている。

　ブルームらは精神運動的領域については発表しなかったが, 発表された中で最も実際的なのがダーベ (Dave, R. H.) によるタキソノミーである。ダーベによると,「模倣」(1.0) は技能獲得と反復行動,「操作」(2.0) は, 指示に従い行い, 手探りから特定の操作が定着する,「精密化」(3.0) は, 一応できるようになった行為が速く正確に, 洗練された形で行われるようになる,「分節化」(4.0) は, 多くの行為を調和した形で順序よくリズミカルに行える,「自然化」(5.0) は技能獲得の最終段階で, 行為が自動化し, 慣習化するように技能に習熟すること, 意識しなくてもできる段階である。

2　形成的評価の理論

　一般に評価と言うと, まとめの評価としての「評定」を意味する「総括的評価」であるが, ブルームは指導上の機能から評価を「診断的評価」(diagnostic evaluation），「形成的評価」(formative evaluation），「総括的評価」(summative evaluation）という三つの役割の評価概念に大別した。「形成的評価」とは，学習途上につまずきなどを見取る役割を持つ中間的な評価活動であり，「診断的評価」とは，新しい学習を始めるにあたって，その学習で必要な知識や技能が既に習得されているか，既習の学習につまずきがないか等を予め事前に確認・チェックのために行う見取り活動としての評価である。これら三つの評価は，役割と機能が違うだけではなく，学習活動を始める前に行う「診断的評価」，1時間の授業中や小単元のまとまりごとなど指導途上で行う「形成的評価」，そしてまとめのテストの結果として評価される「総括的評価」など一連の学習活動の実施時期の違いだけではなく，評価方法，評価手続き，その活用の仕方など役割と機能が大きく異なっている点を確認しておかなければならない。

　「形成的評価」とは新しい学習途中での学習の習得の理解・定着状況，つまずき状況を見取る「そのつど評価」であり，学習の理解・習得の状況が悪ければ，教師は再度説明を繰りかえし指導のやり直しをするなり，つまずきがあれば補充学習をして，その後の学習活動が円滑に進むように治療的指導をするための評価の役割を果たすものである。学習の結果を評定するこれまでの「総括的評価」と違い，「形成的評価」は学習指導を改善する働きの機能を持ち，このことがその後開発されたマスタリーラーニング（mastery learning）の学習活動の途上に位置づけ，指導の改善にも生かされ，どの子も完全習得を目指したマスタリーラーニング（完全習得理論）という学習システムの重要な機能を担うようになった。

　ところで，ブルームは，「形成的評価」という概念を授業改善にも導入したが，もともと「形成的評価」とは，シカゴ大学のスクリヴァン（Scriven, M.）がカリキュラム開発に関する多様な評価の役割を説明するとき，カリキュラムの内的構成をよりよいものとするために，その開発途上において行われる各種評価活動を形成的評価と名づけ，開発されたカリキュラムについて全体的な望ましさや実際に採用するどうかを最終的に判断する評価のあり方を，「総括的評価」と呼んだことからはじまる。

3 マスタリーラーニング（完全習得理論）の理論

ブルームは，学習目標として掲げられた指導目標は，すべての子が達成されるべきだと考えた。ブルームは，マスタリーラーニング（完全習得理論）の理論を提言する理由を『教育評価法ハンドブック』の中で，

> 教師は皆，自分の教えることを，三分の一の生徒が完全に習得してくれるという期待を抱いて，新学期（新教育課程）を始める。そして三分の一の生徒は習得できないか，ただ"どうにかお茶を濁す"だけだと考えている。また，最後に中間の三分の一は，教師が教えなければならないことを，かなりよく習得はするが，"よい生徒"とみなすには十分ではないと考えている。この期待値は，序列付けにおける学校の方針や慣習に支えられて，序列づけによる，生徒の最終的なふるいわけが，はじめの期待値にほぼ等しくなるように……予想を作り上げている。それは，教師・生徒の双方のやる気を失わせ，生徒の学習への動機を失わせることになる。そして……生徒の自我意識や自己概念（やる気）を組織的にだめにしてしまう。
>
> たいていの生徒（多分90%以上の）は，教師が彼らに教えなければならないことを完全習得できるはずである。

と考え，マスタリーラーニングの授業では，すべての生徒に前述のタキソノミーの各領域の目標の全てが実現されることを理想と考えた。通常の一斉授業では，同一時間内に教師が普通に教えれば，教えた結果の成績も，一部のよくできた子，ややできた子，普通程度の子，ややできない子，できない子という正規分布上に広がるだけである。そこで，子どもの適性・能力に応じて学習時間，学習箇所，授業方法，動機付けの強さを変え，授業を行えばすべての子どもたちが完全習得できるはずであるとし，マスタリーラーニングの理論を授業実践に生かすことを考えた。

4　カリキュラムの理論

　ブルームはこれまでのカリキュラムづくりについて，「現行カリキュラムの問題点の所在についての点検もなく，新しいカリキュラムについての妥当性についての実験も行わず，現行カリキュラムのつぎはぎ的な改訂を行っている」と批判し，「カリキュラムセンターの助けを借りた体系的なカリキュラム開発の必要性がある」と述べている。このように，従来のカリキュラム構成方法の安易さと恣意性を改め，科学的でシステマティックな方法に基づいてカリキュラム構成をしなければいけないというものである。目標分析，授業提示，授業実施し形成的評価を用いて授業過程を観察し，評価して結果として得られたデータを吟味し，教材・授業を改善しなければならない。この過程では，タキソノミーの教育目標の分類学や形成的評価やマスタリーラーニングが重要な役割を果たすことになる。つまり，ブルームがこれまで提言してきた理論を統合化したものが，ブルームのカリキュラム論であるといえる。確かに，日本では学習指導法の研究は盛んに行うが，そのカリキュラムの実証性について評価研究は行われないまま指導要領の改訂を行ってきた。

　この他，ブルームは重要な研究として最良（世界的に有名な）な学習者（テニス，水泳等の運動領域，ピアノ，彫刻等審美領域，数学，神経学等認知領域）を対象とした教育のあり方から，人間の学習の可能性を最大限に引き出す教育システムへはどのようなアプローチをするべきかを才能開発（Talent Development）に関する研究として取り組んだ。

第2節
『教育評価法ハンドブック』翻訳と藤沢グループ

1 ブルーム理論の日本への受け入れ

(1)「落ちこぼれ問題」の解決が求められた1970年代

　ブルーム理論が日本に紹介されたのは，1973年『教育評価法ハンドブック』(*Handbook of Formative and Summative Evaluation of Student Learning*) の日本語版が刊行されてからである。このブルーム理論を受け入れる前後の1970年代の日本の教育状況を想起しておきたい。当時はアメリカの科学教育を重視した現代化カリキュラムの影響を受け，1968 (昭和43) 年の指導要領改訂では，国語・数学・理科等を重視し中学校では授業時間数を210時間増加させるなど，「学習の現代化」を柱とした関数・集合・確率の導入など高度な学習内容を学力充実として小学校から高等学校まで学習指導要領を改訂した。しかし，現代化路線の大量の詰め込み授業につまずき，学習についていけない子どもたちが増加し，いわゆる「落ちこぼれ問題」として焦点化した。1970 (昭和45) 年には，全国教育研究所連盟が行った調査結果（小・中学校教員へのアンケート）では「授業を真に理解できている児童生徒は全体の半分以下」という報告が発表され社会的な関心を集めた。学力低下・学習意欲の低下，激しい受験競争による序列主義教育の改善が課題になっていた時代である。また，福岡教育大学教授の井上正明は福岡教育大学附属中学校が評価研究を推進することになった理由を，福岡教育大学附属福岡中学校著『形成的評価による授業改造』(1978年）の研究の歩みの中で，70年代の日本の教育界について，「学校内ではついていけない，落ちこぼれの子の増加，学校に行くのが嫌になったり，校内暴力を起こし，学校外にあってはシンナー遊び，家庭内暴力，非行など反社会的行動が増加し，教育の荒廃が深刻化し，教育のあり方が問い直されている時期」

第2節 『教育評価法ハンドブック』翻訳と藤沢グループ

であると語り，子どもの学習意欲を育てるために情意面の評評研究に取りかかったと述べている。

確かに，戦後の教育評価・通知表改革の時代を見ても，1回目の「通知表論争」の時代，2回目の昭和50年代の到達度評価改革時代（1975年の京都府教育委員会が府内の学校に出した「小学校・中学校児童・生徒指導要録の改訂にあたって当たって留意すべき事項），3回目は平成時代の新しい学力観の時代の目標に準拠した評価の時代と区分けすることができる。しかし，1回目，2回目の通知表・指導要録を中心とした到達度評価の改革で通知表・指導要録は変わっても，授業自身が「わかる授業」「つまずきのない授業」に変わる教育評価の改革をしなければ，という認識を教師たちが持ちはじめた頃であり，それゆえブルームの形成的評価の理論，マスタリーラーニングの理論が受け入れられた。

2 IEA「カリキュラム開発のための上級者国際セミナー」への参加

1967年頃から，アメリカのブルームたちのタキソノミーの理論が散発的に日本の雑誌に紹介されたが，注目されるには至らなかった。ブルーム理論が本格的に紹介されだしたのは，1971年のIEA（教育到達度評価国際協会，ユネスコ後援）主催の「カリキュラム開発のための上級者国際セミナー」（スウエーデン「グレナセミナー」とも称す）に日本から中島章夫，武村重和（文部省），日俣周二，梶田叡一（国立教育研究所）の4人が参加し，ブルームらがマスタリーラーニング理論をテキストとして使われた *Handbook of Formative and Summative Evaluation of Student Learning, 1971*（日本語訳では『教育評価法ハンドブック――教科学習の形成的評価と総括的評価』）を日本に持ち帰り，研究し，1973年に『教育評価法ハンドブック』（渋谷憲一，藤田恵璽，梶田叡一監訳）として日本版を刊行してからである。国際セミナーの講師陣には，タイラー（Tyler. R. W.），ハヴィイガースト（Havighust, R. J.），アイスナー（Eisner, E. W.）など著名な学者が数十人参加し，受講者も各国で影響力ある教育関係者が

選ばれた。セミナーの第六分科会「カリキュラムの評価と研究」に参加し講師のブルームから直接指導を受けた梶田叡一は，15年後の1986年刊行した『ブルーム理論に学ぶ』の中で，「初めて聞いて印象的だった言葉が『マスタリーラーニング』であり，『フォーマティブ・エヴァリエーション』（形成的評価）であったがどう理解すべきかとまどった」，が「この概念が重要なもので，日本の教育界に紹介し，普及させる価値があると一致し」『教育評価法ハンドブック』日本語版を刊行した，と回想している。

また，セミナー前にシカゴ大学のブルーム教授のもとで「マスタリーラーニング」理論の授業モデルを開発し，「マスタリーラーニング」理論の論文で学位を習得し，韓国帰国後中学生徒対象に「マスタリーラーニング」理論の授業モデルを実践し成果を上げていた韓国のキム・ホウゴオン（金豪権）も参加しており，キム・ホウゴオンは『完全学習の原理』として実践を刊行していたが，その後梶田とも相談し，1976年には『完全学習の原理』を『完全習得学習の原理』（梶田叡一監訳）として日本でも刊行し，「マスタリーラーニング」の訳語は『完全学習』から『完全習得学習』に一般化された。

1972年にブルーム博士が日本に来日し，国立教育研究所，東京大学等で講演したが，文部省から「セミナー」に参加した中島章夫は文部省での演題を「カリキュラム変革と教育改革」とするように要請した。それは，中島がブルームの講義の中でカリキュラム開発センター構想について受講し，日本でのその必要性を認識したからである。「セミナー」に参加した四人はそれぞれ，中島は文部省でカリキュラム開発行政に関わり，1980年の指導要録改訂に「目標に準拠した評価」を取り入れることに努力し，武村は理科教育の改善にブルーム理論を応用し，国立教育研究所の日俣は協力教授組織研究においてティーム・ティーチングで授業をする際の評価についての共通理解がなければならないと，横浜市の元街小学校でマスタリーラーニングの研究の試行を行い，梶田は神奈川県藤沢市教育文化研究所を中心とする藤沢グループや国立大学附属四中学校を中心に形成的評価やマスタリーラーニングの実践・開発を通してブルーム理論を日本中の学校教育に導入・定着させ，日本のカリキュラム改革，授業改革，教育評価改革などに大きな影響を与えることになった。

3 ブルーム理論実践の草分けとなった藤沢教育文化研究所

　日本の学校現場の先生方がブルーム理論に触れたのは，1974年神奈川県藤沢市立教育文化研究所の企画で行われた「ブルーム理論夏季宿泊3泊4日研修会」が始めであろう。この企画・指導を果たしたのが，神奈川県藤沢市立教育文化研究所，研究主事の植田稔である。

　植田が企画したブルームらの『教育評価法ハンドブック』を学ぶ研修会講師に国立教育研究所の梶田叡一を箱根へ招聘し，3泊4日にわたって藤沢市の小中学校の教師30人がブルーム理論を研修した。日本の学校現場へのブルーム理論の実践研究の草分け役となった植田稔（1974年当時）については，後年行ったインタビューに基づいて若干説明しておく。

　植田は戦後設立3年目の横浜国立大学学芸学部で戦後の教育評価研究を相対評価理論でリードした橋本重治や金井達蔵からアメリカ教育使節団が紹介した科学的で客観性のある評価方法である相対評価について学び，1957（昭和32）年に小学校教員に着任し（その後中学校へ転勤），1970年頃からは生徒がわかる教育方法論を求めて流行し始めた教育工学の手法を試みる。システム化された教育工学的なコンピューターで学習過程の評価を Plan‐Do‐See としてその反応を捉える授業研究に進むが，学習が個別化していき，教師と生徒のコミュニケーションの関わりが見えないことに悩んだ。

　「何のために教えるのかということが脇に置かれ，方法論にばかりエネルギーがさかれる事に対して，何のために，何を教えるのかというということを追求していかなければならない。何のためにという理論的背景となる授業理論を学ばなければならない」との思いが強くなる。

　そこで，植田たちは，日本にある学習方法の極地方式，学び方研究会，範例学習，仮説実験授業等を学ぶ。藤沢の教師たちは民間教育運動の研究会には参加するが，教育行政が主催する教育研修会には「動かなかった」という。その理由は，「教育工学に取り組んだ教師というのは，戦後の放送教育，視聴覚教育，プログラム学習に取り組んだ教師たちであり，よりよい教育方法としてた

どり着いたのが教育工学であったから」であり，藤沢の教師たちは，これら教育工学には取り組んでこなかったからである。

　しかし，民間教育運動には参加するが教育行政の研修会には参加しない藤沢の教師たちが，藤沢市立教育文化研究所という教育行政が主催するブルーム理論の研修会に参加したことを植田は「藤沢の教師たちが動いた」と表現した。その成果は早速，1974（昭和49）年に藤沢市立教育文化研究所から『授業方法論の探求Ⅱ　ブルームの完全習得理論の解明』としてまとめられている。梶田を講師に迎え植田を中心とする藤沢グループの教師たちが考えたのは，ブルーム理論を，日本の子どもたちに，日本の教材で教えたらどのようなものにかるかであった。授業研究の試行は1974年から始まり，認知的領域では小学校理科，1年生「ものの重さ（てんびん）」，5・6年「バネ」「滑車」「てこと輪軸」，情意的領域では1年生「重さ比べ（シーソー）」，2年生「動くもの・動かされるもの」（風車・水車），3年生「動かすはたらき」（風車），精神運動的領域としては5年生体育「とびこみ前転」を題材として試みられ，成果は梶田叡一・植田稔編著『形成的評価による完全習得学習』（1976年），植田稔編著『マスタリーラーニングによる授業設計と実践』（1977年）として刊行された。植田は，『マスタリーラーニングによる授業設計と実践』を刊行した意図を，「「この報告のとおりやれば素晴らしい効果を上げることができます。あなたもやってみてください」ではなく，着目してもらいたいのは授業づくりのポイントである，目標分析→授業設計→授業実践→授業評価の方策である。授業研究の方法論の試案として，教育観，教材観，授業観，教材解釈を打ち立て，「授業研究の方法論」として問題提起し，『授業の科学』として確立したいのである」とブルーム理論による授業の研究開発の意義を語っている。

　また，植田は研究の成果について『形成的評価による完全習得学習』の巻末の「完全習得学習の実践化のために」において，「『ブルームの相対評価を用いる限り，すべての子どもに学習の成功体験を与えることができないし，学ぶ喜びを与えない』という問題提起が，すべての子どもにわかる授業という今日的課題の解決のために注目すべきものがあるとして実践化に踏み切った」，完全習得学習では，設定した目標に向かって授業を設計し，展開することは変わら

第2節 『教育評価法ハンドブック』翻訳と藤沢グループ

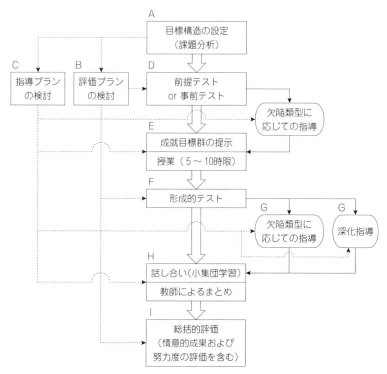

図2-1 マスタリーラーニングをめざす授業実践のストラテジー
出所：梶田・植田（1976）43頁。

ないが，目標（内容）をどの能力レベルまで習得させるべきかという基準の設定をブルームのタキソノミーによる内容，能力の二次元のマトリックス（目標細目分析表）を作成することによって，従来よりも明確にすることができるようになった。これまでの研究では，認知的領域の目標構造についての実践的検証が中心であったが，今後情意的領域，精神運動的領域の目標構造いかに設定するかが残されている」と成果と課題について述べ，「藤沢グループ」と呼ばれる先生方は藤沢市立教育文化研究所を中心にして研究を継続し，日本の学校現場にブルーム理論を根付かせる拠点になった。

第3節
国立大学四附属中学校とブルーム実践

1 「学力保障と成長保障」の提案
―― 岩手大学附属中学校の開発研究 ――

　梶田は岩手大学附属中学校の開発研究を通してブルーム理論を発展させることになる。岩手大学附属中学校の1976（昭和51）年〜77年の第6期研究テーマは「一人ひとりの認識を高める授業研究」であった。研究主任の竹田紀男は，当時研究というと岩手大学の指導を受け教材開発をする時代だったので，「職員に『授業途中の評価の研究』と提案しても総スカン」であり，後になって「形成的評価の研究とは授業モデルの研究であると」理解されるようになったと行っている。しかし，竹田は，「研究テーマである一人ひとりが授業で認識がどのように高まったかその成果を評価という観点から見直してみなければならない時代が来たと考えていたので，1976（昭和51）年に『目標分析と言うインパクトのある教育をやっていくと，子どもたちの学びの姿が変容していく』」と書いてある『教育評価法ハンドブック』に出会ったという。『教育評価法ハンドブック』には，知識・理解の認知的領域，情意的領域，精神運動の領域などにまたがり目標分析を行っていく。しかし，研究を進める中でブルーム理論だけで位置づけられない面が出てきたので，それを目標分析表という形式に表していくことにした。この当時の研究は，福岡教育大学附属福岡中学校，島根大学附属中学校，静岡大学附属浜松中学校と交流しながら進んでいた。その中で，大胆に教えるべき授業目標や形成的な評価を図解した「目標分析表」に表した始めの学校が岩手大学附属中学校であった。ブルーム理論における中心テーマは形成的評価とマスタリーラーニングの理論であり，岩手大学附属中学校の研究は，具体的に授業の土台となる目標分析を行い，形成的評価のてだてを

指導案に組み込み，確かな授業づくり，これを「学力保障を目指す授業づくり」と呼び始めたのである。また，研究では，学力面を「学力保障」と称すると同時に，子どもたちが満州から県内へ帰国した人々による開拓村での体験学習のプロジェクトをヒントに「成長保障」という概念を生み出したが，この研究からでは梶田理論である「学習成果を評価し，技能を精神運動領域として考えても，「何々に向かおうとしている姿」が評価出来ない。そこで，これを目標類型として「向上目標」というカテゴリーに入れた。こうして，達成すべき「達成目標」だけでなく，「何々に向かおうとしている姿」は「向上目標」，体験すること自体が意欲を高めていくとして「体験目標」という概念が次々に目標類型として誕生していくことになった。ここで言う「達成目標」「向上目標」という区分の誕生について，梶田は，「板倉聖宣の『到達目標』，『方向目標』という評価概念を参考にした」と述べている。このように，どんどん新しい提案が行われた岩手大学附属中学校の研究は，1980年に『形成的評価を生かした授業』として刊行され，歴史的にブルーム理論が梶田理論として脱皮する大きな転換点になった。

2 情意面からのブルーム理論研究
――福岡教育大学附属福岡中学校の研究実践――

1975（昭和50）年から，「形成的評価による授業改造」に取り組んでいた福岡教育大学附属福岡中学校は，一次研究の知識・理解の認知面の研究から，1978（昭和53）年からは，関心・意欲の情意面に研究を進めた。情意面の研究を進める背景として「現代化」路線で落ちこぼれた子どもたちの教育課程を見直し，1977年（昭和52）年に学習指導要領が改訂され，「知・徳・体調和のとれた人間性育成」が教育課程改訂のポイントとなった。福岡教育大学福岡附属中学校の研究テーマもこのような状況を受けて，知育偏重に陥りがちな教育を改善せねばという研究の目指すところになった。研究では，学力を重視する認知面だけではなく，情意面（興味・関心・態度）を学力の一部として重視することは，認知面への働きかけも期待でき，同時に情意面を伸ばし，高め，将来に向かっ

第Ⅱ章 B.S.ブルーム理論の日本における受容と発展

目標構造図(電流と磁界—14時間扱い)

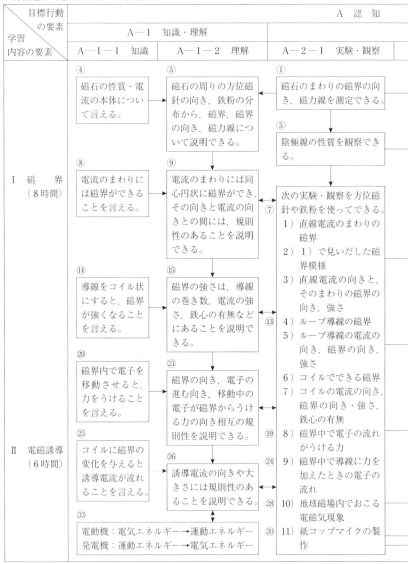

図2-2 岩手大学附属

出所:岩手大学附属中学校(1980),109頁。

第3節 国立大学四附属中学校とブルーム実践

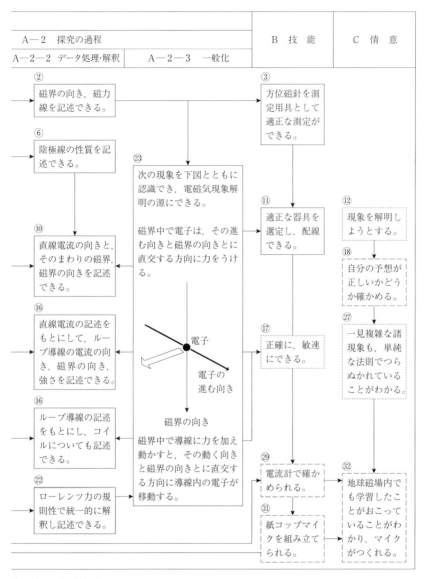

中学校の目標構造図

て全人格的な自己実現などの「人間形成」が図れる意義があると提起し，情意面の到達目標についても，達成目標（興味・関心），向上目標（態度・価値観），体験目標（触れ合い，感動）等に分けられるとするに考えが及んだ。

　研究の過程で，梶田は情意の位置づけを次の三つに位置づける。一番目は教師に対する信頼や愛情やこれから学習に向かうぞという意欲など指導・学習の前提としての情意，二番目は当面する学習課題に対する生き生きとした関心，活動に取り組んでいく中で感じる生きがいや充実感，知的好奇心などの満足感や達成感などの指導・学習過程の情意，三番目は自分の納得できるところまで考えていこうとする態度や習慣，新奇なものに対して常に好奇心を持ち自分なりに調べ確かめてみようとする指導・学習の成果の実現としての情意である。

　後に触れるが観点別評価法を決定的にした1980年の指導要録の改訂で導入されることになる，「関心・態度」の評価のあり方については，「関心・態度は評価できるのか」という課題が問題になっていた時期でもある。研究主任の陣川桂三たちはこの「関心・態度」の評価と「性格・行動の記録」欄の項目の内容のあり方をどうするべきかを，福岡教育大学附属福岡中学校の研究のテーマとして相当意識していたようである。研究主任の陣川桂三は，認知面では教科の独自性があるが，情意面では，その教科への関心，意欲を通して最終的に教科の面白さ，楽しさ，価値がわかるところまで持ってきたいと研究を進め，情意領域で関心・意欲・態度の評価方法として生徒に現れる兆候を「シンプトム」という手法として開発した。これは，評価基準の例では，「＋の例」として「いつも辞書を利用している」「よく図書館を利用している」，「−の例」として「教科書をしばしば忘れる」「書く事をおっくうがり，ほとんどノートしない」など具体的特徴が子どもの行動や態度，発言内容や作文に出てくるかを予め設定して「プラスの兆候群」，「マイナスの兆候群」がいくつあるかによって情意面を評価しようとする評価方法であり，授業場面でも活用することができる評価方法である。これらの研究成果は，1980（昭和55）年の指導要録改訂の「関心・態度」の項目の評価方法であるプラス，マイナスの考え方に反映された。

3 「ライフタスク」「ライフセミナー」の開発
──静岡大学附属浜松中学校の研究実践──

　島根大学附属中学校の研究実践は1976（昭和51）年度から1980年度まで続けられた。さらに，三附属中学校と交流しながら1974年度からブルーム研究を進めていた静岡大学附属浜松中学校は，梶田の指導のもと，1979（昭和54）年度から1995年度（昭和60）年度まで15年間余り継続研究を行った。研究テーマは1974・75（昭和49・50）年は，「学習目標の明確化とその展開」～1979（昭和54）年は，「学習活動の多様化と形成的評価」，1980（昭和55）年は，「向上目標をめざす多様な学習活動」と続き，完全習得学習の理論に基づく研究を行い，成果を1984（昭和59）年に『自己学習能力の育成』（明治図書）として刊行した。

　1980年代に入ると「自己学習能力の育成」「内面世界」「自己の生き方を探る授業」「自己実現をめざす生徒の育成」など，生徒一人ひとりに自己の内面を直視し，自己学習を進め，自己実現をめざし，授業では形成的評価に応じて，「補充学習」，「深化学習」「発展学習」と学習活動を複線化していく自己学習能力の育成を中心に研究を進め，内面性の研究と学力保障と成長保障の研究が極められた。

　研究中期の1980年代の研究をリードした杉浦治之先生（現・浜松日体中・高等学校教頭），村松啓至先生（現・静岡県磐田市教育長）へのインタビューによると，授業研究では「目標」─「計画」─「実践」─「評価」のすべてを子どもたちの手に委ねることを願い，「子どもが創る授業」の在り方を追求し，生徒一人ひとりが「人間の本質的な姿」に対する気づきを持ち，自己の姿を見つめ，内面化を図り，自己認識の深まりと相まって，自己の在り方や生き方に関わっての志向性が生まれ，自分なりの「生きる原理」を明確にしていくことで自己実現を図っていくこと」を考えたという。

　そのため，手引書として，① 学習目標総括表（O表），② 学習目標分析基礎表（P表），③ 学習目標分析表（Q表），④ 学習計画表を各教科で作成して活用した。

まず，① 学習目標総括表（O表）は教科でつけたい力を押さえ，中学校3年間を通して形成したい学習能力のすべてを，領域別，分野別に方向性を明確にしたものである。② 学習目標分析基礎表（P表）は学習目標総括表（O表）をさらに具体化し，教科の領域・分野別に学習目標を系列化し，それぞれの段階（学習ユニット）でどのような学習能力が強調されなければならないか（中核的な目標）を明確にして，教科カリキュラムの様相を持たせたものである。次に，③ 学習目標分析表（Q表）は，学習目標分析基礎表（P表）をさらに具体化し一つの学習ユニットにおける学習目標を明確にしたものである。つまり，中核的な学習目標を支える目標を分析し，評価が可能になるよう詳細化したものである。また，④ 年度当初のガイダンスでは，自己の在り方，生き方と関連しているという思いを持ち，「生きる原理」を明らかにする起点を創る「ライフセミナー」を設ける。⑤ ライフタスクは，「教科の本質的なもの」を追求する中で見えてくる，「人間の本質的な姿」に目を向けさせ，自己の実感に基づいて自己の内に取り組ませることを狙って設定する，ここでは「自己洞察」「自己目標」を設定した上で，「ライフタスク」として振り返り活動の場になる。さらに，⑥ 私の学習計画表は，学習内容，学習の順序，学習形態，学習時間，形成的評価の方法と位置，学習の程度（達成目標と向上目標）を書く。その後，開発した「ライフセミナー」は，1998（平成10）年の教育課程で創設された，「総合的な学習」の先導的モデルになった。

　梶田は，自己意識を研究する心理学者であるだけに，静岡大学附属浜松中学校の実践研究では，1970年代中期の岩手大学附属中学校の実践研究時代と比較し，「子どもの育ちは外的に現れる表面的な変容からではなく，その裏にある内的な変容から見ていかなければならない。そうした，内面の洞察・変容・深化こそが教育の真の目標となるべきものである」と言っているように，年度当初のガイダンス（ライフセミナー），教科年度当初のガイダンス（学習の基本的な構え），教科の本質にせまる「ライフタスク」などを通して，教育目標を明確化していくことが評価しやすい認知面の評価に偏りやすい点に留意して，生徒一人ひとりの内面世界の育ちを，「自己洞察」「自己目標」「自己評価」「自己実現」などを通して内面世界の育ちの実現を研究の中で重視し，梶田理論を

完成させていった。

　1980年代に入ると，公立学校の茨城県下館小学校は，1979年から7年間，梶田の指導と宮本三郎校長のリーダーシップで全学年・全単元で目標分析，中核目標，形成的評価の授業展開案づくりをした。梶田がブルームからもらったシカゴ大学附属学校の目標分析の能力カテゴリーは簡便なものだったが，ともすれば，国立附属小中学校の研究ではタキソノミーを難解な体系的なものに作成することが流行したが，下館小学校では指導要録の4観点と体験目標の観点を加えた5観点を用いて実践研究を示した。若い教師が多い大規模校であったから，余計に教師たちが全学年の全単元で目標分析，指導過程における形成的評価の授業展開，評価案作りは教師達の研修になり，その後の一般公立学校でも取り組める学力保障の典型例を示した。

4　ブルーム理論の弱点の克服と梶田理論の展開

　1972（昭和47）年，ブルームが日本を訪問し，梶田がブルームへインタビューを行った際，ブルームは「私のタキソノミーの基本的な考え方は日本を含め多くの国で，カリキュラム開発や教育研究で活用できるが，日本固有の教育目標や物の考え方に即したタキソノミーを作った方が良いと思う。特に情意的領域に関しては日本とアメリカでは目標が違うのでアメリカと日本では多少異なったものになるであろう。日本固有の教育目標に沿ったタキソノミーを作ったほうがよい」と述べたと言う。

　梶田は，事実ブルーム理論に学びながら，国立大学附属四中学校等との共同研究の中で，心理学者として「自己意識の研究」をしていた学者らしく，「内面性の育ち」や「自らを振り返ることで成長する自己評価」論を，タキソノミー，マスタリーラーニング等の研究の中で，「学力保障と成長保障の両全」という教育目標，目指す教育目標の目標類型を従来の「達成目標」に加えて，新たに学習の主体者を育てる根っことしての「向上目標」や「体験目標」を創設し，ブルームらの目標設定が認知的目標中心だったのを情意的目標の重要性にも目を向けさせ，授業設計をするに際しては，単元の「目標分析」「単元目標

第Ⅱ章　B.S.ブルーム理論の日本における受容と発展

構造図」の作成，単元目標を設定する際には，「前提目標」「基礎目標」「中核目標」「発展目標」など教育目標の軽重を示すこと，授業後には形成的評価の結果に応じて，「補充学習」「深化学習」「発展学習」と学習活動の複線化も提言するとともに，学習主体を育てる上で重要な内面洞察や振り返り活動などの自己評価論を埋め込んだマスタリーラーニング理論を展開した。

　80年代には「開示悟入」と言う日本的授業展開様式を開発するなどブルーム理論の弱点を補強・発展させ，仏典からヒントを得た独自の梶田理論を誕生させ，ブルーム理論は梶田を通して大きく発展した。

　ここで梶田のマスタリーラーニングの発展としての「学力保障と成長保障の両全」という教育目標の考え方を説明しておかねばならない。

　梶田は，1974年の『内外教育』（1974年2月15日号）で，「現在の学校教育は落ちこぼれ問題など詰め込み教育』等諸問題を抱え，『全人教育』と言うがスローガンだけが掲げられている」と教育界を厳しく批判し，1980年刊行の岩手大学附属中学校著『形成的評価を生かした授業』の巻頭で，「履修主義から習得主義へ」と題し，「学校における教育的営みは基準を満たす内容が教師によって展開されていれば，学校・教師の責任は全うされるという考え方が根強く，基礎的な読み書きができない中学生・高校生がいる現状を履修主義的教育観に立つ場合，『落ちこぼれの子ども』たちが続出しても防ぐ手立てがない，我々は履修主義から一歩進めて，習得主義的な責任の取り方をしなければならなくなる」と教育を振り返り提案する。

　従来は，長い時間展望を持った経験主義的カリキュラムと反対に当面の学力の重要性を唱える系主義的カリキュラムが主張され，二律背反的関係があり，二つの課題が本質的か，教育的か峻別しなければならないが，いずれもが不可欠な重要性を持つのであるから，このような観点から現実の学校では，「学力保障と成長保障の両全」という課題が求められるのであり，このような観点から，学校が保障すべきものとして二つの課題があるとする。

　まず，①「成長保障」は，長い眼で見た子どもたちの全人格的な成長・発達の基盤を，その学校に在学している間に十分育成する，という課題である。可能な限り，多彩で豊かな躍動的な活動に参加させ，精神と肉体を根底からゆさ

第3節 国立大学四附属中学校とブルーム実践

表2-2 梶田の評価の目標類型と目標領域

	目標類型	達成目標	向上目標	体験目標
領域	認知的領域	・知　識 ・理　解　　等	・論理的思考 ・創造性　　　等	・発　見 　　　　　　　等
	情意的領域	・興　味 ・関　心　　等	・態　度 ・価値観　　　等	・触れ合い ・感　動　　等
	精神運動的領域	・技　能 ・技　術　　等	・熟　達　　　等	・技術的達成 　　　　　　　等
到達性	到達性確認の基本的視点	・目標として規定されている通りにできるようになったかどうか	・目標として規定されている方向への向上が見られるかどうか	・目標として規定されている体験が生じたかどうか
	目標達到達性の性格	・特定の教育活動の直接的な成果	・多様な教育活動の複合的総合的な成果	・教育活動に内在する特定の経験
	到達性確認に適した時期	・授業中 ・単元末 ・学期末，学年末	・学期末，学年末	・授業中 ・単元末

出所：梶田（1983），82頁。

ぶり，活動で得たさまざまな体験が，認識や諸能力，態度や価値観の形成・発展を与えてくれるようなものであると言う。

次に，②「学力保障」は，具体的な形で知識・理解・技能を確実に習得させるという課題であり，子どもが系統的に知識・理解・技能を習得していくよう学習課題を順次設定し，指導成果を確認しながら，入念に指導し，すべての子どもに一定以上の学力を確実に実現するという方向の追求である。学校が保障しなければならないものであると「学力保障と成長保障の両全」を提言した。

第4節
指導要録の相対評価から絶対評価への転換

1 ブルーム理論を受け入れた昭和55年指導要録改善協力者会議

　学校現場にブルーム理論が波及するようになった直接の契機は，1980年の指導要録改訂で評価項目に「関心・態度」の欄が導入され，相対評価に代わって絶対評価による「観点別学習状況」欄が設けられ，評価と評価の一体的な取り組みが文部省という教育行政の側から行われたことである。

　当時の1979（昭和54）年9月9日付サンケイ新聞朝刊は「絶対評価の要素加味，文部省，成績5段階評価見直しへ」という見出しで，文部省は内申書や通信簿の原簿となる指導要録の5段階相対評価を抜本的に見直し，新しい（絶対評価）学習成績評価方法の導入を検討する方針を固めた，近く指導要録改善協力者会議を発足させることになった」と報道した。これまでから各種委員として文部省のカリキュラム行政に現場校長として参加し，その後の生活科創設の協力者会議委員としても参加した茨城県下館小学校長の宮本三郎氏から直接2010年にインタビューした記録から状況を把握してみる。当時，文部省は「教育の現代化」の失敗の結果，1977（昭和52）年に学習指導要領を改訂し，引き続いて1979（昭和54）年には指導要録改善協力者会議を設置し，この指導要録改善協力者会議は歴史的な「昭和55年版指導要録」を誕生させることになり，戦後教育評価改革や形成的評価による授業改革，指導要録，通知表改革のターニングポイントになることにった。指導要録協力者会議の委員は18人であり，主査が辰野千寿（上越教育大学学長），副主査が金井達蔵（横浜国立大学教授），梶田叡一（当初国立教育研究所，後日本女子大学助教授へ転出）等である。宮本氏によると，委員が内側のテーブル，文部省諸澤正道初等中等教育局長，文部省教科調査官，視学官が周りを取り囲む会議で，諸澤初等中等教育局長自らが

第4節　指導要録の相対評価から絶対評価への転換

『指導要録を絶対評価を導入する方向で議論を尽くして欲しい』と言う条件を発言した」と言う。会議では，「これまでの5段階相対評価の立場から金井委員が絶対評価の導入に慎重な意見を述べ，ブルーム理論や全国の到達度評価の定着の実績を背景に絶対評価の導入を提案する梶田委員との論争が毎回30分～40分続いたが，他の委員はこの激論を通して絶対評価導入の教育的意義が明確になり委員全員の共通理解が深まり」，絶対評価1980（昭和55）年版指導要録が誕生した。この指導要録改善協力者会議の結果は，相対評価から絶対評価への転換である。教科の評価は，「評定欄」だけではなく，絶対評価に基づく「観点別評価」欄を導入し，全教科を「思考」「知識・理解・技能」など能力観点で統一し，学力を「思考」「知識・理解・技能」など認知的学力だけではなく，「関心・態度」の情意的学力の観点を採用した。学習成果を認知的学力と情意的学力の両面から把握し，教師の学習指導の改善に活かそうとする形成的評価の考え方を導入したが，「相対評価と絶対評価の併用」という妥協の形で改訂された。しかし，次の1991（平成3）年の指導要録改訂時には，1980（昭和55）年版指導要録の積み残しの議論は解決され，学習の記録は，「評定」欄と「観点別評価」欄の併用であるが，評価は絶対評価が基本であり，「観点別評価」欄が主になり，評価観点の順も「関心・意欲・態度」，「思考・判断」「技能・表現」「知識・理解」と評価改革は進んだ。

2　ブルーム理論の限界と課題の克服

(1) ブルーム理論の限界と課題の克服

　1980年代に入り，各地の小・中学校や高等学校において，「形成的評価を取り入れた授業」「マスタリーラーニング」「到達度評価による授業と評価」等のテーマで実践として取り組まれるようになり，ブルーム理論の取り組みが進むと同時に，理論と実践をめぐってその問題点も課題になってきた。
　まず，理論的な面でのタキソノミーに関わって第一番目は，ブルーム理論は，到達目標へ導くには行動目標という教育工学的アプローチが主流になっていて，プログラム学習と同様に「目標つぶしの授業」と考えられる点である。学習活

第Ⅱ章 B. S. ブルーム理論の日本における受容と発展

動の目標が,「○○ができる」「○○がわかる」という行動目標だけで達成される達成目標に限られた点が批判された。梶田はこの点を,岩手大学附属中学校との実践研究の中で,達成すべき教育目標類型を,達成目標,向上目標,体験目標の三つに区分けした。

行動目標という教育工学的アプローチに対する批判の代表例がアイスナー (Eisner, E. W.) である。彼は,1967年の「教育目標――助けか妨害か」という論文で,ダイナミックな複雑な授業過程は学習者に生じる変化の全てを予め行動目標の形で明確にすることは不可能であり,行動目標の適用範囲は授業後に形成される特定の操作や数学や理科などに限定されるべきであるとし,質的経験を対象とする芸術のような教科には適用不可能であり,教師にはむしろ骨董屋の主人の持つ鑑識眼のような評価能力が求められると批判した。批判に対して,ブルームは1969年「教育評価に関する理論的諸問題」という論文で,教育目標の全てを明確に記述はできないが,可能な限り指導目標として明確にする可能性は追求すべきであると述べると同時に,行動目標という教育工学的アプローチを研究するポファム (Popham, W. J.) たちの刺激―反応の関連として授業を組み立てる考え方を批判し,授業は教材・教師・子どものダイナミックな相互作用の場であるとも反論し,行動主義的な考えを引き継ぎつつも,一線を画する立場を明確にしている。

第二番目はブルーム理論では学習活動の達成が,認知的な知識・理解・応用等が中心になっており,他の領域があまり考えられていないことである。しかし,実際の学習では興味や関心や学びの態度,技能の熟達などの目標の評価が出てくる,岩手大学附属中学校は「何々しようとしている姿」が評価できないという場面が出てきた。そこで梶田と岩手大学附属中学校は,達成すべき目標領域を認知的領域,情意的領域,精神運動的領域と三領域に区分けし,マスタリーラーニングの評価をバランスあるものにした。

第三番目は,学習の目標分析においてブルームが示したように知識から理解・概念の獲得そして応用とタキソノミーのように順次高次化するとは限らないということである。梶田はこの点について,「個別的知識と概念と一般的関係性との間で往復運動を繰り返しながらジグザグに進み,最終的にある概念の

深い理解に達すれば良い場合もあれば，ある特定の個別的事実を体系的な背景の下でじっくり見つめるといった帰着の仕方もある」と目標分析を能力レベルの次元とは離して，その教材の構造から考えて基礎目標，中核目標，発展目標を設定する必要もあると述べている。

次に，評価レベルに関してであるが，ブルームは形成的な評価を単元の終了レベルでの形成テストをすることを中心に考えたが，実際の授業では，認知面だけではなく，情意面など多様な領域から1時間の授業の中で，学期・学年レベルで形成的評価を活用して，形成テストだけでなく，ミニテスト，ワークシート，レポート，作文など多様な形成的評価の方法を開発していかなければならない。

梶田はブルームが認知的領域の学習指導に重点を置き，他の領域を配慮しなかった理由を，「目標のヒエラルキーに沿った指導過程を考えるという，プログラム的学習的発想を未だ濃厚に持ち続けているため，目標構造と指導過程の設計と実際の授業実践を同じ形，同じ大きさに切り抜いた三枚の紙のように重ね合わせて考えるところから生じたのではないかと考えられる」と指摘している。

この点から，各地の教育実践でも問題点が浮かび上がってきた。「目標つぶし」の授業の出現である。指導要録改訂で評価項目に「関心・態度」の欄が導入され，到達度評価による授業実践が広がると，授業の目標が認知的領域を中心に「○○がわかる」「○○を覚える」「○○ができる」式で認知面に偏って到達目標を設定し，目標に到達すれば授業目標が達成されたとする「目標つぶし」の形式的な形骸した平板な授業の現象が各地で見られるようになったことである。しかし，「『落ちこぼれ』を作るな」という教師の熱意で形成的評価を取り入れ，マスタリーラーニングは日本各地の学校現場へ広がっていった。

3 アメリカの学力問題とブルームによるマスタリーラーニングの提案

ブルームが国際的にマスタリーラーニングを本格的に紹介したのは，1971年

のIEA主催の「カリキュラム開発のための上級者国際セミナー」の場であるとされているが、ブルームは1968年の論文「習得のための学習」(Learning for Mastery)において、1963年にキャロル(Carroll, J. B.)らが発表した「学習モデル」研究に着目したと述べている。キャロルによれば、もし生徒の適正(学習速度等)に従い学習に利用できる学習時間の量を、個々の生徒の特質や必要に応じたものにすれば、大多数の生徒はその教科の学習を習得できるはずだとした。ブルームはこのキャロルらの学習理論を授業に展開したのである。ブルームがマスタリーラーニング理論を構成する原則は次のようなものであった。① 明確な学習目標の設定をすること。② 妥当性を持つ評価方法の準備すること。③ 到達基準を予め設定すること。④ ひとまとめの内容を単元として構成すること。⑤ 生徒に学習進度に関するフィードバックを与えること。⑥ 到達基準に達しなかった生徒の誤答や誤解を修正するための時間や援助を与えること。

　ところで、どうしてブルームがシカゴ大学でマスタリーラーニング理論を構成するようになったかという歴史的背景を知っておかなければならない。「すべての子どもたちに学習権を保障しよう」という教育観、形成的評価という教育方法を用いて完全習得させようとする発想の原点は、公民権運動への応援というブルームの考え方があったからであろう。ブルームはダーベ(Dave, R. H.)の「子どもたちに学力形成に大切なことは、親の地位よりも、親が子どもたちに何をしてやれるかである」という研究から影響を受け、家庭環境を重視した上で、学校で教えることに興味を持たせるが大切である。ブルームは就学前の教育、家庭の環境の改善、その上で学校教育が子どもたちの学習権を保障する方略として、マスタリーラーニングを提起したという源流は忘れないようにしたい。それ故、マスタリーラーニングは、1980年代のアメリカの学力向上対策においても、日本の学力保障、同様積極的な役割を果たすことになったのである。

第5節
ブルーム理論導入における梶田の役割

1 日本におけるブルーム理論の受容をどう評価するか

　日本では1973年にブルームらの『教育評価法ハンドブック』が刊行され，ブルーム理論は，急速な高まりを見せ，各地の学校で取り組まれるようになった。1970年代当初から1983年のブルームの再来日までのブルーム理論の日本における受容を研究していた日本教育新聞編集長の有薗格は，「日本のブルーム理論の学校現場への受容・研究実践は多くの場合が梶田の評価理論を通してブルームの評価論，目的論を学んで」行われたと評価しているように，梶田理論の影響は大きかったと言える。

　ここで，我が国の教育実践に与えたブルーム理論の影響を振り返ってみると，一番目は，ブルームの「教育目標の分類学」「形成的評価と総括的評価」「完全習得学習」の理論から，学習目標と指導と評価を一体とした授業設計と授業実践と授業評価をしなければならないこと。このことによってすべての子どもたちに学力を保障していくことができるという完全習得学習の道筋と可能性を学校現場の先生方に理解させたことである。

　二番目は，達成すべき学習目標を認知的領域と情意的領域，精神運動的領域から捉え，子どもの学力形成と人間的成長を情意的領域と精神運動的領域の三者を統合することにより，「学力保障と成長保障の両全」という教育観の実現への筋道を与えたこと。

　三番目は，これまでの相対評価に代わって，目標に準拠した評価を基本として，評価の機能（指導における役割）と手続き，方法を明らかにしたことが，国際的に遅れていた我が国の教授・学習過程における価研究を促進させた。教育評価と測定は違うものであり，教育評価は到達基準に基づく達成評価が中

心であり，学力形成のための指導や授業改善，カリキュラム改善に役立てるものであり，単元指導過程における形成的評価や学期・学年末の総括的評価が位置づき，評価は常に「指導と評価の一体化」（本来は目標と指導と評価の一体化）で行うのであるという認識が学校現場に普及したこと。このことによって，我が国の教育実践は，有薗（日本教育新聞社編集長）によると，① 学力保障を目指す授業研究，② 授業・学習過程における形成的評価の研究，③ 授業組織の改善，④ 指導要録・通知表の改善研究等が進んだと評価をしている。長年，日本の教育評価を研究してきた有薗によると「日本の主な教育評価改革は梶田叡一が指導してきたといってよい」と言い，梶田の果たした役割には大きなものがあると評価している。

2　ブルーム理論の今日的必要性

アメリカにおけるブルーム研究には，「ブルームの時代」（The Bloom Period）と「ブルーム後の時代」（Post-The Bloom Period,）に区分がされ，2001年には，ブルームとともにタキソノミーを提案したクラスウォール（Krathwohl, D. R.）やブルームの弟子であるアンダーソン（Anderson, L. W.）たちによって『改訂版タキソノミー』も再提案され，各時代の到達点と課題が提起されている。アメリカでは1970年代の学力低下対策として1980年代からはアメリカの教育改革に対して全米各地でマスタリーラーニングを行うグループ「結果に基づく学校又は教育」OBC（Outcomes-based School, Outcomes-based Education）ネットワークが教育関係者により形成され，子どもたちの学習権保障に取り組んでいる。と同時にマスタリーラーニングに対する批判も具体化する。

　現在，日本では「確かな学力」を基盤に「生きる力」の育成や，学力向上を目指した「学校を基盤とした授業・カリキュラム開発」が課題となっている。現在の日本の教育界では，ブルーム理論はすでに忘れ去られたものであるかのようであるが，ブルーム理論の今日的必要性について，1983年のブルームの来日の援助をし，直接ブルームから学んだ浅田匡（早稲田大学教授）は「日本の今後の評価研究は，教育評価を独立した領域として研究するのではなく，カリ

第5節　ブルーム理論導入における梶田の役割

キュラム開発，教授学習過程，子どものパーソナリティ形成など関連性の中で行う必要があり，ブルーム理論が1966年にカリキュラム開発をするに関して注意した，教科内容に関わることや，学習者の特性に関わること」などにも注意を払わなければならないし，研究内容は今後益々重要になるだろうと提言する。

　本稿は，ブルームが1983年に再度来日し，マスタリーラーニングについての講演を日本各地で行い，梶田がブルーム理論を日本の教育界がどのように受け入れてきたかをまとめた『ブルーム理論に学ぶ』を刊行した1986年までの「ブルームの時代」を研究対象にしているので，「ブルーム後の時代」には言及していないので，その点はご了承願いたい。

第6節
通知表の役割と改革のあゆみ

1 指導要録改善と通知表改革

「通知表の歴史は指導要録の歴史である」と言われる。

現在の評価原理である「目標に準拠した評価」の原点は昭和55年版指導要録である。

昭和55年版指導要録は，これまで一貫して採用されてきた相対評価から絶対評価へ転換した。教科の評価は「評定」欄だけでなく，絶対評価に基づく「観点別評価」欄を導入し，全教科を「思考」「知識・理解・技能」など能力別観点で統一し，学力を「思考」「知識・理解・技能」など認知的学力だけでなく，「関心・態度」などの情意的学力の観点も採用した。学習成果を認知的学力面と情意的学力面の両面から把握し，教師の学習指導の改善に生かそうとする形成的評価の考えを導入した。これまで学年末に記録し後は公簿として保管するだけで取り扱われてきたものを，これからは，教師の日ごろの指導に役立たせようということで「指導に一層役立たせる」とし，文部省が示した指導要録の様式も案であり「各教育委員会で工夫を期待する」ことも追記するなど，画期的な評価改革案であった。この延長線上に「目標に準拠した評価」に基づく指導要録が平成3年版指導要録，また平成13年版指導要録として発展したと考えるべきである。したがって，通知表の評価原理も概ね指導要録に準じたものが主流になって，各学校で作成されている。

2 戦後の「通知表の指導要録離れ」のあゆみの分岐点

(1) 通知表と切っても切れない指導要録の改訂

　前述のように，「通知表の歴史は指導要録の歴史である」と言われるが，学習指導要領と指導要録と通知表にはカリキュラムとしての一貫性とそれぞれの役割の独自性がある。乱暴に言うなら「通知表の指導要録離れ」の側面もある。本来，学校が独自に作成するものである通知表にもかかわらず，戦後は「指導要録」（学籍簿）から当然大きな影響を受け続けてきた。その意味で，戦後の通知表改革の歩みは「通知表の指導要録離れ」の歴史でもあると言える。

　戦後最初の1948（昭和23）年版指導要録はアメリカの教育使節団が科学的な評価の仕方ということで喧伝され持ち込まれたものであり，「＋2，＋1，0，－1，－2」という5段階で相対評価し，子どもにレッテルを貼る評定が要録も通知表もその後ずっと続く。

　ところで，通知表の機能は，・子どもに学期など長期間の学習成果や学校生活などの成果や成長の様子についてまとまりの評価──総括的評価を子どもに認識させ，・保護者には子どもの学校での学習結果や生活の様子や成長の様子を通知・連絡し，・教師には記入する子どもの成果を確認し指導の反省を行い次の学期への指導目標を見定め，結果として学校と保護者が成果と指導課題の共通理解に努め，子どもの新たな学習・成長課題の実現に向けてともに手を携え子どもの教育を一層促進させることを目的に，学校が自主的に発行してきたものである。

　しかし，依然として通知表は子どもからは励ましにならず恐れられ，保護者からは「評定の方がよい，観点別評価はわかりにくい」「評価が信頼できない」など不評の声が寄せられる。通知表は厳粛な権威を備え，多くの家庭で卒業後も長く保存されてきた。それほど，私文書に過ぎない通知表が個人の学校時代を象徴する大切なものとして保存されるのであるから，なお一層通知表のあり方については，子ども自身の学習や生活の成果や努力や頑張る姿を認め，次の目標や課題に立ち向かう態度を励ます教育的道具としての役割を果たせるよう

（2）学校の教育活動の終着点としての通知表の役割

　学校において教育活動の出発点が教育目標の設定と指導計画の編成であるなら，教育活動の終着点は子どもに指導目標がどれだけ実現できたかを評価する通知表の作成である。したがって，通知表はできるだけその学校独自の教育観を反映させたもので，学力保障と成長保障の両面からの成果や成長の記録を多様に見取ることができる評価項目が設定され，学校と保護者の共通理解を醸成する役割を果たす内容が盛り込まれていることが望ましい。つまり，「通知表の指導要録離れ」が望ましいのである。

　しかし，多くの学校の通知表の様式や評価項目は指導要録の項目の写しや若干手直ししただけのものが多い。特に，中学校はその傾向が顕著である。それは，「通知表が指導要録」「指導要録が入試の調査書（内申書）」の原簿の役割を果たすからである。各学校においても学年末に記入する指導要録の評価項目と合わせておいた方が便利であり，「二重帳簿」の作業をする負担もないからである。

（3）通知表改革の三度にわたる分岐点の時代の特徴

　そこで，簡単に戦後の通知表改革の3回にわたる分岐点の時代の特徴について振り返っておきたい。

　1回目の改革は昭和40年代の時代，「通知表論争」をきっかけとするものであった。2回目は昭和50年代の時代，到達度評価に基づく通知表改革の全国的広がり（昭和52年）であった。3回目は平成の時代，生活科・総合的な学習の新設や導入した目標に準拠した評価を改めて問い直しをする時代である。

　1回目の改革につながった「通知表論争」は，昭和44年2月にテレビのワイドショーへ保護者が「子どもの通知表はクラスの中であらかじめ『5』が何人と決められていて，自分の子どもが頑張っても『5』の成績はとれない」と相対評価の問題点を指摘する投書をしたことに端を発し，これに当時の文部省は「全員5でも3でもいい」「作成は学校の自由に任されている」旨の回答をし，

その後の昭和46年版指導要録では,「通信簿は要録の様式,記載方法等をそのまま転用することは適当でない」と通知した。これをきっかけに各地で通知表本来の独自のあり方を求める改革の動きが出た。

次に,2回目の昭和50年代の到達度評価の時代に入り,昭和52年,梶田叡一(国立教育研究所)らは全国の小・中学校現場での到達度評価定着の実態調査を通知表全国調査として行った。結果によると,通知表の到達度評価が主流を占める先進地域は・長野,・北海道,・大阪・山梨・京都(府教育研究所が応援)であるが,全国各地に広がっていることが確認された。到達度評価の通知表は,各教科の単元・領域別で達成するべき目標をあらかじめ「～ができる」と具体的に行動目標として示し,主に認知領域を中心にそれぞれの子どもたちが習得できたら人数枠にかかわらず「到達」したと評価したものである。

第3回目は平成初頭から現在へと続く時代,新しい学力観を実現する観点別評価導入の時代(平成6年～)と総合的な学習の学習過程を評価するポートフォリオの導入である。この時代は小学校に「生活科」やその後「総合的な学習の時間」が新設され,「自己学習能力と自己評価能力」の育成や再度「目標に準拠した評価」が提言され,通知表も様式だけではなく評価方法や評価観点が大きく転換する時代である。

その後も梶田らは全国通知表の経年調査(第二次・第三次)を続け,1993(平成5)年の第二次教育評価実態調査(全国小・中学校10％調査)結果では,全国小・中学校の通知表の観点別評価の定着率は9割,評価観点も,「指導要録型」「指導要録改善型」「学校独自型」に大別され,第一次調査時に比べ,「指導要録改善型」「学校独自型」が増加し,「自己目標欄」や「自己評価欄」など各地で学校独自の特徴ある通知表が発行されていることを紹介した。1970年代(昭和45～54年)からの評価改善の歩みについて,梶田(元・兵庫教育大学学長)は,昭和55年版指導要録の歴史的意義について,インタビューでは以下のように述べている。

> 終戦直後のアメリカが持ち込んだ評価理論を清算し,70年代後半盛り上がったアメリカやヨーロッパの評価研究と遜色のない指導要録が昭和55年

にできた。いずれにせよ，子どもたちを評価するということは測定して相対評価で『できる』「できない」を一次元に並べることではなく，『この子はどこができて，どこに課題が残っているのか』と多元的な見方を入れることです。学力というと認知領域だけで考えやすいが，情意領域の能力も大切にしなければなりません。認知領域でも知識・理解・技能と思考力・表現力・判断力，今で言う「習得のレベルと活用のレベル」を明確に分けたことが，画期的だった。当時の文部省が『ただ単に指導要録を変える』という姿勢ではなく，学力観・評価観を根本から変えなければならないと取り組んだのが昭和55年の指導要録改訂だった。現在の考え方も昭和55年版指導要録の延長であり，言い方が10年ごとに少し変わるが考え方はまったく変わっていない。

3　本紙とポートフォリオファイルのセットの通知表「学びの光り」

香川大学教育学部附属高松小学校は，通知表調査の第二次・第三次実態調査においても「特徴ある通知表」の学校として特記された学校である。2009（平成21）年学習欄の評価観点として，国語「話す・聞く」では「自分の立場や意図を明確にして話す」，読む力では「事実と感想や意見との関係をとらえながら読む」，社会「観察・資料の活用」「技能・表現」では「地図や統計資料等を活用して調べ」「自らの考えを入れながら分かりやすく表現することができる」，算数「関心・意欲・態度」では「……性質や関係に着目して考察したり，論理的に考えたりすることのよさに気付き，進んで生活や学習に活用しようとする」，「関数的な考え方」では「算数的活動を通して数学的な考え方の基礎を身に付け，根拠を明らかにして，筋道を立てて考える」など，学校はPISA型の学力および2008（平成20）年版学習指導要領の趣旨を取り入れ，「思考力・表現力」「活用力」「言語力」「習得・活用・探究」の力を重視し，その実現状況を早速通知表の見取りの観点に設定して，通知表と授業の改善に生かしている。多くの学校が中教審で検討されている2010年版指導要録改善の通知を待って，通知表改革をしようと「指示待ち」状況の中，当校は「授業を改善したので，

その結果は今できるところから通知表の評価観点に表していこう」という積極的な姿勢で取り組んでいる。参考にするべき通知表の先進事例であろう。

第Ⅱ章　参考・引用文献

浅田匡著「これからの評価研究とブルーム理論」『教育フォーラム』27号，金子書房，2001年。

東洋・梅本堯夫・芝祐順・梶田叡一編著『教育評価事典』金子書房1988年。

有薗格著『授業研究——ブルーム理論をどう受けとめるか』明治図書，1983年11月号。

天野正輝著『教育評価史研究』東信堂，1993年。

石井英真著「梶田叡一，子どもの内面世界を育てる評価方法」田中耕治編著『人物で綴る戦後教育評価の歴史』三学出版，2007年。

石井英真著『現代アメリカにおける学力形成の展開』東信堂，2011年。

石田恒好著「通信簿と指導要録の改善」藤田恵璽・井上尚美・梶田叡一編『現代教育評価講座1巻』第一法規，1978年。

板倉聖宣著「正しい学力評価のあり方」『教育心理学年報』1966年。

岩手大学附属中学校著『形成的評価を生かした授業』明治図書，1980年。

植田稔編著『マスタリーラーニングによる授業設計と実践』文化開発社，1977年。

茨城県下館市立下館小学校編著『形成的評価による学力保障と成長保障』明治図書，1986年。

梶田叡一著『形成的評価による完全習得学習』明治図書，1976年。

梶田叡一著『授業改革の論理』文化開発社，1977年。

梶田叡一著『教育評価』有斐閣，1983年。

梶田叡一著『ブルーム理論に学ぶ』明治図書，1986年。

梶田叡一著『教育における評価の理論Ⅰ，Ⅱ』金子書房，1994年。

梶田叡一著「学校教育の世界との関わりを顧みて(1)」『教育フォーラム』44号，金子書房2009年。

梶田叡一・植田稔編著『形成的評価による完全習得学習』明治図書，1976年。

梶田叡一・黒井圭子著「学校における評価の現状について　通知票及びテスト利用に関する全国調査結果の概要」国立教育研究所（第一次全国教育評価実態調査委員会），1977年。

梶田叡一ほか編『学びと育ちの評価——通知表全国調査リポート』日本教育新聞社，1994年。

後藤真一・細川和仁・西森章子・渡辺規矩郎・浅田匡・古川治著「通知表の評価観点を基にした学力観の分析」日本教育工学会第23～25回大会，2007～9年。

静岡大学附属浜松中学校編著『子どもが生きる確かな授業』明治図書，1981年。
静岡大学附属浜松中学校編著『自己学習能力の育成』明治図書，1984年。
静岡大学附属浜松中学校編著『自己の生き方を探る授業の創造』明治図書，1992年。
渋谷憲一・藤田恵璽・梶田叡一監訳『学習評価法ハンドブック（上・下）』第一法規，1974年。
田中耕治著「マスタリーラーニングにもとづくカリキュラムと授業の構想」杉浦美郎編著『教育方法の諸相』日本教育研究センター，1993年。
中島章夫・垂木祐三編著『昭和55年改訂指導要録の解説』ぎょうせい，1980年。
中島章夫・梶田叡一・植田稔・宮本三郎・竹田紀男・陣川桂三インタヴューは古川治・浅田匡・細川和仁・西森章子渡邉規矩郎・後藤真一編著『指導要録・通知表にみる戦後学力観・評価観の変遷』科費補助金研究報告書，2010年。
福岡教育大学附属中学校編著『形成的評価による授業改造』明治図書，1978年。サンケイ新聞朝刊，1979年9月9日付朝刊。
福岡教育大学附属中学校編著『情意面の評価を生かした授業設計』明治図書，1982年。
古川治著「学習指導要領と指導要録と通知表の一貫性と独自性」『教育フォーラム』45号，金子書房，2010年。
古川治（編著代表）「戦後学力観・評価観の変遷に関する研究——通知表分析を通して」科研補助研究報告書，2010年。
古川治著『中学校生徒指導要録解説』学宝社，2011年。
ブルーム著，稲葉宏雄・大西匡監訳『すべての子どもにたしかな学力を』明治図書，1986年。

コラム　梶田叡一の研究の折り返し点としての『授業改革の論理』
―ブルーム理論を日本の教育界に問うた成果，1977年，文化開発社―

　本書は，梶田がブルーム理論，マスタリーラーニング等に関する理論と実践に取り組んできた研究成果を日本の教育界に問うた記念碑的書籍である。

　序論は，アメリカのブルーム，ヘイスチングス，マドウスたちの『教育評価法ハンドブック』が梶田叡一，渋谷憲一，藤田恵璽監訳によって邦訳された1973（昭和48）年（11月25日の）翌年，教育雑誌『総合教育技術』1974（昭和48）年9月号に梶田叡一が「『良い授業』の構造」（原題は「現場の求める現代の授業像」）というテーマで寄稿した再録である。

　また次の内容は，それに先立つ1972（昭和47）年5月号で，「現代における教授・学習理論の効用と限界」のテーマで，河野重夫（お茶の水女子大学教授），渋谷憲一（大妻女子大学教授）と誌上討論を行った再録である。誌上討論では，効率的な学習をめざした学習としてプログラム学習，CAI，系統的学習，ブルームの完全習得学習，他方学習の型自体を教え込む発見学習，仮説実験学習，主体的学習等日本で行われている主な授業方法を俎上に上げ，どの学習方法もメリット，デメリットを明確にしないまま，一つの方式で万能であるかの如く学習方式を導入していく日本の授業スタイルを批判し，授業方法の在り方について提言している。

　戻るが，「『良い授業』の構造」では，「よりよい授業」とは一体どのような方向性を持ったものとして考えれば良いかを，教育雑誌『総合教育技術』に寄せられた学校現場の先生方の声を基に提案している。よい授業の特徴，授業過程の特徴，よい授業がもたらすもの，よい授業を実現するためには教師はどのようにしたらよいか（実態把握，教材研究，目標の明確化，指導計画，授業の反省）について学校現場の声に寄り添いながら具体的な改革の提案をし，最後に「教師は授業についての専門家であるという自覚を持ち，かけがえのない生徒を教育しているのであるという使命感を持って，自ら学習する気構えを持つという重要性が」必要であると教師論にも言及して締めくくっている。

　本書は，以上のこれまでの日本における授業方法や学習方式の内容を吟味することを序論に，次に本書の中心である梶田が『教育評価法ハンドブック』の邦訳以来研究，実践，紹介してきたブルームのマスタリーラーニングの内容を強く打ち出した本である。ブルームの教育目標の分類学（タキソノミー），タキソノミーに基づ

第Ⅱ章　B.S.ブルーム理論の日本における受容と発展

く教育目標の到達度の評価である形成的評価，それを手段とする完全習得学習（マスタリーラーニング）の理論が整理され，提言されている。目標分析の重要性を語り，達成すべき教育目標を，「行動目標」に収斂することが批判されている批判点に注意しながら，教育目標を「達成目標」「向上目標」「体験目標」に分類，整理し提案されている。この時点で，もはや，いわゆる「梶田理論」の原型が完成され提案されていることに驚くばかりである。

したがって，本書は日本の教育界から注目され，いくつかの教育雑誌誌上において書評が行われている。例えば，当時の文部省教科調査官の武村重和は，「学校における落ちこぼれ問題は今や社会問題である。通常の集団的な学習を行いながら，適当な時点において形成的な評価を実施し，その結果に基づいて学習者個々人の到達状況に即して，治療的な指導を行い，『落ちこぼれ』の子どもをなくすマスタリーラーニングと呼ばれる授業の基礎理論と実践研究を結びつけ，授業改善の視点を明確にしている」と書評（『学校経営』1977年7月号）している。

また，新堀通也広島大学教授も，「従来の授業論が情緒的，体験的，あるいは教条的，政治的，ハウツー式であったが，目標を中心にすえながらも客観的，科学的であろうとするブルーム理論に，本書を通して接することは，研究者，現場教師にとっても大きな刺激になるに違いない」と書評（『教育の森』1977年8月号）している。

本書出版の意義について，筆者の梶田自身も「子どもの成長発達の問題や教師による子どもの認識の問題に，また教育評価に関する諸問題に以前から強い関心をいだいてきた。しかしながら，最も具体的な教育活動自体の展開に関する問題には，長い間どうしても足を踏み込むことができなかった。その意味において，本書は筆者の教育研究の軌跡をたどる時，一つの折り返し点を印すもののように思われてならない」と記している。

その意味からも，本書の刊行は，梶田自身にとって日本の具体的な教育実態に切り込むポイントになっただけでなく，日本の教育活動の改革に役立つ可能性を持った書籍として受け止められたことは明確なことであった。

参考・引用文献

梶田叡一著『巡礼する精神（1972～2009）紹介批評文集』リーブルテック，2010年。

第Ⅲ章
梶田理論の発展

第1節
完全習得学習の実践課題と開示悟入の提案

1　完全習得学習の実践の広がりと課題の出現

(1) 目標分析と形成的評価の実践の広がり

　1973年の梶田らによるブルームの『教育評価法ハンドブック』、74年の『学習評価法ハンドブック』の邦訳以降、1974年の神奈川県藤沢市教育文化研究所の植田稔をリーダーとした藤沢グループの実践を皮切りに、1970年代中頃から静岡大学附属浜松中学校、福岡教育大学附属福岡中学校、岩手大学附属中学校、島根大学附属中学校等のブルーム実践先進いわゆる「四附属中学校」を中心とした日本の学校における先進校でのマスタリーラーニング（完全習得学習）の研究と実践が一般の公立学校に先駆けて取り組みが始まった。

　1970年代後半に入ると、1975年の京都府教育委員会ぐるみ（討議資料『到達度評価への改善を進めるために』の各学校への配布）による学校現場あげた京都地域全体の取り組み、全国的な学校組織としては全国同和教育研究協議会の人権教育の一貫としての学力保障の取り組み、教師の職能団体としては日本教職員組合加盟の学校での教育研究活動運動として、さらに民間教育研究団体では水道方式と呼ばれる数学教育研究協議会、理科教育の仮説実験授業などの研究組織で到達度評価運動や授業における目標分析と形成的評価の実践が広がり、絶対評価による指導と評価の一体化による評価の取り組みは全国的な展開を見せた。

　さらに、広がりの決定的な要因は、1980年版改訂指導要録が、それまでの相対評価中心の評定から、絶対評価に基づく「観点別評価」に改訂され、「各教科の学習の記録欄」のⅡの「観点別学習評価状況」欄が設けられ、到達度評価を中心とした授業改善が公的に全国各地の公立学校でも取り組まれるようにな

り，マスタリーラーニングが先進校だけではなく，多くの自覚的な学校で取り組まれるようになったことである。

　マスタリーラーニングにおいては，すべての子どもに学習目標を習得させるために，予め単元レベルで達成すべき目標を洗い出し，目標分析を行い，実際の授業では，形成的評価を活用して，指導と評価を一体化した授業により，すべての子どもに完全習得させることが目標である。授業の中では，教師は発問で「ゆさぶり」をかけ，授業の山を設定するなど教師の指導力が発揮されることによって，授業がより一層生き生きと展開し，途中で補充学習を行い，最終的にねらう目標に到達させることができるものである。

　授業に先立つ到達目標の設定にあたっては，目標分析の細分化が行われるが，各地の授業の中には目標分析が詳細なものになりすぎ，実際の授業では，次々に設定した行動目標（「○○をすることができる」）に到達させるだけの平板な授業が出現するようになってきた。

　到達させるべき目標領域として，梶田は「目標類型と目標領域の観点から代表的な目標の分類例」を設定し，予め領域を「認知的領域」「情意的領域」「精神運動的領域」に区分し，達成させるべき目標類型をみんなが到達してほしい「達成目標」，その子なりに向上してほしい「向上目標」，自分の実感で体験することが大切な「体験目標」の目標類型にカテゴライズしておいた。

　しかし，多くの先生方は，学習目標を「分かる」「覚える」「できる」内容としての「認知的領域」の「達成目標」にねらいが集中しがちで，教師の浅い理解により，真面目で熱心な教師ほど授業展開が「目標つぶし」と言われる平板な授業が見られるようになった。

　また，評価は授業改善の為になされるべき目標分析や評価活動であり，実際の授業の準備であるが，目標分析や評価活動に時間を割かれ，教師にとって「評価が負担である」という実態も出てきた。

　例えば，2001（平成13）年の文部省の指導要録の改訂では「評定」欄と「観点別評価状況」欄の併用で，「観点別評価状況」欄がメインになるに伴い国立教育研究所から「評価規基準」が示され，多くの都道府県教育委員会でも「○○県教育委員会「評価規準」モデル案が作成され，各学校でも「評価規準」案

第Ⅲ章　梶田理論の発展

表3-1　「完全習得学習の原則と研究・実践課題」1976（昭和51）年

◆完全習得学習（マスタリー・ラーニング）の基本原則
1. 「完全習得学習」を標榜する研究一実践活動とは，何らかの固定した教授・学習方式の普及定着を図ろうとするものではなく，「教授・学習目標の必須部分のすべてを，すべての子どもに達成させよう！」という目標の達成を目指す開発的な研究・実践活動である。
2. 「完全習得学習」の目標を達成する具体的方策として，まず第一に教授・学習目標の分析がなされねばならない。この目標分析に当たっては，教授・学習目標の精選，明確化構造化が目指されるべきであり，「教育目標のタキソノミー」に関する研究成果を活用することが望ましい。また目標分析は，ある教科に関する小・中・高のカリキュラム全体，その教科のある系統（例えば，力の概念，文法，等）に関するものの全体，ある学習単元の内容，等といった幾つかのレベルで，相互に有機的な関連を持たせながら，なされなくてはならない。
3. 指導計画は，ある学習単元の目標群のすべてに関する指導を何らかの形で含まねばならないが，一つの目標に一つの指導を対応させる要素主義的教育観や，目標として挙げたもののみに指導を限る無味乾燥な指導展開におちいることのないよう留意したい。目標群と指導計画の対応のさせ方は教師の個性や教育観に応じて多様なものとなりうる。
4. 教授・学習目標のすべてに対して，それぞれ，形成的評価のための評価項目（あるいは他の評価手段）が準備されねばならない。
5. 教授・学習目標のすべてに対して，それぞれ，授業を通じてその目標が達成されなかった場合に与えられるべき学習課題あるいは指導プランが準備されねばならない。
6. 各学習単元の指導を展開していくに当たって，まず最初に，これから何をやろうとするかを学習者に説明し，その意欲を方向づける機会を持てるようにすべきである。またその終了時においては，個々の学習者が自らの目標達成を確認する機会を持てるようにすべきである。

出所：配付資料〈完全習得学習の原則と研究・実践課題〉1976年4月30日（梶田叡一）

作りが熱心に進められたが，学校現場の先生方にとっては負担にもなった。

2003（平成15）年に文部科学省が行った教員調査「公立小・中学校における教育課程の編成・実施状況調査の結果について」においても，絶対評価について「作業が複雑で余裕がなくなった」と7割の教師が回答し，教師の評価活動による負担に不満を招く実態が報告された。

（2）完全習得学習の実践の広がりと目標つぶしの授業の出現

このような授業の「目標つぶし」の予兆を感じた梶田は，早くも1976（昭和51）年，自らが招聘され校内指導に入る学校ごとに手刷りのプリント「完全習得学習の原則と研究・実践課題」という資料を配布しては，完全習得学習の原理・原則と解決すべき課題を確認し注意を促していった（表3-1，3-2参照）。

6点にわたる原理・原則は大切な観点であり，概観して確認しておれば，平

第1節　完全習得学習の実践課題と開示悟入の提案

表3-2　「完全習得学習を推進するために必要な当面の研究・実践課題」

◆完全習得学習を推進するために必要な当面の研究・実践課題
1．体系的背景を持つ目標分析の成果を蓄積していくこと
　　　各教科をそれぞれの体系性を持つ学習領域群の総介としてとらえ，各学習領域における体系的発展性と心身発達の特性とを考慮しながら，学習単元ごとに目標構造図の作成が急がれなければならない。そして，各教科が，目標構造の明確化された学習単元を有機的に相互関連したものとして表現し直せるよう，目標分析の成果を集積していくことが必要である。
2．学習単元ごとに，あるいは連関した学習単元群ごとに，指導書や学習書を作成すること。
　　　目標構造に対応した指導展開を広く試みることができるよう，教師のための指導書，学習者のための学習書，の作成が急がれねばならない。指導書には目標構造図，指導展開の筋道とポイント，形成的評価項目，未違成目標に関する学習課題と指導プランを含むべきである。学習書の場合には，指導書に対応した学習課題等から成ることになるであろう。同一の目標構造図に対し複数の考え方に立つ指導書や学習書が出現することが望ましい。
3．完令刊得学習を日指す授業の情意的成果を評価するための方法論を開発すること
　　　完全習得学習が達成感や自信，今後における知的探究への意欲，などといった情意的成果を最終的に目指すものであることを確認し，これらを適確に把握する方法論の開発が急がれねばならない。
4．目標分析および形成的評価に関する方法論的研究を進めること
　　　2次元マトリクスト上における目標の位置づけ，目標相互の構造性の確認。評価項目の妥当性の検証，等の方法についての基礎的方法論的研究が急がれねばならない。

出所：配付資料〈完全習得学習の原則と研究・実践課題〉1976年4月30日（梶田叡一）

板な授業が出現しなかったのにと悔やまれる点である。

　梶田は完全習得学習の原理・原則として資料において，①「『完全習得学習』研究・実践活動は，何等かの固定した教授・学習方式普及定着を図ろうとするものではなく，教授・学習目標の必須部分のすべてをすべての子どもに達成させようということを目指す開発的な研究・実践活動である，② 具体的方策として，教授・学習目標の分析があり，教授・学習目標の精選，明確化，構造化がめざされ，『教育目標のタキソノミー』の研究成果を用すること，③ 指導計画は学習単元の目標群のすべてに関する指導を含まなければならないが，一つの目標に一つの指導を対応させる要素還元主義的教育観，目標として挙げたもののみに指導を限る無味乾燥な指導展開に陥ることのないよう留意し，目標群と指導計画の対応は，教師の個性や教育観に応じて多様でよい。④ 教授・学習目標の全てに対して形成的評価の手段が準備されなければならない。⑤ 教授・学習目標の全てに対して，授業を通してその目標が達成されなかった場合

(手立てとしての）学習課題，指導プランが準備されなければならない。⑥ 各学習単元の指導にあたっては，なにをやるかを学習者に説明し，意欲を方向づける機会を持つこと，授業終了時には目標達成を確認する機会を持たなければならないということ，を確認している。

その上で，当面の実践課題として，「完全習得学習を推進するために必要な当面の研究・実践課題」として次の4点を提起した。① 学習単元ごとに目標構造図を作成し，目標分析の成果を集積していくこと。② 学習単元ごとに教師のための指導書・学習書を作成すること。③ 完全習得学習が達成感や自信，今後の知的探求の意欲など情意的成果を評価する方法論を開発すること。④ 2次元マトリックスにおける目標の位置づけ，目標相互の構造性の確認，評価項目の妥当性等目標分析および形成的評価などに関する方法的研究を進めることである。

実際，各地の授業では完全習得学習という授業システムや方法があり，授業では目標つぶしの平板な授業になり，「わかる」「覚える」「できる」の認知領域に傾き，学習者の主体的意欲付が軽視されるというような傾向が見られた。その意味で，上記の「完全習得学習の原則と研究・実践課題」はその後の課題を予想した重要なポイントになった。

2 「開示悟入」によるタキソノミーの組み直し

(1) ブルームタキソノミーの弱点，情意的領域を補強する

梶田は1980年初頭から，仏教の経典「法華経」に基づく「開示悟入」による日本流のタキソノミーによる教育を提言（1983年9月刊行の『教育評価展望I』の巻頭に「開・示・悟・入の教育を考える」論考発表している）するようになった。

「教育目標の分類学」（タキソノミー）においてアメリカのブルームたちの「教育目標の分類学」（タキソノミー）によらず，日本に応じた「教育目標の分類学」（タキソノミー）がなくてはならないと考え，『法華経』の仏典に見られる開示悟入，「開く」「示す」「悟る」「人格になる」という内面化のプロセスを重視した日本的な「教育目標の分類学」（タキソノミー）を提言したのである

第1節　完全習得学習の実践課題と開示悟入の提案

表3-3　開・示・悟・入とタキソノミーの主要次元

	主要指導目標	タキソノミーの主要次元		
		認知領域	情意的領域	精神運動的領域
開	・目を開かせる ・心を耕す		1．受け入れ 2．反　応	
示	・ポイントをわからせる ・一応できるようにさせる	1．知　識 2．理　解	3．価値づけ	1．模　倣 2．巧妙化
悟	・自分なりに納得するところまでもっていく	3．応　用 4．分　析 5．総　合	4．組織化	3．精密化 4．分節化
入	・生活や人柄の一部となるようにさせる	6．評　価	5．個性化	5．自然化

注：精神運動的領域についてはダーベのもの。
出所：梶田（1983）153頁。

（表3-3参照）。

　提言した理由について梶田は、『教育評価』（有斐閣、1983年）の中で、「ブルームたちのタキソノミーの基本的な発想においては認知的領域でも、精神運動的領域でも『開く』（目を開かせる、心を耕す）の次元が希薄であるという問題点が浮かび上がってくる」、『開』が弱いだけではなく、情意的領域が結局のところ価値観の内面化という軸を中心に組み立てられているため、感性それ自体の教育、意志や自己統制といった面の教育が目標体系のどこにも位置づけられていないという欠陥が明らかである」と問題点と理由を指摘している。

　前項で述べたように、各地の完全習得学習において、教師が設定した教育目標に従って、教師主導の授業になり、授業は教育目標を「目標つぶし」的なものになりがちであったため、子どもたちの関心・意欲などの情意的領域が弱く、主体的で意欲的な授業展開にはなりにくい弊害が出現したことも理由の一つであろう。

　そもそも、完全習得学習を効果あるものにするためには、授業における指導と評価の目標を、予め具体的な水準で体系的に明確化した理論的枠組みとして準備しておくことが必要である。この枠組みが「教育目標の分類学」（タキソノミー）である。これは、教育活動を通じて追求されるべき目標を、認知的領

域，情意的領域，精神運動的領域に三分類し，それぞれの領域ごとに，最終的な目標達成までに行き着く過程でどのような目標の系列を段階的にたどっていくことになるかを，明確な観点から見ようとする試みである。当然，ブルームたちのタキソノミーは基本的に尊重すべきものであるが，アメリカ文化におけるタキソノミーと違い，日本においては日本の文化を大切にした教育目標が重視され，上記の理由から我が国に応じたタキソノミーがなくてはならないことになる。

　事実1983年，ブルームの再度の日本訪問の際に梶田はブルームへのインタビューを行い，ブルームに「開・示・悟・入の教育の話をし，この枠組みで新しくタキソノミーを組み直してみる」と言うと，ブルームも関心を示し，「各国にはそれぞれの文化を反映したタキソノミーを開発するべきである。日本版ができたなら英語版にして送って欲しいと興味を示した」という記録が残されている。梶田はこの件について，「示す」は知識・理解・技能で考えられるが，「開く」「悟らしめる」「入らしむる」というのは，体験目標を通して，向上目標的に考えていかなければならないものであり，学校教育では実感や体験が基底にあり，その上に体験目標や向上目標がなければならないが，「東洋ではタキソノミーとして弱い面があるので，「開」「示」「悟」「入」としてタキソノミーの教育を提案した」と述べている。

（2）法華経における「開」「示」「悟」「入」と教育

　残念ながら日本の教育では「開」「示」「悟」「入」の教育はマスタリーラーニングほど広く理解されてこなかった。梶田が1970年代後半から取り組みだした経緯について，2014（平成26）年の『人間教育学研究』第2号（奈良学園大学刊行）の巻頭論文『「開」「示」「悟」「入」の教育思想とその実践化』の中で，その点についてこれまでになく詳細に説明を行っているので，貴重な経過を概要として紹介しておきたい。

　梶田は1973～81年の間，創価教育学会を創設した牧口常三郎（元東京都尋常小学校訓導）の孫弟子で，創立期の公明党の衆議院議員で党の文教責任者であった有島重武（小説家有島武郎の甥）の教育政策のアドバイスを勤め，1930年

第1節　完全習得学習の実践課題と開示悟入の提案

に創価学会の創立者である牧口常三郎が「開」「示」「悟」「入」の教育について創価学会独自の「五段階教授法」（評価・直感・思考・評価・応用）との関わりを示そうとしたものが残され，再度牧口の「五段階教授法」について話し合ったそうである。梶田によると「牧口常三郎の『五段階教授法』は，ラインの① 予備，② 提示，③ 比較，④ 統合，⑤ 応用の「五段階教授法」と異なり，「開」としての「評価」があり，「示」「悟」としての「直感」「思考」「評価」」があり，最後に「「入」としての「応用」があるという考えのようである」。しかし，牧口常三郎の先駆的な「開」「示」「悟」「入」の教育は，当時の日本の教育界において興味を持たれなかったようである（『創価教育学体系』第１巻に収録，1930年）。

有島重武の教育政策ブレーンを勤めた梶田は，有島重武との対話の中から新たに，「開」「示」「悟」「入」の教育について関心を深めることができた」と回想している。梶田と有島との対話メモが有島による「開示悟入に思う」として残されており，論文に紹介されているので，ポイントになる部分を以下紹介しておきたい。

ちなみに，法華経における「開」「示」「悟」「入」は中国後秦の仏教僧，鳩摩羅什（クマラジュウ）が漢訳した『妙法蓮華経（法華経）』の第２章に述べられている部分に由来する。

有島メモ（梶田叡一提供の資料より）
　「「開く」ということについては，衆生の中にもともと生命力があるのだ，仏の知恵，仏の慈悲があるのだという前提があります。あるのだから，開いていけば良い，衆生が本来持っているものを開き，示す，それを自覚させる，それを通して，仏の知見と大宇宙の生命の鼓動，人間の生命の鼓動がひとつながりになる，そして，生きたり死んだり，成長したり行き詰まったりしながら，大きく広がっていく。そういう生命そのものの基本的なあり方を開いていくのだということになる。もともと，中身の詰まった箱を開こうということであって，中に何もない空の箱をこじ開けて何かを注入しようということではないのです」。
　従って，「日常私たちは，物を覚え込んで，だんだん何かを成就していく，という形をとる。しかし，これは方便です。（中略）仏教の中でも，法華経以前の考え方では，勉強や修行を積み上げて初めて何かが分かる，ということだったようです。

> しかし、法華経になると、本来備わっていた無限の可能性を開いていく、発揮していく、という点が強調される。可能性が実現することが、とりもなおさず「知る」ということであり、「分かる」ということであると考えることはできないでしょうか。開も示も悟も入も、「知る」「分かる」ということのそうしたあり方を言ったものと考えて良いのではないでしょうか（後略）」

と、牧口常三郎の先駆的な「開」「示」「悟」「入」の教育を再考しながら、改めて「開示悟入」の教育の解釈と必要性について語っている。

（3）1980年代における「開」「示」「悟」「入」の教育実践の展開

梶田は1983年9月刊行の『教育評価展望Ⅰ』の巻頭に「「開・示・悟・入の教育を考える」という論文を発表し、日本のタキソノミーと「開」「示」「悟」「入」の教育実践の関係や課題について提言している。タキソノミーには認知的領域（1956年）、情意的領域（1964年）、精神運動的領域（1971年、弟子のダーベの枠組み）に分類体系化され、各領域の教育目標が想定されているが、梶田は「学校現場では『悟』『入』が着目され、認知的領域の教育目標として『開く』という重要な要素が欠如しがちになるので、「開・示・悟・入」では弱点である「開く」を強調し、教師の発問の工夫や導入の活動のあり方、体験目標の重要性について考えていくことが大切であると強調した」と述べている。図表「『開・示・悟・入』とタキソノミーの主要次元」の中でタキソノミーに応じて、「開く」では「目を開かせる」「心を耕す」、「悟らしむる」では「自分なりに納得するところまでもっていく」、「入らしむる」では「生活や人柄の一部となるようにさせる」ことが大切であると解説している。

1983年頃から、梶田はブルームの形成的評価やマスタリーラーニングについて講演しながら、折に触れ「開」「示」「悟」「入」の教育についても講演するようになった。1983年には島根大学附属中学校の指導講話で行い、その際の貴重な資料が、「『開・示・悟・入』による目標分析へのステップ」（島根大学附属中学校研究部作成）として残されているので、今後の参考として転載しておく。

「開」「示」「悟」「入」の教育実践は1985年頃から教育評価研究協議会会員の

第1節 完全習得学習の実践課題と開示悟入の提案

表3-4 「開・示・悟・入」による目標分析へのステップ（1983.1.17梶田先生が校内研修で指導されたことの整理）島根大学附属中学校研究部（1983.2.14）

	認知領域	情意領域		精神運動領域	指導方法	活動例
	知	情	意	技		
開	・自分なりに気づく ・関連の経験を動員する ・関連した実感・体験を持つ	1. 受け入れ ・自分なりに感ずる 2. 反応 ・関連した実感・体験をもつ	・効力感をもつ ・関連した実感・体験をもつ	・モデルのイメージをもつ ・関連の経験を動する	・モデルとなるものを見せる ・関連の経験を提出させる ・自分で取り組んでみさせる ・関連する体験（疑似体験）を持たせる	・コンセプトフィルムの使用 ・ビデオ、映画の使用 ・実地調査、見学 ・強化の1人調べ
示	1. 知識 ・確かめる 2. 理解 ・意味や意義がわかる ・用語や概念が使える 〈達成目標：知識・理解等〉	3. 価値づけ ・良さや味わいがわかる 〈達成目標：興味・関心等〉	・意味や意義を感じる ・意味や意義のある方向で行動する	1. 模倣 ・モデル通りに一応できるようになる 2. 巧妙化 〈達成目標：技能・技術等〉	・モデルとなるものを見せる ・説明する ・指摘する ・指示通り活動させる ・練習させる	（通常の授業活動）
悟	3. 応用 ・納得する 4. 分析 ・自分の身についたものとなる 5. 総合 〈向上目標：論理的思考力・創造性等〉	4. 組織化 ・自分なりに良さや味わいを深める ・自分のセンスを行動に生かす 〈向上目標：態度・価値観等〉	・自分なりの意味づけ、価値づけができる ・意味や価値の方向に自己規制ができる	3. 精密化 ・モデルなしで自分なりにできるようになる 4. 分節化 〈向上目標：練達等〉	・自分なりにまとめさせる ・自分なりにやらせる ・他の学習者に教えさせる	・レポートの作品提出 ・自分の考えをまとめて発表 ・教え合う小集団学習
入	6. 評価 ・自分の人生観、世界観を構成する一部となる 〈体験目標：発見等〉	5. 個性化 ・良さや味わいの深いもので日常生活を構成する 〈体験目標：触れ合い・感動等〉	・自分なりの意味感をもって日常的にさまざまなことをやる	5. 自然化 ・行動や生活の一部となる 〈体験目標：技術的達成等〉	・生活の中で生かす工夫をさせる ・自分なりの目標を立てさせ追求させる	・自分の課題を選び、半年や1年をかけて調べ、まとめる ・努力目標を立てさせ、生徒の中で守らせる

先生たちを中心に実践が試みられ，小学校では加藤明（大阪教育大学附属池田小学校）の算数6年「場合の数」，黒田尚宏（小林聖心女子学院小学校）の理科5年「火と空気」，菅井啓之（大阪教育大学附属池田小学校）理科1年「森林指導」，中学校では余田英雄（伊丹市立荒牧中学校）の理科1年「重さと質量」が交流会でも発表された。小林聖心女子学院小学校で1985年からいち早く取り組みだした黒田尚宏（インタビュー，2016年3月30日）は，小林聖心女子学院小学校の敷地内の豊かな自然を生かして「開く」「示す」段階で十分な情意的受容することと基礎基本を確実に身につけることを考えた。それらを実感・納得した上で一人ひとりが本音で自分の考え方を語る力がつくように導こうとした。それは，「『悟』を重視した教師の教え込みで受験教育のような力をつけることを目指すのではなく，子どもたちに生きた森林やその中で生活している生き物に触れたりじっくりと観察したりする完成や体験を通して考え判断することがねらいである」という。例えば，「メダカの成長にかかわるもの（条件）は何か」ということも「何年かにわたって育てたり観察し続けたりするものの一つで，子どもたちは単にメダカの成長だけではなく，植物の成長も同一の範疇で捉えられるようになる」という。

　狭い一つの小単元だけではなく，12ヵ年（小学部，中学部，高等部）を一貫して「入」へ到達できるように計画立てた。幸いに，黒田の学院では小学校1年から高校3年までの一貫校であるため，カリキュラムも12ヵ年のものができており，高校卒業時には「18歳の姿─プロファイル」を一人ひとりが自己評価して自分の目指す方向を再確認するなどして，「教師が教えればすぐにでも獲得できる知識なども子どもたちが自ら気づき，自ら考え，自ら納得して分かるようになるよう『開』も『示』も『悟』もじっくりと取り組ませ，最後には『入』に至らせる実践計画に取り組んだ」と言う。

　黒田の取り組みは，低学年の生活科をスタートとして，高学年の理科，社会，算数，国語と領域は広く，宗教（カトリック系のミッションスクール）を含む全教科の全人教育へとつながっている（概要は『小林聖心女子学院創立85周年記念誌』に収録）。このような教育を，自らの本音や興味・関心・意欲を伸ばそうと，多様な方向へと選択を広げていくことになり，『開示悟入』の教育実

第1節　完全習得学習の実践課題と開示悟入の提案

表3-5　理科5年「種の発芽」の「開示悟入」モデル
黒田尚宏（小林聖心女子学院小学校）

	教育目標				主要な目標タイプ
	知	情	意	技	
開	・春になるとコンクリートの割れ目から草が芽を出す。 ・花壇に落ちていたホウセンカが芽生える。	・草や木が一斉に芽吹くのも春だなぁ。 ・虫や鳥や魚も動き出す。	・なぜ，春になると芽生えてくるのか考える。 ・冬に間芽生えを見なかったのはなぜだろうか？	・人間も春になるとうきうきしてくることと関係があるのかなぁ？ ・カイワレ大根を育てるとき，時期によって育つ日数が違っている。	体験目標
示	・春になると芽生えるのは温度があるからだ。 ・1年生のときの種まきのことから考えて，水や空気も必要だ。 ・発芽しても三条件は欠かせない。	・生け花でも適当な温度・水・空気それぞれが必要だ。	・適当な温度・水・空気を実験条件にして確かめてみる。 ・条件が欠けた場合どうなるか比較実験してみる。	・どのようにすれば実験通りに確かめられるか，各グループで準備し観察する。 ・観察記録をとる。	達成目標
悟	・実験条件毎に結果をまとめ，発芽や育ちには 適当な温度 水 空気 の必要なことを確かめる。	・発芽したり生長するぎりぎりの条件はどんなものかなぁ。 ・植物によってはシベリア大陸でも育つなあ。	・生きていくために職部がどんな生活をしているか調べてみる。 森林（日当たり） 砂漠（水分） 水中の植物(空気)	・合宿や旅行先でめずらしいと思ういろいろな植物の根や茎，枝などを調べ見る。	向上目標 体験目標
入	・異なる条件でも育つために，それぞれの植物はつくりや成長の仕方が異なることに気づき自分の努力の仕方もふり返ってみる。	・花がきれいだというだけでなく人知れず，植物は常に生きるために大きな工夫や努力をしているのだなあということを感じとる。	・学級園の水や雑草取り，移植するときの土おこし，種とりなどは言われなくても進んで行う。	・いろいろな種を自分でまいて育てる。 ・温度や水分などの違うところで育て観察記録をとる。	向上目標 体験目標

践の成果が見えるのではないか」と語っている。

　本章では黒田が「開示悟入」の枠組みで取り組んだ5年生理科「種の発芽」の目標分析表を参考に提示しておきたい（表3-5）。

　黒田は，一連の「開示悟入」の教育実践の成果を人間教育研究会のフォーラムで発表しているので参考にされたい（2008年，人間教育研究会フォーラム—京都ノートルダム女子大学）。

　「開」「示」「悟」「入」の教育実践の展開と蓄積は教育評価研究協議会機関誌の1987（昭和62）年の『教育評価展望Ⅱ』（第4号）に「開・示・悟・入の教育」として特集された。

　なお，梶田が理事長を勤める，仙台の聖ウルスラ学院英智小・中学校では，金澤孝夫副校長の指導で2005年〜現在まで継続的に完全習得学習が「開・示・悟・入」に基づいて取り組まれている点を紹介しておきたい。

　しかし，その後の時代状況は二度の指導要領の改訂，1989年（平成元）年では小学校生活科の創設，1998（平成10）年の総合的な学習の創設，二度の指導要録の改訂では1991（平成3）年の観点別評価の実施による「関心・意欲・態度」など情意面の評価の方法の研究への関心，2001（平成13）年の観点別評価の評価規準の設定では如何に自校化を図るかなどカリキュラム研究と編成に教師の関心は移り，かつてのように「教師は授業で勝負する」という校内から地道な授業研究の雰囲気が学校現場から失われていった。

　また，この間には「ゆとり教育」が進み，2000年（平成12）年以降OECDが国際的学力比較調査（PISA）での日本の学力低下が顕になり，「PISAショック」を経て，文部省から「ゆとりの中で生きる力の育成」という中教審方針から，やっと「確かな学力」を育成するため基礎・基本の学力育成，国際的なPISA型学力の育成が叫ばれ，梶田が中央教育審議会副会長を勤め，「確かな学力の中で生きる力」を育成する方針の中教審答申を受けた後の2008（平成20）年版学習指導要領が告示された。その中教審答申には，学びの主体性を育てるためには，「我々の世界」並びに「我の世界」でも主体性を育てていかなければならないという梶田の自論が込められている点を見のがさないようにしたい。

　その意味からも，梶田が1980年代に提案した「開」「示」「悟」「入」による

タキソノミーに基づいた，子どもたちの自主的で主体的な学びを通した完全習得学習の試みが，かつて校内研修で，授業研修で鍛えられた団塊の世代の教師達の退職と勉強不十分な若手の教師で溢れかえる学校現場での断絶で引き継がれていない現在の学校現場では，今こそアクティブ・ラーニングの研修など地道な校内研修として，改めて授業研究が復活される時期に入ったのではないだろうか。

第2節
自己評価能力の育成

1 自己評価能力の育成

　本章ではマスタリーラーニングの終結の場面での外側からの確認だけでなく，内側からの反省を進めていく「自己評価」の重要性と，自己形成や自己効力感の土台としての自己評価の意義から，人間形成にとっても振り返り活動が重要であることを独自で緻密な自己評価論として形成，確立した梶田叡一の自己評価論の形成過程について分析してみたい。

　マスタリーラーニングにおいては，すべての子どもたちに教育活動を通して単元の具体的な教育目標に最終的に到達させるために，授業途中や単元途中でその中間的な成果を把握したり，それに基づいて指導計画を変更・改善を加えたり，生徒の実態に応じて課題を与えたりする形成的な評価を行う。さらに，授業や単元の終わりでは，最終的に形成的評価を経た授業結果，学習者が教師からの評価として「目標に到達したよ」という外的な評価が行われると同時に，自ら「頑張ってできたな」「先生の言うとおり，不十分な点があったな」と学習活動を自らフィードバックし，振り返ってみるという自己評価活動の能力と習慣を育成することが重要な点になってくる。

　ちなみに，梶田は自己評価をめぐっては1983年に刊行した『教育評価』，1984年4月号の『教育評価展望』第2号，教師向け雑誌『総合教育技術』（小学館）の1986年7月号でそれぞれ発表しており，最も体系的に詳細に自己評価の意義と役割について初出として提案したのが1983年に刊行した『教育評価』であることから，ライフワークであるそれまでの自己意識研究の土台の上に，梶田がマスタリーラーニングの中から自己評価について深く理論形成していった時期は，1980年以降からであると考えられる。

第 2 節　自己評価能力の育成

　さらに，後年の1997年に梶田（京都大学）は教育評価実態調査委員会代表（事務局箕面市教育センター　古川治）として自己評価活動の実態に関する全国調査を行った。この調査によって，自己評価活動に関する実態と解決課題を明らかにしている。この分野の調査結果は少なく，貴重な資料であり，古川がまとめている（『教育フォーラム――授業に自己評価活動を生かす』21号，1998年）。

　さて，自己評価活動が，1980年改訂の指導要録，特に1991年改訂の指導要録においては「観点別評価」欄がメインになり，観点では「関心・意欲・態度」が最上位に位置づけられ，ペーパーテストでは評価できない「関心・意欲・態度」など「情意面の評価」を如何に評価するかという課題から，自己評価カードにチェックしたり，コメントや作文をかかせる自評価法が各地で行われるようになった。

　このブームについて，梶田は，「『関心・意欲・態度』など『情意領域』といった内面世界に関わる達成や成長については，結局学習者一人ひとりが自分自身で点検し，吟味してみるのが一番良い，という考え方が広がってきた」からであろうと分析するとともに注意点として，「自己評価は，学習者の内面に関する手軽で便利な評価手法の一つというだけのものではない。教育の中に自己評価を取り入れるということは，単なる評価手法を超えた，もっと深く広い意味を孕んでいる。つまり，教育のそのものの重要な手立てとして，人間形成の土台になる部分の教育を進めていくための手立てとして，本質的な意味を持つものと言ってよい」と教育における本来的な重要性について述べている。

2　自己評価活動の問題点

　それでは，学校の教育活動における自己評価活動の何が問題点なのか，梶出の指導のもとで教育評価実態調査委員会（事務局―箕面市教育センター）が行った自己評価の全国実態調査結果に基づいて問題点を見ておきたい。

　まず第一は，自己評価が学校の学習活動のための道具に矮小化されている点である。学校教育で求められている「生きる力」を育てることは，学校教育だけではなく生涯続く学びの連続である。初めの20年間だけが学校学習であり，

残りの60年間は自らの生涯学習である。その意味で,自己評価の概念は学校教育の中だけでなく,これまでより広い生涯学習の学びの中で捉え直さなければならない。

第二は,学校が自己評価活動の意義に着目して取り組んできた成果にもかかわらず,評価方法,評価道具として狭く考えている点である。

具体的には,① 自己評価は過去の反省が目立ち,将来に向かって伸びていく力にする形成的な評価の面が弱いこと,② 学習者の内面に関する評価手法として考えられ,人間形成の教育を進めていく手立てとしての理解が弱いこと,③ 自己評価の習慣化が逆に,自己評価の必要性を感じさせないで,習慣化が形骸化を招いている,④ 自己評価の結果が授業改善や子どもの変容に結びついていない,⑤ 時間がかかり授業時間内では成立させにくいもので,長続きしない,⑥ 子ども自身の自己教育力を高めるためのものにもか変わらず,教師が子どもを評価する手軽な評価道具になっている,⑦ 多様な自己評価活動が自己評価カードへの記入やチェックのための活動に矮小化されている,⑧ 自己評価結果を教師等の他者評価を通過させないと,自己満足なや必要以上に自己過小評価につながりやすいなどである。これらの安易な理解や利用は,「評価は自己評価であるべきである」という言質により,教師の評価をやめて子どもの自己評価に置き換えれば良いというものや,たとえ教師の評価活動が同時並行的に行われたとしても,子どもの自己評価を補助的なものとしか考えていないであろう。

3　自己評価活動の心理的過程

これらの問題点を踏まえて,梶田は,自己評価活動の心理的過程として（図3-1）次のようにその構造を解説している。

①は「自己の対象化」をするということである。自分自身を振り返って自分なりに吟味してみる機会を提供するという振り返りによって,授業でモヤモヤしていた点など自分の認識の仕方について認識し,自分の学習の仕方について学習するという,「メタ認識」「メタ学習」を成立させるきっかけを与えるもの

第2節　自己評価能力の育成

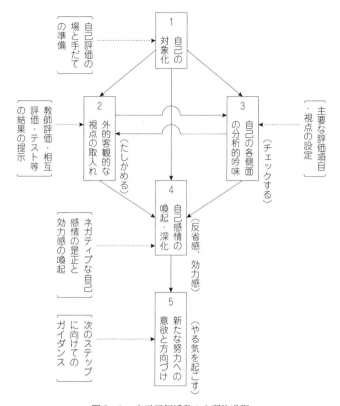

図3-1　自己評価活動の心理的過程
出所：梶田（1983），184頁。

でもある。

②は「外的で客観的な視点を取り入れる」自己評価の確かめの活動である。自己評価が外的な評価の確認を伴った形でなされるなら場，独りよがりでない客観的な妥当性を持つ自己認識を成立させていく上で貴重な機会を与えてくれる。また級友からの相互評価を各人が取り入れていくならば，独善の自己評価を防げる。

③は「自己評価のために設定された項目，視点に沿って自分の各側面のあり方を分析的に吟味してみることである」。大ざっぱに振り返ってみるだけでは，

87

自分のどの点が大丈夫で，どの点が努力を要するかを自己評価の項目に沿って振り返ると，次のステップにつながっていくことができる。それだけに，自己評価の項目や視点をどのようなものを設定するかは重要になってくる。

④は自己評価をしていく中で，自分の満足感，不満感，反省点が生じ，このような感情をさらに深化していけば，自己感情を喚起し，深化することができるということである。振り返り点検することによって，自分の誇り，自信や効力感が生まれることになる。このような自己感情が，子どものエネルギーになり学習に自信を持ち，効力感が生まれることになる。弱い点があればそれも自己評価し，その場合は教師が注意して励まし，助言することも大切になってくる。

⑤は新たな努力への意欲と方向づけによって，やる気を引き起こすという役割である。

以上のような一連の流れを持つのが梶田の「自己評価活動の心理的過程」であるが，この自己評価論は，昨今各地の学校で行われている自己評価活動と称して，学習活動をチェックしたり，活動の印象や感想程度のものが多く，「自ら学び考える力」や「生きる力」をどのように捉え，その力をどのような評価観点と評価規基で見取とろうとしているのかが不明確なものが多い。せっかくの自己評価の，教師のお手軽な評価道具として矮小化されがちであるが，これらと一線を画した自己評価論であることがお分かりいただけると考える。

4　自己評価は，何について，いつ，するべきか

自己評価というと授業の終わりに，自己評価カードに，授業について書き込む形式が多いが，前述の考え方を実現するには，自己評価活動はもっと多様に深く考えて実施されるべきである。梶田は，自己評価は，何について，いつ，するべきかを，「自己評価すべき主要な側面と評価の時期」（表3-6）として次のような表にまとめている。

まず，どのような側面を自己評価すべきであるか，①は授業・活動への参加状況である。「がんばってやった」「工夫して取り組んだ」「満足した」などで

第 2 節　自己評価能力の育成

表 3-6　自己評価すべき主要な側面と評価の時期

主要な評価側面	項目・視点の内容例	実施時期			
		授業(活動)末	単元末	学期・学年末	必要な時に随時
1. 授業・活動への参加状況	・頑張ってやった ・工夫して取り組んだ ・面白かった ・満足した	○	(○)	(○)	(○)
2. 向上・成長の状況	・〜ができるようになった ・〜がわかるようになった ・〜を感じとれるようになった ・これからも更に〜をやっていきたい	(○)	○	○	○
3. 学習に関する習慣・態度	・予習をやっている ・復習をやっている ・あまり気を散らすことなく勉強できる ・嫌なことでも必要なことなら頑張れる			○	○
4. 対人関係のあり方	・先生によくわかってもらっている ・親によくわかってもらっている ・よくわかってくれる友だちがいる ・気の合わない友だちとも何とか協力していける			○	○
5. 自分自身の全体的あり方	・今のままの自分でよいと思う ・明るい将来が待っていると思う ・自分に自信と誇りを持っている ・〜の点ではもう一人前だと思う			○	○

出所：梶田（1983），189頁。

ある。②は自分がどれだけ向上・成長したかの状況である。「〜ができるようになった」「〜が分かるようになった」「〜をこれからもやっていきたい」などであり，この場合は教師が予め設定した目標を自己評価項目として自分の現状を評価することになり，さらには評価結果を踏まえて，「今後は〜点についてさらに努力したい」などの短い文章での決意などを書くと良いであろう。③は学習に関する習慣・態度である。特に，家庭学習における振り返りの観点として重要な観点である。「予習をやっている」「復習をやっている」「嫌なことでも必要な学習なら頑張れる」。この項目でも「〜については特に頑張りたい」などのコメントが添えられればよいだろう。④は対人関係のあり方である。

「先生によくわかってもらっている」「親によくわかってもらっている」「友達はわかってくれている」「気の合わない友達とも協力ができる」などの項目である。これらの項目は，学習だけでなく，学校生活全体の土台にもなる項目であり，今後の学校生活をよりよく充実したものにするためにも，「〜の点については努力して関係づくりに努力したい」など意欲を書き込んでいくことは重要である。⑤は自分自身の全体的なあり方である。「〜については今の学習方法で良い」「自分に自信と誇りを持っていいんだ」「自分もやればできるんだ」など，「今の自分に満足か，不十分かこのまま努力を続けていけば将来はなんとかなりそうだ」「自信と誇りを持っていいんだ」などプラスの自己評価，マイナスの自己評価があったとしても自分の有り様を冷静に自己評価し，次の自己成長に向けて展望をと意欲を伸ばしていくということは，たくましく生きる力を育てる教育の上で育てなければならない重要な資質である。この項目でも，将来への展望につての決意表明的な文章をそえたいものである。

　梶田は，自己評価すべき主要な5側面を表に示したが，問題はいつ実施し，どれくらいの頻度で実施すれば効果的かという問題が残る。

　「授業・活動への参加状況」「向上・成長の状況」などは毎時間，単元の学習や活動の終わりに，また学期・学年末，必要な場面で実施する必要があるだろうが，「学習に関する習慣・態度」，「対人関係のあり方」「自分自身の全体的なあり方」等長期的な変容・成長については，学期・学年末，必要な場面で実施することになるとしている。

　梶田は，自己評価活動は，ともすれば「学習内容がわかったか」など認知領域や，「関心・意欲・態度」などの情意領域について自己評価することが多く見られるが，自己評価活動は振り返ってみると同時に，「だからこれからは……」という決意表明へと至り，自己教育の柱なることによって，自己学習能力の態度と能力が育成されるものであると述べている。

　自己評価活動については，これまで主観的であり自己評価は信頼性が置けないと着目されてこなかったが，1980年半ば頃からは教育心理学者だけでなく，教育工学やカリキュラム論の研究者からも，自己学習能力の育成のために，学習者自身による自己評価の意義について提案されだした。しかし，教育工学の

場合は教授活動をフィードバックし，授業活動の改善，カリキュラム研究者の場合は教授活動の改善，カリキュラムの改善のためにというのが中心的で，どちらも教師の授業改善のために行うのが目的であり，人間形成的な意義について論じた研究者は少ない。梶田の自己評価の場合は，教師による外側からの確認のためだけでなく，子ども自身による確認のためでもあり，評価手段であっても形成的役割を持たせるとともに，子どもであっても自己のあり方や生き方を自己評価の対象にして，個人の内面世界の自己成長の土台となるものとして位置づけている点が，他の研究者と大きく異なっていると言える。梶田の評価論は，これまでの評価論では注目されてこなかった子どもの内面世界に注目し，自己評価を土台にして豊かな子どもの内面世界を育て，生涯の自己学習能力を育てるめの重要な方法として位置づけられている点に着目しておきたいのである。梶田は，豊かな内面世界を育て，これを土台にすることによってこそ，生涯たくましく生きる自己学習能力が育成されると考え，その方法として自己評価を位置づけたのである。

第3節
新学力観と自己学習能力

　本節では、梶田が1990年ごろからの文部省の「新しい学力観」に沿って提案した「自己学習能力」の育成という学力観、「海面に浮かぶ氷山としての学力」モデルについて説明しておきたい。

1　自己学習能力と新しい学力観

　1989（平成元）年改訂の学習指導要領では、「自ら学ぶ意欲と社会の変化に主体的に対応する力を育て」、「児童・生徒の関心・意欲・態度を重視し、思考力・判断力を大切にした自己学習能力を育成」することが主要テーマとなり「新しい学力観」と呼ばれた。また、小学校低学年では、理科と社会科が廃止され、新教科「生活科」が創設された。

　続いて1991（平成3）年には「新しい学力観」を反映して指導要録が改訂され、改訂指導要録では学習の記録欄は、「評定」欄と「観点別評価」欄の併用になった。「観点別評価」欄が最上位に位置づけられ、「観点」は「関心・意欲・態度」「思考・判断」「技能・表現」「知識・理解」の4観点から学習を評価する絶対評価が前回の改訂より一層基本になった。

　4観点の順序はこれまの「知識・理解」「関心・意欲・態度」に代わって、「関心・意欲・態度」の観点が最前列に位置付けられ、このことが「新学力観は、知識・理解より、関心・意欲・態度の情意面を大切にする学力観である」という誤解と混乱を生むことになった。観点別の「評価規準」はA・B・Cの三段階とされ、「所見」欄を拡大し、文章表記枠も導入され、「指導上参考になる諸事項」欄が創設された。

　梶田は、1980年代半ばからは、文部省の新教科（生活科）構想の検討委員を勤めていただけに、1989年の学習指導要領の学習指導要領総則の最初の部分の

「自ら学ぶ意欲と社会の変化に主体的に対応できる能力の育成を図る」ために，主体性（内面性）を育てることに以前から強い関心を持っていた。

学校現場では，「主体性を育てる」，には，「関心・意欲・態度」の能力を育てなければならないが，「知識・理解」の項目であれば従来のペーパーテストで評価でき，「見えやすい学力」として把握できるが，「関心・意欲・態度」「思考・判断」の観点はペーパーテストでは評価できないし，「関心・意欲・態度」や「思考・判断」の力は「見えにくい学力」であり，従来のようにペーパーテストでは把握できないので，「新しい学力観」はどのように評価すればよいのかが難題として，学校現場を困らせた。

これまで学力というと，「技能・表現」や「知識・理解」を中心にペーパーテストで評価する，測定できるものを学力と考えてきただけに，「関心・意欲・態度」などの情意的学力や「思考・判断」の力を従来のペーパーテスト以外の方法で評価する「新しい学力観」は難問題であっただけに，生活科が創設された1980年代末から1990年代初頭にかけて，学校現場は「新しい学力観」の実践と評価をめぐって困惑した。

2 「海面に浮かぶ氷山としての学力」の提唱

1980年代半ばから，文部省の新教科の構想時代から生活科創設まで中心的に関わった梶田は，主体性と新しい学力観について「新しい学力観と内面的なものの評価」（『教育フォーラム』12号，1993年）で以下のように提言している。

> 主体性というのは，見かけの問題ではないのです。きびきびと動いていたり，積極的に動いていたりしても，本当の主体性が現れていないかもしれないのです。大切なのは，その人自身の何か拠り所になるものが，その人自身にとっての原理になるようなものが，その人の内側にできているかどうかということでしょう。結局は，『新しい学力観』ということになります。

第Ⅲ章　梶田理論の発展

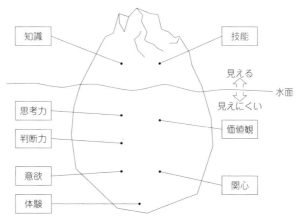

図 3-2　海面に浮かぶ氷山としての総合学力
出所：梶田・加藤（2004）より。

　氷山があるとします。水面の上に出ているのは『氷山の一角』です。この水面の上に出ている見える部分，これが『知識・理解』であり，『技能』ということになります。そして，水面から隠れて見えない部分，これが『関心・意欲・態度』です。水面の上に出ている見える部分，水面から隠れて見えない部分の双方から氷山が成り立っているように，学力も見えやすい部分と見えにくい部分の双方から成り立っています。水面の下の部分がしっかりしていないと，水面上に現れている部分が不安定で頼りないものになってしまうのです。「自ら学ぶ意欲と社会の変化に主体的に対応できる能力」ということも，『見える学力』が『見えない学力』にしっかりと支えられるという構造になっていなくては，現実のものになりようがないと考えられる。これが『新しい学力観』の考え方です。
　指導要録の『観点別学習状況の評価』では，どの教科においても，第一番目に「関心・意欲・態度」，二番目に「思考力・判断力」，三番目に「技能」，四番目に「知識・理解」となっていますが，こうした四つの観点が実は全体として一つの学力観を表現しているのです。

として，梶田は新しい学力観のイメージを「海に浮かぶ氷山モデル」としての総合的な学力として提唱した。

翻って，戦後の学力論争を再考してみると，広岡亮蔵（名古屋大学）が「はいまわる経験主義教育」と批判の多い経験主義の学力観に代わって「広岡モデル」として提唱し，1950年代の学校現場の混乱を整理したように，数十年ぶりに梶田も「関心・意欲・態度」が新しい学力だと誤解され現場が混乱している時代に，梶田は学力を「海に浮かぶ氷山モデル」として提唱し，整理した。梶田はこの学力の「海に浮かぶ氷山モデル」を1990年代初頭に発表し，その後教育現場では学力論を説明する際の一般的モデルとして定着した。

なお，梶田はこの「海面に浮かぶ氷山としての学力」に関して，2010年頃（古川 2011）には，学力と授業づくりとの関係を整理して「学力の4つの層」として，改めて整理している。

3　総合的な学力を育てる能動性，体験性，内面性

そして，梶田は「何故新しい学力観でなければならないか」という問いに，

> 難しい高校，大学に入れるためには，そんな悠長なことは行っていたらどうにもならない。受験問題集をやらせなければしょうがないではないかと。見かけだけの学力しか身に付いていなかったら，どこかで本人が泣くことになるでしょう。物事に関心が深まり，そのことに対して能動的な意欲が出てくる。同時に，自分なりに考えていけるようになる。こういった過程の結果として，あることに気づき，知り，分かるといった一連の結果があるとき，初めて力になる。自分で考え抜いていこうとする力，情意的な粘り強さが育ってなければ，何をやってもしょうがないわけです。……このような目に見える学力観だけで，氷山の水面から出た部分だけで勝負しようという風潮が強まっているという危機感が教育界に広まっているからではないか。

第Ⅲ章　梶田理論の発展

と述べている。

　そして，総合的な学力を授業を通してつけていくためには能動性，体験性，内面性の三つの視点が必要であると述べている。

【能動性─積極性・内発的動機づけ・意義の理解】

　①は，「能動性」である。能動性とは自分で前のめりに「やるぞ」と思ってやっていくということです。「やっていきたいな」という能動性，積極性が授業の雰囲気として必要」です。

　②は，「内発的動機づけ」です。『これをやっておかなければ進級できないぞ』という外発的動機づけではなく，……内側から『これは頑張らなくてはいけない』という気持ちです。
そのために，『面白そうだ』とい知的好奇心，（やればできるんだ，褒めてもらえた）という『効力感，有能感，達成感』です。

　③は，「課題や学習の大事さ，意義の理解」です。「今，やっている学習はどういう意義を持っているのか」「今，大事なことをやっているんだ」という本質的な意義の理解をさせなければなら場合もあるということです。

　④は「しんどいから頑張る」という場合です。

【体験性─実感，納得】

　学校生活全体，体育，美術，家庭科，音楽といった実技的実演的な活動を，重要な土台として考えなくてはいけないでしょう。体験的活動をすることによって，一人ひとりが活性化されるわけです。頭の先だけでなく，全身全霊でかかっていく活動になっていく没頭するような工夫をしなければならない。体験を通じて初めて実感の世界ができてくるのです。実感の世界に支えられて，自分の本当の納得があるのです。体験性を考えなくてはなりません。

【内面性―実感・納得・本音の世界】
　体験活動は，ストレートに内面性に関わってきます。内面の世界で，その子なりのものがわかってきているのか，いろいろと感じられる世界が広がってきているのか，その子の本音の世界がどのように形成されているのかです。『見えない学力が見える学力を支える』『見えない学力に十分根を下ろした形で形成される見える学力』といった言い方をするのは，見えない学力が見える学力を貫き支える柱・基盤としてできてないといけないわけです。見えない学力としては，「関心・意欲・態度」とか「思考力・判断力」が大事ですが，それをまた貫き支える柱・基盤は，実感・納得・本音の世界です。だから，学力の一番大本には，実感・納得・本音が育っていなくてはならないのです。

と新しい学力観を支える情意面の土台の育成について語っている。

4　新しい学力観は観点別評価の四つの窓から総合的に評価する

　最後に，新しい学力観を育成するには，観点別評価の四つの観点を窓口として評価し，総合的な学力として構成することが必要であると以下のように述べている。

　　指導計画を作成する段階で，「関心・意欲・態度」，「思考力・判断力」，「技能」，「知識・理解」の四つの観点から大切だと思われる目標を洗い出し，大事な目標は中核目標，それ以外は基礎目標とに分け，若干の前提目標と発展目標を設定して，構造化を図るという目標分析法です。目標分析表づくり，構造図づくり，単元指導計画作りまでやってみる。
　　『見える学力』だけでなく，「関心・意欲・態度」，「思考力・判断力」の力まで授業で扱わなければならなくなる。……本当に主体性が育ったかどうかは，外から見えません。しかし，日常の授業で関心・意欲・態度はどうかな，思考力はどうかなということを活動に即して見ていくことを積み

第Ⅲ章　梶田理論の発展

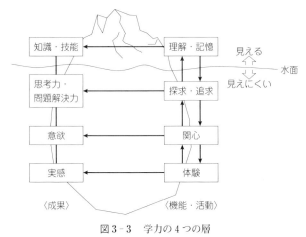

図3-3　学力の4つの層
出所：古川（2011）より。

重ねていくと，自分なりに納得を求めて考えているなあとかが見えてきます。

梶田は，このように「見える学力」「見えない学力」の両面から，教師が観点別評価の四つの窓から総合的に評価することによってこそ，新しい学力観の力が育成されると考えた。この「海面に浮かぶ氷山としての学力」図は，新しい学力観と授業のあり方との関係を表す図として1990年代半ばから，説明する図として一般的に用いられるようになった。

さらに，2010年頃からの「海面に浮かぶ氷山としての総合学力」図は，2008（平成20）年のゆとりから学力充実へ転換した中央教育審議会答申，改訂指導要領の学力観を表す「学力の四つの層」へと深化された。

「学力の四つの層」では，機能・活動の軸と成果の軸に二分され，相互に関連している。見えない海面下のすべての土台には体験があり，機能・活動の軸では体験→関心→探求・追求→理解・記憶へと段階的に向上する。次に，成果の軸では体験→実感→意欲（関心）→思考力・問題解決力（探求・追求）→知識・理解（理解・記憶）と段階的に向上し成果を表す。授業の方法も，既有の

知識・理解→探求・追求へ進む下降型の授業方法もあれば，逆に体験→関心→探求・追求になれば上向型の授業方法になる。2008（平成20）年版のPISA型学力を重視した学力育成では，梶田の機能・活動軸の探求・追求から成果の軸としての思考力・問題解決力の育成に至るには，下降型授業方法や上向型授業方法が臨機応変に状況に応じて活用することになる。どちらも，すべての学習活動の土台は自分の体験であり，実感である。改めて，この「学力の四つの層」の提案についての整理は明確である。

5 「教え論」から「学び論」への転換

　こうして，新しい学力観に関する混乱も，梶田の「学力の氷山モデル」で落ち着いた。
　ところで，これまでの学力論争を考えてみると，学校現場の教育をさておいて，教育学者たちのイデオロギー論争，「空中戦」のきらいがあった。新しい学力観以前の学力論争は，「生活を通した学力」vs「科学的な学力」の対立でもあった。1950年代からからの「生活を通した学力」vs「科学的な学力」の対立論争も1990年代になると，教育の国際化，個性化，情報化，問題解決時代にはテーマとして成立しないものになっていった。
　1990年代になると，「社会の変化に主体的に対応できる能力」「自ら問題を見つけ，自ら考え，自らの学ぶ意欲で問題解決を図ることができる能力」が求められるようになった。この資質・能力について，文部省は「これまでの学力は学習指導要領に示された学習内容を知識・技能として共通的に身に付けることを重視してきたが，1990年代以降の学力は，子供たちが自ら進んで課題を見つけ，自ら考え，主体的に判断し，表現したりして解決することができる資質・能力へ学習指導要領を転換する必要がある」（1993年）とした。つまり，時代は「共通学力を教える」学力論の時代から，「自ら学ぶ学習論」「学び論」の時代へ転換しつつあったのである。
　この流れを作り出した認知科学や認知心理学者とともに「自己学習能力」を提言したのが梶田であったことは，特記されてよいことである。なぜなら，梶

第Ⅲ章 梶田理論の発展

田は1970年代前半に,アメリカのブルームのタキソノミーやそれに基づくマスタリーラーニングを日本中に広め,だれでも共通の到達目標の学力に達成させることができる学力論を展開した人物でもあったからである。この「教え論」から「学び論」へ転換してく先導役を果たした梶田も,教育学者ではなく,心理学者として自己意識,内面性,内発的動機付けなどを研究し,これらを土台に「自己学習能力の育成」を提唱したことは,その意味で当然の帰結だったともいえることである。「学び論」は子どもたちの自主的な学び,「ゆとり論」との親和性が強いが,梶田は,「ゆとり論」者ではなく,「学び論」と教師の指導性を備えた「教え論」のバランスを取っている点は異なっている。

第4節
梶田の修正タキソノミー

　本節では，梶田が2000年以降にブルームのタキソノミーを日本流の「修正タキソノミー」として発展させた内容について説明しておきたい。

　ブルームたちが，教育において達成されるべき目標の全体を知識の習得と理解および知的諸能力の発達に関する諸目標を，「認知領域」，「情意領域」，「精神運動領域」に分け，それぞれの領域ごとに，最終的な教育目標を達成する過程で順次達成していくべき目標の系列を明らかにし，それを「教育目標の分類学」（タキソノミー）と命名し，このタキソノミーに基づいて，完全習得学習（マスタリーラーニング）を構想した。（図3-4は「教育目標の分類学」（タキソノミー）の典型図を『現代学校教育大事典』から引用したものである。）
　しかし，ブルームのタキソノミーやそれに基づくマスタリーラーニングに関しては，行動主義に基づく教育工学的な学習論である」などいくつかの批判もなされていた。ブルームの弟子である梶田も，「行動主義心理学とか，旧来の教育工学と同じ部分があるというような意味でとらえられている」，「ブルームさん自身は旧来の教育工学からは一歩抜け出す目を持っていたが，古い何かを引きずっている面が無きにしも非ず」であると言っている（『ブルーム理論に学ぶ』）。事実，梶田はブルームの教育目標の分類学」（タキソノミー）で弱い目標部分を，「体験目標」や「向上目標」目標として補強した。
　アメリカでもブルームの弟子であるアイスナー（Eisner, E. W.）などの内部からの行動目標に対する批判，またブルームとタキソノミーを共同開発したクラスウオール（Krathwohl, D. R.）と弟子であったアンダーソン（Anderson, L. W.）により2001年に「改訂版タキソノミー」を発表されている。また，新しいタキソノミーがマルザーノ（Marzano, R. J.）たちによっても開発されている。しかし，本著では，1970～90年にかけてのブルーム理論並びに梶田論が主題であり，

第Ⅲ章 梶田理論の発展

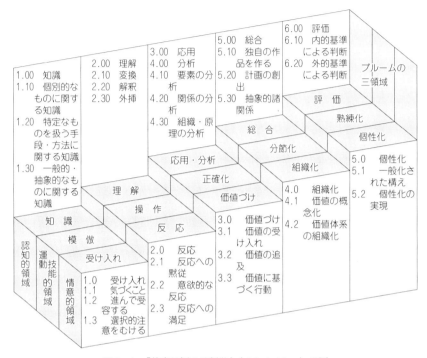

図3-4 「教育目標の分類学」(タキソノミー)の図
出所:『現代学校教育大事典』第4巻, 533頁。

これらの発展については, 別途「今日の教育評価論」として著す際に説明することにしたい。

そこで, 梶田も2007年頃から, 独自にブルームの「教育目標の分類学」(タキソノミー) が行動目標的で収束的に構成されている点を改訂して独自の修正タキソノミーを発表(『教育成果としての主要な学力要素』ERK, 2007年版) している。

修正タキソノミーでは「体験」「発想」「反芻」「表現」の能力を追加し, 10段階の「獲得すべき能力等」を提案し, それぞれに対応する「学習活動での留意点」「教授・学習形態」を提案している。

まず, 「獲得すべき能力等」の「0. 体験」はフィールドワークなどを通し

第4節 梶田の修正タキソノミー

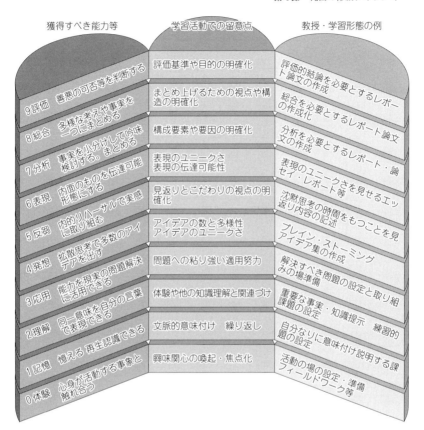

図3-5 梶田の修正タキソノミー
出所：梶田提案の能力学習・教授学習の関係を古川が図化。

て心身が活動する事象と触れ合い，興味関心が喚起される体験が土台にある。「1．記憶」は事物・事象に関する知識を覚え，記憶・再生知識できる能力，「2．理解」は体験や知識を基に同一意味を自分の言葉で表現できる能力。次に，「3．応用」段階になると，設定された課題や問題に粘り強く取り組み，持っている能力を現実の問題解決能力として応用できる能力。「4．発想」段階であるが，ブルームのタキソノミーでは「総合化」してまとめて収束的な思考になっていくが，梶田はむしろ逆に自由な発想でいろいろと自由に考えてい

く，拡散的思考で多数のアイデアを出すブレーンストーミングの段階を設定した。「5．反芻」は，これまでの活動や思考について沈思黙考し，振り返りをすることによって内的なこだわりの視点を明確にする。「6．表現」は，これまでの自分の学びの経過をエッセイやレポートに著してみる。「7．分析」は，学習内容を比較，分析し検討し，論文にまとめてみる。「8．総合」は，これまでの学習内容の多様な考え方や事実を，観点を決めて系統的にまとめて，レポートや根拠に基づいた論文に書き表す。最後の「9．評価」は，あらかじめ設定した学習目標や価値観に照らして，学習の評価や価値判断，値打ちを吟味してみることである。

　ところで，現在中央教育審議会では2020年からの次期学習指導要領改訂のあり方が議論され，中教審「教育課程企画特別部会」が2016年8月26日に，「次期学習指導要領に向けたこれまでの審議のまとめ」として発表された。ここでは知識基盤社会を主体的に生きていくための資質・能力を育成するための授業改善の方法として「アクティブ・ラーニング」による主体的・対話的で深い学びを実現することが求められている。この「アクティブ・ラーニング」とは，「教員による一方的な講義形式の教育とは異なり，学修者の能動的な学習参加で……認知的，倫理的，社会的能力，教養，知識，経験を含めた汎用的能力の育成を図る」（文部省の解説『新たな未来のための大学教育の質的転換に向けて』2012年答申）と説明されている。「アクティブ・ラーニング」の学習によって，能動的，主体的，協働的学習により，主体的で総合的な深い思考力が育たなければならない。この「アクティブ・ラーニング」の学習の成果を見届ける評価方法として，梶田の修正タキソノミーを検討してみる必要性が出てきているのではないか。修正タキソノミーについてもその発展が期待される。

第Ⅲ章　参考・引用文献

梶田叡一著『教育評価』有斐閣，1983年。
梶田叡一著「『開』『示』『悟』『入』の教育思想とその実践化」『人間教育学研究』第2号，人間教育学会，奈良学園大学刊行，2015年。
梶田叡一編著『教育フォーラム』12号，金子書房，1993年。

梶田叡一編著「開・示・悟・入の教育」『教育評価展望Ⅱ』(第4号),金子書房,1983年。

梶田叡一編著「開・示・悟・入の授業づくり教育」『教育フォーラム』14号,金子書房,1994年。

梶田叡一編著『自己評価に関する全国調査報告書』教育評価実態調査委員会(箕面市教育センター),1997年。

梶田叡一編著「ブルーム理論の日本への導入と実践化」『教育フォーラム』56号,金子書房,2015年。

梶田叡一・加藤明監修,著『実践教育評価事典』文渓堂,2004年。

梶田叡一監修,古川治著『小学校児童指導要録 解説と記入方法Q&A』文渓堂,2011年。

黒田尚宏著「開示悟入の枠組みと自己評価活動――理科学習」(人間教育研究会フォーラム)京都ノートルダム女子大学,2008年。

古川治著『自己評価活動が学校を変える』明治図書,2002年。

古川治著「自己評価能力の育成」『教育フォーラム――授業に自己評価活動を生かす』21号,金子書房,1998年。

第IV章

B.S. ブルーム博士講演（来日記念講演）

※講演内容は，ブルーム博士講演会のテープ記録を古川の責任で起こししたものです。
　日時：1983（昭和58）年7月5日
　場所：東京経団連ホール

挨拶：平沼　良（(社)日本図書文化協会理事長）

　本日は，北は北海道より南は，鹿児島沖縄まで，多数の方がご出席くださいまして誠にありがとうございました。さて今回，ブルーム博士が日本にお立ち寄りになるということを，文部省の高等学校教育課長の中島先生，国立教育研究所の木田先生，大阪大学の梶田先生等から話がありまして，この計画をお引き受けいたしました。本日は，これから，ブルーム博士の落ちこぼしのない教育の方策，マスタリーラーニングの研究のその後の発展等につきまして，先生のご講演があります。誠に簡単ではありますが，開会の言葉といたします。

木田　宏先生（国立教育研究所長）

　ブルーム博士は，今年，ちょうど70歳をお迎えになります。シカゴ大学の教育学部で，ドクターをおとりになりましてから，シカゴ大学の教育学部の教授，現職の教授であり，また，チャールズ・スイフト・ディスティングス・サービスプロフェッサーという，チャールズ・スイフトという特別の講座のしかもディスティングス・プロフェッサー，日本にこういう称号は，ございませんが，教授の中の教授という，特別のノーベル賞をもらわれたような学者の方が，大勢推挙される特別の高い学識のあるプロフェッサーとして，仕事してらっしゃるわけでございます。また，博士は，ちょうど私どもの国立研究所も関係しておるわけでございますが，国際教育到達度評価学会（IEA）という組織がございまして，皆さんのお目に留まっているとすれば，数学や理科の国際比較の調査をやっている国際的な任意の研究団体があります。この国際的な数学や理科，その他沢山のプログラムがあるわけでございますが，その評価のプログラムについて，今まで旗振りをしていらしたわけです。

　教育というのは，問いかけによって反応してくるということが，いちばん，基本のパターンだとしますと，どういう問いかけをすることが，どんなに大事な意味があるかということをほんとうに考えて行かねばならないと思うのでございます。そして，その起こってきた反応というものをどういう風に考えるかというのが，教育の一番大事なエッセンスになることではないかと考えております。そういう意味で，世界の権威でありますブルーム博士を東京にお迎えを

し，皆さんと一緒にお話が聞けるというのは，大変ありがたいことだと考えております次第でございます。これから早速ブルーム博士のお話をうかがうことにいたします。

B. S. ブルーム博士　講演
マスタリーラーニングとは
―― その成立と発展 ――

1　生徒の学力はそれ以前に何を学んだかで決定される

　全世界の教育者は，より効果的な生徒の指導法，カリキュラムの作成方法を追究しています。

　本日は，1964年に開始された研究について述べたいと思います。1964年に私は，人の人間の特性の安定性と変化に関する著書を出版いたしました。これは，縦断的な研究を行ったもので，10年，20年の期間同じ子どもたちをフォローし，毎年測定を行っていました。価値観がどう変わっていくか，態度がどう変わっていくか，言語能力，身長，知能，それから学校での学力などの変化を測定しました。何千もの調査が行われて，総合されました。そこで，私が驚いたことは，一つの学年での学力は，次の学年での学力の予測を可能にするものであるということです。つまり，第2学年での読む能力，読解能力は，第3学年での読解能力を予測できるということ。さらにこれは，その生徒が学校にいる間，続いて繰り返し行われていくものであるということです。

　例えば，3年から4年，あるいは，4年生から5年生へわたるその間の相関関係は，0.80，非常に高い相関関係が見られます。この研究によると，生徒のあるコースでの学力は，その生徒がそれ以前のコースで何を学んだかということによってむしろ決定されます。そのコースで学んだことよりも，その前のコースで学んだことによって決定されるということです。つまり，4年生での学力は，4年生で行ったことよりも，むしろ3年生でどれだけ到達したかということによって決定されるわけです。

　米国において，初等・中等学校全体について，この点を見てみると，3年に

マスタリーラーニングとは

おける学力は，その生徒の11学年，つまり 8 年後の学力を予測できるということで，この 8 年後の 3 年と11年の 8 年間の相関関係は，0.80を上回っています。3 学年において測定をし，そして，11学年になったところを待って，再び，例えば100人の生徒の区分けを行います。そうすると，90％の生徒が， 3 年と11年で同じ区分けの位置を占めるわけです。 3 年でトップの学生は，11学年においても， 1 番から 2 番。 3 年で一番成績が低い場合には，11年でも低いということがあります。ただ10％はずれる者もいます。 3 年で 2 番の成績を持っていた子どもが，11年では 4 番目になるということもあります。それは残りの10％について言えることです。このように明確に予測できると言うならば，この予測について，何らかの対応ができないのであろうか。この状況を修正する，あるいは子どもに対して治療を行って，そして，毎年100番目の生徒にならないように，なんらかの働きかけを行うことができないかということを私が最もよく考えたことでした。

　この予測があまりにも上手く行きましたので，そこで総合大学の医学部の同僚に話をしたところ，笑われてしまいました。我々が，将来において誰が生き，誰が死ぬかということについて心配するのではなく，できるだけ現在の生徒の状態をよくする，治療する治癒するということが，医者の務めであると。

第Ⅳ章　B.S.ブルーム博士講演（来日記念講演）

すなわち，教育者としても，8年間も待つことはない。つまり予測するというのは，意味がないことであって，やはり現在において治療していかなければならないというようなことを言いました。そして，治療の方法を追究しなければならないと私に言ったのです。

2　マスタリーラーニングは学力の決定論からの脱却

　私の学生は，この到達，学力に大変興味を持っており，この子どもたちを何年間かフォローしようということになったのです。例えば，ここに学習の自己意識というのを縦軸にとりました。つまり生徒は学力について，どう感じているかということです。クラスの中で5番目までの子どもを1年と2年でとった場合，このようになります。上から5番目と，クラスの下から5番目，これも1年と2年でとった場合，やはりクラスの同じところに位置するということになりました。この子どもたちを4年間フォローすると，この上から5番目の子どもたちは，自分たちについての意識がこれだけ向上します。それから下から5番目に属する子どもたちの自己意識はこのように低下します。学力が下がったという自己意識を持ちます。

　次に子どもたちを6年間フォローしますと，上位5番以内の子どもたちは，さらに自分たちに対してより高い自己意識を持ちます。そして下5番目の生徒たちは，さらに自己意識が下りました。同様に8年間子どもたちを追跡すると，このような形になります。子どもたちの上位5人の子どもたちの自己意識は大変積極的なものになり，最下位5人の子どもたちの自己意識は，さらに下がりギャップが広がります。第2学年が終了するまではほとんど同じ自己意識を持っている子どもたちが，毎年毎年，その自己意識の格差が広がるということになります。この最下位5人の子どもたちは，この分布の常に自分たちは下にあると，自分たちは何もできないのではないかという，無力さを感じます。これは学習の自己意識のみならず，向上心についても言えます。これらの子どもたちは学ぶということに対して希望を失っています。また上位の子どもたちは，より高い希望，向上心を持っているのです。心理学者は，この学力から8年後，

マスタリーラーニングとは

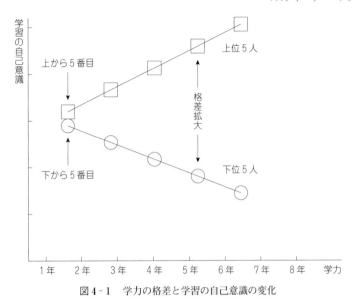

図 4-1 学力の格差と学習の自己意識の変化

自己意識がどうなるか予測することができるのです。

さらに、それだけではなく、情緒的にどういう状態にあるかということさえ予測できるのです。こういった子どもたちは学校外で問題を起こす、情緒的に落ち込み、薬に走る、不良仲間に走るということが予測できるわけです。また上位の子どもたちは、積極的で向上心も多く、他の活動に達しても積極的な姿勢を示すということがあります。マスタリーラーニングは、私にとりましては、この大いなる決定論から抜け出す、脱着する方法でした。この、一方は上に上昇し、一方は、下に降下していく子どもたちのサイクルをどうやってうち破っていくかということが大切です。

次のコース、あるいは次の作業に対して、十分な前提能力を持っている場合には、後の学力に対して大きな影響があるかと、それが私たちにとって大きな仮定になりました。前提能力を持っている場合、次の学習過程において大きな向上が見られるかということが、大きな我々の課題になるのです。

113

3　マスタリーラーニングによる学力の向上

　生徒を2つのグループに分け，同じ教師が指導をします。これは例えば数学，化学でも理科でもいいですし，社会でも構いません。

　旧来の授業法を行うクラスでは，最初の学習期間の2週間，教師が教科書を使って授業を行います。授業が終わると，終わったところで生徒がテストを受けます。そのテストで成績が決められます。

　1番トップがA，次がB，それからCと，またFという成績が付けられます。そして次の学習作業へと移っていきます。これを反復します。

　私の呼ぶところのマスタリーラーニングを導入するクラス，同じ教師がこのクラスも教授していますが，2週間の授業が終了すると，教師はトライアルテストという試しのテストを行います。これは形成テストで，どの生徒が完全習得を達成したかを見ます。それをマスターしたということは，すなわちAの成績が得られるということになります。またどの子どもがさらなる助けを必要としているかということを決めます。

　それに続いて，矯正の，あるいは修正の期間を設け，3，4日以内に第2番目のテストをします。第1番目のテストと同じようなテストが行われますけれども，第2番目のテストでは，85％の学生がマスタリーレベル「A」に等しい成績を得ます。次に，すべての生徒が次の作業に移ります。旧来の授業の場合には，この第二の作業が終了した時点で成績が付けられます。マラススターリーニングのクラスでは，同じ教師が，同じようにして授業します。それが終わったところで，マスターしたか，あるいは矯正が必要か，という判断がされ，先ほどと同じような第二のテストをします。第1あるいは第二のテストが終了するところで，ほとんどのマスタリーラーニングのクラスの生徒が，完全習得レベルに達します。旧来のクラスでは20％の生徒がこのテストで「A」を取りました。両者は，ほとんど同じテストです。それからマスタリーの方法でも，やはり第一のテストでは20％がマスタリーのレベルに到達しました。しかし矯正が終わった後では，より多くの割合の生徒がマスタリーレベルに到達しまし

マスタリーラーニングとは

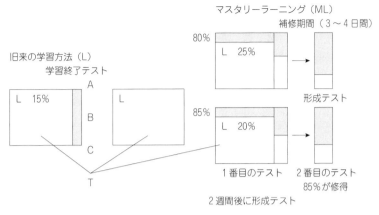

図4-2　マスタリーラーニングの手順

た。

　第二の作業の後，旧来の方法では15％のみが「A」の成績を得ました。しかしマスタリーレベルのクラスでは，25％の生徒が「A」の成績を得た，つまり第1回目のテストが終わった後で完全習得レベルに達したということになります。このマスタリーラーニングが繰り返されていくわけです。第2番目の作業で，なぜ，旧来の学習のクラスではパーセンテージが低く，マスタリーラーニングの場合には，完全習得した生徒が増えているのでしょうか。

　この旧来の学習を見ますと，前提技能を習得したものが非常に少なかった。例えば，代数などです。しかし，マスタリーラーニングでは，85％がこの代数の問題に，作業に対しての前提技能を得ていたという違いがあります。これが第10番目の作業とすると，この「A」の成績を得た生徒の割合が，旧来の場合には低下します。「A」の成績を得た人たちのパーセンテージが，10番目の作業の終了後には10％に落ちてしいます。

　しかし，他方マスタリーラーニングの場合は，うまくいくと10番目の作業においては，だいたい80％の生徒がマスタリーレベルに到達することができます。最終作業においてマスタリーが得られるということです。何が起こっているかというと，旧来の場合には，十分に準備のできた生徒が，減ってきているとい

第Ⅳ章　B.S.ブルーム博士講演（来日記念講演）

うことが見られますが，マスタリーラーニングの学習の場合にはより多くの生徒が十分に次の作業の準備ができているということです。旧来の場合には修正しない生徒たちのエラーを，マスタリーラーニングの場合には定期的に矯正していくわけです。

　この２つの生徒群をフォローして，例えば代数の最後のテストを，その学期の末に行ったとすると，学習結果には２つの分布が得られます。１つが旧来の群の生徒（旧来生徒群），ここでは正規分布，大変美しい正規分布に散らばります。よくできた子どもと，それからあまり良くなかった子ども，大半が真ん中に集中します。

　もう１つのマスタリーラーニング群では，（これは同じ先生が教えていたということを覚えておいてください。）１番初めの地点では，同等のレベルにいたわけですが，学習結果は，このような（右側に寄ったＪ曲線）の分布が得られます。各々の場合，教師は30人の生徒を教えていました。あるケースでは，学生が２週間の終わりに次の作業に入る前に，教師の特別な指導を受けていました。また指導を受けていない場合もあります。そして，マスタリーラーニングの場合には第２番目の２回目のテストを行い，どこが悪いかを習得して次の段階への準備にしました。これは世界の20ヵ国で行われた方法であります。少なくとも３万あるいは５万人の学生たちが，あらゆる教育レベルにおいてマスタリーラーニングの対象となりました。マスタリーラーニングの群では，それぞれの新しい学習作業に対して前提能力の指導や援助をすると，従来の群の場合には，２週目あるいは３週目の終わりにテストを行って，そして次の段階の学習に移ったということです。こういった生徒たちが最初の２週間で，問題に直面して，トラブルでつまずきます。そうすると，次の２週間はさらに状態が悪化し，それが次々にますます悪化していくということになります。しかし，マスタリーラーニングの場合にはポジティブな教師の補助が得られ，次の学習段階に行く場合の前提能力が付けられます。

　次に作業時間という問題があります。これは米国で行ったのですが，学生が教室での授業時間の間に実際に授業に没頭していた時間のことです。平均的な生徒は，これらの２つのクラスではだいたいクラスのそれぞれに３分の２が授

業時間中，授業に没頭していました。しかし，だんだん時間が経ってきますと，こちらの第二の作業の方では平均的生徒で没頭しているのは，16％のみ，他方は70％の集中率です。これが第10の時には，授業に没頭している割合は，旧来のグループでは半分以下になりますのに，マスタリーラーニングのグループでは，授業に没頭していた生徒の平均は80％から85％でした。なぜこのようなことになるのでしょうか。もし私がロシア語でレクチャーしていたならば，おそらく集中して聞くことができないでしょう。なぜなら私が出している情報を皆さんの方の側が，その咀嚼できないからです。結局，普通の在来のやり方で授業をしていると，このようなことが起こります。すなわち，ますます少ない数の生徒のみしかついていけなくなるからです。しかし，マスタリーラーニングの方法では毎回毎回次の作業のために十分な準備をします。そして，自分たち自身が活発に授業に没頭します。その結果として，最後の方まできちんとついていくことができるのです。マスタリーラーニングは多様な指導と学習のアプローチの一つです。いくつものシリーズを含んでいます。

　私の教え子たちが行っている研究を紹介いたします。もしあるグループの生徒に代数あるいは科学などを在来型の学習方法で教え，そしてもう一つのグループにはマスタリーラーニングで教えたとします。それからひどいことをします。第3のグループを作るんですが，この第3のグループには一人一人に個別指導をします。ここではこのような分布（図4-3参照）になります。各個人は，一人に1人の先生が付き，その1人の教師が，その生徒1人に対して教えるという個別指導の形です。これはその補習とか授業とか，補習というような形ではなく，完全に個別に指導を進めるわけです。初めから終わりまで1人に1人の教師がつくというやり方です。そうすると，個別指導を受けた生徒は，平均的な生徒でも他の在来型の授業を受けた生徒たちの実に95％の学修成果を上回ります。また，マスタリーラーニングの方ですと，この平均的な在来型の授業を受けた生徒よりも85％を上回った学修成果に達します。

　ここで示しているのは，指導の質を上げると，徐々に生徒の学力のレベルを上げていくことができるということです。また，もしある生徒の学力を，前の成績から推測しようとすると，前の学力とその後の方の学力の相関関係は，

第Ⅳ章　B.S.ブルーム博士講演（来日記念講演）

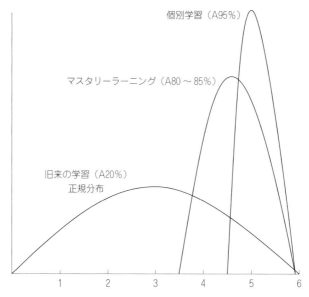

図4-3　学習結果の旧来の正規分布とマスタリーラーニングの分布

0.80で，これは在来型の指導法だと80％になりますから，ほとんどの場合には，大体どのくらい次の段階できるのか予測できるわけです。ところが，マスタリーラーニングでは，その前の段階の学力とマスタリーラーニング後の学力の相関関係は，わずか0.25です。そして個別指導では，このその前の学力と個別指導後の学力との相関関係は，約0.10です。極めて相関度が低くなります。こうなると，どの生徒がトップになって，どの生徒が一番下になるかということは非常に予測が難しいことになります。

　それではなぜこのような結果になるのでしょうか。在来型の指導法では，各個人の生徒に対しての支援の仕方が最低度ということになります。米国では，教師は，各学習者一人ひとりを支援するということことはありません。米国では，教師たちがより学力の高い生徒に対して手を伸ばし，あまりできない生徒に対してはあまり支援をしない／指示をしない，という実態があります。しかし，マスタリーラーニングの場合ですと，2週間ごとに何らかの形でその困難さを克服すべき努力をするわけです。そして通常は大多数の生徒に，その認知

的な前提条件をもって次の作業に情意的（意欲的）に臨む学習姿勢ができています。個別指導では，教師の方が常にその生徒が理解できたか否かに対して支援しているわけですが，しかし，このような仕方は30人も50人もの生徒に行うことができません。ですからこのような条件の中で教師は最善のことをしなければならないので，教師が，生徒がわからない時には，それを理解して，もう一回説明しなおすというやりをすることです。生徒のニーズに合わせた教え方をすることです。個別指導では，教師は，何度も各学習者に対して激励し，また教え直します。そのため，授業の時間の中でも，活発にその授業が行われている時間が95％になります。しかし，マスタリーラーニングですと，各セッションもかなり頻繁に行います。そして生徒が常に各学習段階で何をしていいかを敏感に察知します。個別指導の方ではより活発に各教師が各学習者に対して支援しますし，マスタリーラーニングでも，教師はそれに近い努力をします（在来型の指導法では少なくとも米国ではその教師が各学習者のニーズに合わせるということは最低限しか行われていません）。

　ある地点での在来型の学習の可能性がこれくらいだったとします。しかしそれが，マスタリーラーニングの学習方法では，ここまで伸びますし，それがその個別の指導になりますと，こちらのほうまで上昇していきます。マスタリーラーニングによる学習の可能性というのは，その前の学力というよりは教師の指導・支援の仕方によってこれだけ学習成果をあげるのです。

4　集団指導しながら，個別指導と同じような効果を上げる方法

　集団で指導しながら，しかも個別指導と同じような効果をあげるにはどうしたらいいでしょうか。これを我々はどのような形でやっているか，1つ簡単に説明いたします。マスタリーラーニングのような方法ですと，我々は，まず最初の2週間で始めます。しかし，私の学生は，なぜそれよりもっと前に始めないんでしょうか，ということを言います。まずこのコースを，これはその代数やフランス語の場合だとします。それらの学習を始める前にまず，その前の段階でどれだけを習ったか見直すことから始められるかということを提案されま

第Ⅳ章　B.S.ブルーム博士講演（来日記念講演）

した。

　例えばフランス語ですと，生徒に対してこのコースが始まる前にテストを行います。そのテストはフランス語に関するテストです。これからやろうとしているのはフランス語のテストです。そしてその中で，どういう困難を持っているか発見し克服させます。つまりフランス語1の習得度マスターがどのくらいか調べるわけです。そうして，次のフランス語2に入るわけです。それを行った後，マスタリーラーニングのアプローチでフォローアップします。そうしますと，この新しいアプローチの下での平均的な生徒は，もちろんそのコースを始める前に，矯正修正をさせますので，その後もマスタリーラーニングのやり方で授業を受けます。そのような努力をしますと学習結果の分布が，個別指導ほど高くはないですけれども，全体に高い得習曲線になります。そして現在30人です。しかし，ここの平均的な生徒のところが93％になります。この初期の前提条件は，このマスタリーラーニングという指導の仕方は，ほとんど1対1の個別指導に近いほどの成果を上げているということが言えるわけです。私がここで示唆しているのは，生徒の学力を，そのスタートの段階でできる限りの準備をさせれば非常に上げることができるのだということです。

　個人指導と同じくらいの良い教え方で，しかもより経済的な教え方をすることができれば素晴らしいという風に考えました。それを行うために5つ6つのアプローチの方法を考えましたが，それは非常に効果的でした。日本の同僚の皆さんもこの種の調査を始めることと思いますが，この集団指導法でいかにその個別指導と同じくらいに効果をあげるかというのがその研究の目的です。今後マスタリーラーニングの発展の方向として，次のものがあります。今までのマスタリーラーニングは，かなり詳細なアプローチを行ってきました。形成テストというものをを2週間ごとに行ってきました。非常によくデザインされたものです。しかしながら教師の中でこれを嫌う人もいます。もちろん新しいテストを作るという作業から教師は解放されますが，彼ら自身がこのテストに拘束され，それに基づいて授業をしなければならないような気になってしまうということです。生徒に対しては彼ら自身のレギュラーなクイズ小テストをマスタリーラーニングの中に入れるということをさせております。1つはそのまず

トライアル用そしてもう一つは第2番目に行うテスト用といったものを教師自身で作らせるというやり方をやっています。教師自身が，出来上がっている形成テストでなく自分自身のクイズをやらせるという方法ですが，非常に効果的です。ただこれは各教師にとっては非常に多くの労力を必要としますが，これに対して各教師はより高い満足感を得ています。

　というのは，自分の授業でやったものをそのままテストの中に生かすことができるからです。もう一つの私の学生たちがやっている研究は次のものです。どうしたら高度な精神過程を開発することができるかというものです。高度精神過程は，日本語に訳されていると思いますが，いわゆる問題解決のための能力を計るためのテスト，あるいは育てるためのテストがあります。新しい状況を設定したり，あるいは分析させたりといった状況ですし，教材の中で，ただその記憶させるのみの教材にして，ある場合には，これらから得られたものを全く違う状況に活かせなければならない，というものがあります。そして，それに対し程度の低い精神過程というのは，それよりずっとただ記憶しただけのもので，その問題解決できるというものです。そのような場合には生徒は，先生の教えたこと，あるいは教科書に書いてあることを覚えればいいだけです。私のアシスタントたちがやっている研究ですけれど，その形成テストの中でも，この高度の精神過程をそれから程度の低い精神過程の両方を測ることができるものです。どの形成テストでも，問題の30%は問題解決のやり方を問うテストです。そして生徒はこのようなやり方のテストを受けることによって，学期末のテストの前にずっと優れた問題解決能力や問題解決技術を伸ばすことができるようになります。

　もし，我々が生徒に対して記憶することばかりを教え，そして記憶することだけをテストしたならば，この高度精神過程の中でも，良い成績を得られるものは，わずか10%でしかありません。もっとも能力の高い生徒しかこのような問題に答えることができないでしょう。しかし，学生たちに対してこのコードを精神過程教えたとき，マスタリーラーニングの中でも，フィードバックの過程のテストにおいて，その前10%だったのが70%と良い成績を得ることができます。米国ではこの問題解決の能力を開発することに非常に大きな関心が持

たれております。この問題解決の能力を簡単なテストで測るということが非常に効果的な方法とみられておりますし，それに加えて先生たちもそれのための教え方をするということが非常に有効とみなされてきております。

5　マスタリーラーニングをいつすれば効果が上がるか

　次に，マスタリーラーニングをいつ行えば最も効果的になり得るかということについて簡単に話します。私たちの研究によりますと，マスタリーラーニングの方法は，最初の科学，最初の算数，最初の言語の英語であるとかそういった科目，算数・数学，社会学，心理学などのような科目であればその入門の地点，1年生で新しい科目を学ぶ時が最も効果的であるということがわかっております。また，新しい学年のレベルの第1番目の入門科目の入門期，例えば小学校の1年生，それから中学校の1年生，高校生の1年生または大学の1年生，そして医学大学または工学大学の1年生そのように常にきっかけと新しい区切りの1年生であるということです。つまりこの学校ではこういうやり方を取るんだなと1年生はそれで自然に受け入れてしまって，特にそれに疑問を持たずにうまくその新しい習得法の中で学んでいってしまうからです。また，いろいろと他の科目でもこのマスタリーラーニングを同時に行うということをすればより将来に対する向上心といったものを育んでいくことができるということがわかりました。

　すなわち，習得することを習得するわけです。つまり自分たちで先生たちに対してフィードバックをして，そして先生に対して自分たちで修正していくことを学んでいくわけです。先生が全て修正か何かやってあげる人がなく持ってくるわけです。生徒たちがこの習得する技能を学びとって，そして自分たちで自分たちが学んでいることをチェックし，自分たちが何を学ばなければならないのか，学ぶ必要があるのかといったことを自分たちで見い出すことができるようになるのです。

6　教師がマスタリーラーニングから得るものは何か

　それでは次に教師がマスタリーラーニングから何を得ることができるでしょうか。教師としてマスタリーラーニングから得られることの1つは，まず生徒たちがより活発的なより積極的な生徒の集団になるということであります。次に学ぶことからその特定の科目に対してより深く関心を持つということです。先生は一番最初に平均的な生徒たちを受け持って始めたのに，その終わりの頃には大変優秀な生徒の集団を集めて教えている，という結果になるということです。先生にとってもものすごくやる気を起こすものです。そしてマスタリーラーニングを使って効果的な結果をもたらすということは先生にとっても大変良いことです。

　例えば，アメリカにおいても，いい加減に以前と同じやり方でだんだんマンネリ化してしまうほど，先生の方も興味を失ってしまったような場合でも，このような新しい方法をとって効果を表すことによって，先生もまたやる気をまた新たにすることができることがわかっています。また，マスタリーラーニング法を使うたびに改善を行っていくことができるということです。

　次に，生徒は何を得ることができるでしょうか。まず高い学力を得ることができます。到達度を大変に高くすることができます。多くの生徒にとって自分たちの学習能力の潜在性を自分たちからおのずから見い出す最初の機会になります。「自分たちはここら辺にいるんだ」と，ダメなんだと思っていた生徒が，どんどん向上していくグループの一員であるということを見い出します。ですから，これが一つの野心を引き起こして，もっと学びたいもっと向上したいというそういう気持ちを引き起こす動機になります。

　そして，このマスタリーラーニング法を使ったある国において，その国がそれだけの高等教育を与えるそれだけの設備または能力を持っていないのにも関わらず，3～5年経った後になって，高校に進みたい，それから大学に行きたいという希望者が，大幅に伸びたといった結果が出ています。それからこういった学校の学術的な概念もまた，自己意識も向上いたします。

それから,「自分自身の学習に関しては自分自身に責任があるんだ」といった認識がでてきます。先生によってそういう気持ちが引き起こされるものではないといったことを認識するようになるわけです。ですから，より自己意識が向上するというわけではなく,「自分たちでも学べるんだ」という気持ち,「自分たちでも多くのことを学び，また向上することができるんだ」という認識を生徒たちに植え付けることができます。

　したがって，生徒たちはこのようにどんどん学力が向上するに従って，マスタリーラーニング法をとる必要がなくなってきます。つまり，マスタリーラーニング法をどんどん使って，このように生徒たちの学力が向上していくと，この学習方法をしなくてもいいということになっていきます。

　すなわち，生徒たちが自ら学ぶことを，学び取り，それ以上マスタリーラーニングの学習方法を必要としなくなるのです。（講演終了）

7　Q＆A：
ブルーム博士の回答と梶田叡一（翻訳補助者）の補説

　只今，ブルーム先生のマスタリーラーニングについていい訳をしていただきましたので，概要は掴んでいただけたと思います。質疑に移る前に補説しておきますと，アメリカと日本の状況が違いますのは，アメリカの場合には教材開発センターがございまして，そこでマスタリーラーニングの教材開発をして，形成的テストを作り，トレーニングもし，それを学校に持ってきてやる方法をとっております。アメリカでも，日本の場合と同じように教えている教師自身が，教材を開発したり，形成的テストを作ったりという方向へだんだん進んでいるようです。

　それから，2週間に1度，形成的テストをすると盛んにおっしゃっていましたが，結局は，教材，題材ごとに，日本の場合ですと単元ごとに目標を定めて指導計画作って，その単元，例えば10時間だったら10時間扱いの中でいちど形成テストをやっていく形になりますが，だいたい同じことだと考えてください。つまり，単元というのは，2週間でこなせる程度のものに区切って，ブルーム

先生はお話になっています。

【質問1】 マスタリーラーニングにおいて習得という言葉はゲートなのかゴールなのか。習得というのはどうしても通らなければならないゲートだと思いますが，決してゴールではないと思うんですが，いかがでしょうか。

【ブルーム博士】 習得というのはより大きなゴールのためのゴールまたはゲートだと思います。例えばブルック先生は，シカゴ大学の研究所にいらして，19年間この考え方に基づいて研究を行っておりました。マスタリーラーニングは，言わば何年もの間使われ続けていたということができます。例えばソクラテスたち教育者の集団によって，このやり方はとられていたと言うことができます。ただ我々が行っていることは，より良い試験を作成し，またそのテストを採点するのにコンピューターをも使っております。しかし，その基本的な考えは，生徒たちは何を学んだかをチェックし，その生徒たちが，いろいろな困難に立ち向かった時に，どのように克服すればいいかといったことに，援助の手を差し伸べるということです。これを我々はいろいろな領域に使っています。また，いろいろなレベルの教育においてもこの方法を使っています。私がここで言いたいことは，2000年もの間使われていたということです。

【梶田叡一】 マスタリーラーニングは，考えるとか，問題解決や追求するなど高次な知的な機能であるとか，情意的なものであるとかにも関わっています。知識・理解・技能の教育だけではありません。日本でもそういう実践があります。それからマスタリーラーニングの基盤が，「教育目標の分類学」（タキソノミー）という仕事です。教育目標を体系的に分類するとういう仕事，これでブルーム先生は，教育研究の基礎づくりを「タキソノミー」として構築しました。「教育目標の分類学」は，認知的な領域も知識・理解だけではなく，その上に応用・分析・総合・評価という階梯的段階に高度化するヒエラルキーを持っています。情意的な領域では，受け入れて，意識して，それをどう価値づけ，どういうふうに個性の中に繰り込んでいくかということです。認知的な領域では，

第Ⅳ章　B.S.ブルーム博士講演（来日記念講演）

1つの事柄の意味とか価値とかをどういうふうに認識していくか，あるいは身に付けていくかということもタキソノミーで扱っています。マスタリーラーニングは，そういうベースの上の1つの教育方法であるということを理解いただきたいと思います。

【質問2】　マスタリーラーニングは非常に高度な問題解決能力の学習に本当に有効かどうか。その辺について先生のご意見をおうけたまわりたいと思います。

【ブルーム博士】　私が最初シカゴ大学に入りました時には，学部長が，新しい医学生たちに対して講演を行い，そのときに必ず「紳士，紳士諸君右を見なさい左を見なさい。そして卒業式にちゃんと来れるのはこのうちの半分だけですよ」と言ったんです。そしてシカゴ大学の医学部は，毎年生徒の半分も落としていたんです。しかしそれは彼ら自身のマスタリーラーニングを開発するまで続きました。ですけど，その後98％の生徒が卒業できるようになりました。問題はシカゴ大学の医学部は，今では生徒たちに対して問題点を克服させるような教え方をしているということであります。今では非常に複雑な問題解決のやり方あるいは医学上でのものの考え方というものを教育しているのです。これはマスタリーラーニングが技術的なもののみをマスターするためだけの手段ではないということです。

　多年にわたりまして，非常に包括的なテスト試験を行ってきました。これはオープンブックと，テストと呼んでおりますけれども，生徒たちは自分のノートや本を持ってきて，それを見ながらテストやるという方法です。というのは，これは見ながらでもテストの問題は，新しい問題が書いてあるわけですから，その基本的なものを与えられながら，それ以上のものを解決しいかなければならないという形の試験であります。そしてこのようなやり方をしますと生徒達は，非常によく学びました。試験に対しても非常によい能力を発揮するようになってきました。

　ですから，マスタリーラーニングは単純な記憶のため，あるいはその情報をただ取り入れるためのだけのものではないと言いたい。我々としてはマスタリ

ーラーニングをこれからは高度な成長過程を教えるための手段ともしていきたいと思いますし，また各生徒の持つ問題を克服していくための手段としていきたいと思います。

【梶田叡一】　今日はマスタリーラーニングに限ってお話になっておりますが，マスタリーラーニングの発展として，ブルーム先生たちは，「タレントディベロップメント」という英才育成のご研究をなさっておられまして，この５年間ほどそれにかかってこられました。これは各界のトップレベルの方々をインタビューし，個人史を個人的に資料して，一体何が高度な才能を作ってきたんだろうかを研究したのです。大事なのは，結局的確なフィードバックなんですね。いつでも誰かが関心を持ってくれていて，支えてくれていて，励ましてくれて，そして，今何をやるべきなのか，今やっていることはそのままでいいのか，次に何をやったらいいのか，常にアドバイスをしてくれる人が身近に（例えば家で親が，教師が）役割を果たしてくれている。今，マスタリーラーニングということでおっしゃいまして，フィードバックが大事なんだ，フィードバックをいつでもかけていくためにはですね，それのベースとしてねらいとねがいが常に明確になっていなといけない。ねらいとねがいがあって，実態を把握し，フィードバックして，知識・理解・技能，さらにあらゆる能力を伸ばすのに不可欠なものであるというお考えを持っておられます。

【質問３】　先生は人間というものをどう見るのか。なぜ，マスタリーラーニングなのか。そのことを簡単にお話し，お答えをいただければと思います。

【ブルーム博士】　各生徒に対して良い先生がついていれば，マスタリーラーニングなどは要らない。もし，70人の生徒を同時に教えるのであれば，非常に多くのマスタリーラーニングが必要です。各生徒の持つ困難さをそれぞれ克服してやらねばなりませんから。アメリカでの通常のクラスの教室のサイズ30人ぐらいです。しかし，日本では各クラスは40人ぐらいでしょうか。非常に多くのつまずきが起こるわけです。つまり，先生１人に対して多くの生徒がいるわけ

ですから，つまずきをできるだけ少なくするためにこのマスタリーラーニングをするわけです。ほっておけばつまずきがどんどん積み重なって，どんどん悪い方向に行ってしまいますから。そしてつまずきが集積されてしまうのではどうしようもなくなりますけれども，マスタリーラーニングというのは各2週間ごとあるいは3週間ごとに，そのようなつまずきを克服するやり方です。しかし，何十人という生徒を教えるためには，つまずきをなくしていく努力をしなければならないし，マスターラリーラーニングは，その上で大変有効な手段であるということです。

【梶田叡一】　自分がやりさえすればできるようになるんだ，という「効力感」ですね。誰が助けてくれるわけでもなくても，私が自分を伸ばして行かなければならないんだっていう，「自己学習能力」とでもいいましょうか，こういう力をつける手だて，しかも40人の生徒を相手にして，先生が力をつけていかなければいけない。つまり，10人は伸びるけどあと30人は先生の知らない間に，自信を失ったり，どうしようもなくなっていく。そういうことではいけないんだというお考えをブルーム先生はお持ちなわけです。

【質問4】　わが国の教師の一部はマスタリーラーニングのアプローチを取り入れることを逡巡しております。なぜかと申しますと，これに含まれております非常に多くの項目を全てカバーしうることができないと思うからです。このテキストの中には行わなければならない必須項目がいろいろ出ているわけですけれども，これができないために，彼らはその取り込むことができないと思うのですが，このジレンマをどのように克服したらよろしいでしょうか。

【ブルーム博士】　マスタリーラーニングは米国においては，矯正するあるいは修正する作業でありまして，それは初めの段階では教室で行います。しかし，生徒がある程度までいくと，教室の外で行うようになります。ですからマスタリーラーニングの過程の中で，教師がカバーするものは，在来型のやり方で行うものよりもずっと少なくて済むのです。教師は一人ひとりの生徒を助けよう

とするのであれば，ある程度以上超えることはできません。しかし，例えば各生徒に対してテープレコーダーの使い方を教えて，そのテープしたものを聞かせるとか，そうすることによって，彼らの問題を克服すると言うようなやり方ですけれども，このような部分の多くは宿題でカバーすることができるもので，それも2～3人の生徒が自分たち同士で協力し合いながらできるものです。

【梶田叡一】　実際にマスタリーラーニングをやっていく場合，手数がかかります。時間的にも，形成的テストをやってから後，補習し指導をやるなどです。日本でも7～8年前からブルーム理論をベースにして，いろいろな試みがあります。日本の場合は，できるだけ，時間内でなんとかやろうじゃないかという事を工夫しておられます。例えば，そのため目標をできるだけ絞り，できるだけおおまかな指導計画を作っていく，その場合に教材の精選をやり，本体指導を10時間扱いの教材を8時間ぐらいにし，後にテストや補充指導をやります。実践的な工夫の課題ですので，先進校ををご参照いただければと思います。

【質問5】　体育など技能の場合は，個人差や能力差が非常に違う。そうしますと，その能力を，ある段階まで全部の子どものレベルを同じにしてから，スタート，マスタリーラーニングという考え方で進めた方がよろしいか，それともやはり，体育の子どもの今の状態レディネスを踏まえて，そこから一人一人の子どもをこう伸ばしていったほうがいいか，その辺の，特に技能教科という観点からご指導いただきたい。

【ブルーム博士】　彫刻のコースの中では，各個人に対してどのようなフィードバックが必要であるかということをスタジオ内で考えなくてはなりません。例えば頭のところはいいけど，首のところはラインがよくないとか。そういう形のフィードバックは必要だと思うんです。このような作業の時，生徒は何か作っており，教師は教えているわけです。これには体育にも含まれるわけですけれども，このような場合は，ペーパーテストはいりません。必要なのは各個人に対して適切なフィードバックを与えて，それについて矯正するにはどうしたらよ

いかという作業をすることです。1対1のベースではほとんどコンスタントに，矯正のためにフィードバックをしなければならないでしょう。我々の学校での業績を見てみますと，ほとんどの人々にAを与えることができます。しかし，Aの中ですら簡単にAを取る生徒もいれば，非常な努力でAを取る生徒もいます。しかし，その中にも差異はあるわけで，みんなそれぞれに異なります。一応同じような範囲にいたとしても，相互に差異があるわけですし，みんなが皆均一で均等である一定のやり方のみに扱い事ができると思ったら間違いだと思います。

【梶田叡一】　マスタリーラーニングというのは，学習方式ではありません。どこから出発すべきだとか，どの段階で何をすべきだとかではなく，原則の問題です。したがって，体育科においても，どの段階で学習成果を，どういう形で診断して，どういう補充的な全体指導や個別的指導を持ってくるかというのは，原則なんです。したがって，カリキュラムで決められたとおり，みんなここから行こうじゃないかということでいいでしょうし，技能教科の場合は前のところから遡って学習するなど，あくまでも，ケースバイケース考えるべきですね。日本の一部では，マスタリーラーニングは「決まった学習方式」のように受け取られていますが，そういうことではありません。

【質問6】　ある言葉なり特定の素晴らしい能力を持っている生徒には，特定の能力により多くの時間をかけたほうが，その子どもの将来にとってベターなんではないかという感じを持つんですが，簡単にお答えいただければ，ありがたいと思います。

【ブルーム博士】　何をどうすべきかということに関しては，それぞれ独自の考えがあると思います。10年あるいは10年のプログラムを生徒が受けると，そしてその中であなたが，10年あるいは20年間をコントロールできて，その中で何を子どもが習得できるかということが，自分でコントロールできるのであれば理想的なわけです。

　我々の場合には，それぞれの子どもに対して，1対1の指導を行ったと同じ

だけの追求を最大の努力をしたいと思います。

 次に、才能開発ということがあります。必ずしもすべての人が数学者、神経学者、コンサートのピアニストになりたいと考えるわけではありません。それは、それぞれ個人のタレントであり、その生徒に応じたタレント開発をするということになります。

 私が開発をしています才能開発方法は、例えばコンサートのピアニスト、研究者になるには10年も20年も必要だという方法であり、一般の学校教育とはまた異なった次元の問題です。学校の場合には10年20年の学習期間があり、そこの中でカリキュラムを作成して、子ども達が最大限学習を習得できるようにするということが目標になります。

【梶田叡一】 マスタリーラーニングというのは最低保障の話ですね。個性をどう伸ばしていくのかというのは、1つはカリキュラムの問題です。どの段階で、どうカリキュラムを分化させていって、それぞれの生徒の持ち味を生かせるかということですね。しかし、どれか1つのプログラムを学習したならば、最低そのプログラムを習得しただけの何かが実現しなければなければなりません。その上で、到達目標を超えてどんどん伸びるのは望ましいことだし、教師として考えていかなければなりません。

 しかし、マスタリーラーニングそのものとしては、1つのプログラムを学習したとき、ある最低線までは全部の生徒を到達させようじゃないか、さらにどこまでも伸びることは望ましいし、できるだけ上昇させていこうという考え方です。したがって、マスタリーラーニングだけで、教育の全てだと思わないで、先ほどお話にありました才能開発（タレントディベロップメント）のような、一人一人の持ち味を生かすと案外生きるということを、同時にブルーム先生は追及しておられ、研究もなされています。

8　ブルーム博士からのメッセージ

 日本に参るにあたり、躊躇したことがあります。IEAの最初の数学の研究

第Ⅳ章　B.S.ブルーム博士講演（来日記念講演）

調査結果で，日本の高校で毎年数学を学ぶ生徒たちが他のどの国の生徒たちよりも高い成果を見せてくれました。米国の場合これらの日本の生徒をアメリカの標準で測定しますとすると，新しいグレード，段階をもうけなければならない，Aのさらに上のAプラスあるいはAのプラス・プラスに日本の生徒たちが匹敵するということになってしまいます。

一方，アメリカの生徒たちが日本の基準で測定されれば落第ということになってしまうでしょう。日本の高校で，頻繁に微分積分が教えられ，一方アメリカの学校ではほとんど微分積分が教えられていません。日本の生徒たちは国際的な調査においても，他の国の生徒たちを上回る優秀な成績を示してくれました。それは世界の他の生徒たちがあまりよく習得をしていないというわけでは必ずしもありません。

すなわち，私どもの目標とすべきとは，すべての生徒たちができる限り習得できるようにするということ，もちろん学力を上げるいうことだけではなく，自らをどう考えるか，あるいは情緒的な健全性，1人の立派な国民として成長していくということにも心を配っていただきたいと思います。日本は誰も彼もがマスタリーラーニングを取り入れるべきだということではありません。しかし，取り入れて実験していただきたいということです。マスタリーラーニングに関する多くの書籍が日本語でも書かれています。それを利用していただきたい。その根底にある，過程は，プロセスは何であるかということを問い掛けていただきたいと思います。決して機械的な方法ではありません。このようにすれば，生徒はこっちを向くというものでもありません。基本的な原則を見てください。どういう条件の場合にうまくいくか，どういう条件の場合にうまくいかないかという，見極めをしていただきたいと思います。そしてこの原則を皆様方の状況に当てはめていただきたいと思います。

アメリカではマスタリーラーニングをどうしているか，また韓国ではマスタリーラーニングをどう使われているか，日本の場合には適用しないかもしれません。その根底に流れている原則を取り入れていただきたい。そして，それぞれの具体的な状況にどう対応していけるかどういうことを判断していただきたいと思います。皆様方感心を持って出席してくださいましたことを心より感謝

しております。皆様方の何人かが生徒たちにマスタリーラーニングを取り入れてくだされば幸いと存じます。

閉会挨拶：橋本重治（財団法人応用教育研究所所長）

　現代外国における主として教育方法に関しまして教育方法と申しましても，教育評価法とか学習指導論の領域についての教育学者の中で，日本の教育界にもっとも広く知られ，もっとも大きな影響を与え，また最も尊敬を受けられていらっしゃる方，私はブルーム教授をおいて他にはないと思っております。高名なブルーム教授に本日，私どもは完全習得学習論についての長い間の研究の結果を，懇切丁寧にご講演をいただきました。私は今まで教授の話をうかがっておりまして2つのことを強く感じました。一つは，教授の生徒に対する，教育に対する愛情，責任感と申しましょうか，「教育者は自分が教えている生徒をおちこぼしてはならないんだ」「どういうことをしてでも教えねばならないんだ」というその態度，心構え，信念，生徒への愛情ならびに伸ばせば伸びるんだという生徒の信頼感を深く強く持っていらっしゃる先生であるので，マスタリーラーニングの理論をおたてになったんだと感ずるんであります。

　それから，このいくら精神的にそういう哲学を持っておりましても，やっぱり科学性を持った方法論がなければ実現はいたしません。その方法論において，この教育目標の分類具体化そういう方面から，教えましてこのチェックをすると，つまり形成的評価その他の評価を十分に活用すると，その結果に基づいてそれぞれできている生徒と落ちこぼれている生徒がいればそれに対して，治療指導や深化指導をすることをお考えになって，長く研究をやってきたということでございます。

　最後に皆さんとともにブルーム先生に対しまして，感謝の意を評し，またブルーム先生の今後のご健康とご発展を祈りし，もう一度盛大な拍手をしていただきたいと思います。

（講演記録提供：梶田叡一氏）

コラム　教育学者ブルーム博士

　アメリカのブルーム博士が，1999年9月に亡くなられました。この悲しい知らせは，ブルームの奥様のソフィーさんから，永年親しい中島章夫氏（元文部省大臣官房審議官）に連絡があった。中島章夫氏がブルーム夫妻を知るきっかけは，1971年7月から8月にかけての6週間にわたってスウェーデンのグレナで開かれたユネスコとIEA主催の「カリキュラム開発のための上級者セミナー」に，日本の文部省から，当時若手の文部省官僚であった中島章夫，国立教育研究所の日俣部長，梶田研究官，文部省武村教科調査官の四氏が派遣された。特に，日本の四氏は，セミナー開催中，ブルーム夫妻と宿泊棟が同じであったことから，特に親しい間柄を得た。ブルーム博士は1913年生まれであるから，日本流に言うなら享年85歳。
　中島氏は1976～78年の間，アメリカ合衆国大使館勤務を務めていたので，シカゴ大学のブルーム博士の研究室を尋ねるとともに，各国の教育関係者と会う機会には折に触れブルーム理論について交流したようだが，当時の各国教育関係者ともブルーム理論は当然の課題になっていたと述べている。
　小生は，ブルーム博士が二度目の日本訪問を果たし，1983年6月29日大阪大学での講演を聞いたが，大柄で研究者らしい厳しい目つきの研究者という印象に見えたが，梶田によると実際はユダヤ系アメリカ人で，「小柄であるが凛として，聞く人にオーラを発する方であった」と印象を語っている。
　ブルーム博士は1940年代「測定から評価へ」として教育評価のパラダイムを転換したタイラー教授の後継者とも呼ばれた人物であり，ブルーム博士は日本で1973年に邦訳された『教育評価法ハンドブック』の原著編者として有名になり，彼の教育評価論によって日本の教育評価の研究や実践も一つの時代が終わり，新しい時代に入るきっかけを作った人物である。私の手元にある『教育評価法ハンドブック』は1979（昭和54）年版で9版であるが，難しい学術書にもかかわらず初版が1973（昭和48）年とすると6年間で9版という驚異的な売り上げで日本の学校現場の先生方にも読まれたことになる。
　ベンジャミン・サミエル・ブルームというフルネームを持つブルームの経歴は1913年に生まれ，1943年にシカゴ大学で博士を得た後，シカゴ大学で大学入試専門官（university examiner）を務めた後，シカゴ大学教授に就任した。退職後はシカ

コラム　教育学者ブルーム博士

ゴ大学教育学部チャールズ，H. スイフト特任名誉教授（Distinguished Servise Professor）の称号と研究室を持ち，研究と大学院生を指導した。1965年にはAERA（アメリカ教育研究協会）会長を務めた。またオランダに本部を置くIEA（教育達成度評価国際協会）の創立者の一人であり，IEAの算数・数学，理科の国際調査にはブルームの考えが生かされている。

また，ブルーム博士はユネスコから派遣され，イスラエルのカリキュラムセンター，韓国の教育開発院の創設を指導するなど数カ国のカリキュラム改革・教育改革を指導するとともに，教育に関する国際協力の推進役を務めた。

ブルームの研究業績は，大きく整理すると四つに分けられる。一つ目は，教えるべき教育目標を体系的に整理した，「教育目標の分類学」（タキソノミー），二つ目は，評価を授業途中に機能させる「形成的評価」の理論，三つ目は評価を授業結果にフィードバックさせ，「落ちこぼれのない授業」をめざす完全習得学習（マスタリーラーニング）の理論，四つ目は「才能開発」の研究である。

かつて，ブルームは，「学校は子どもたちの自尊感情を組織的に破壊する装置である」と言って，現実の学校が総ての子どもたちの人格的成長を図っていない現状を鋭く告発するとともに，「教師が教える児童・生徒の三分の一は十分に理解することを期待し，三分の一はせいぜい問題にならずにすむ程度で，残りの三分の一は教師の教えることは学習するが満足すべき水準には達し得ないと考え，実際には最初に予期した結果が得られるので，現在の教育の破壊的な側面である」と述べている。これらの実態を踏まえて，現状の学校制度内で可能な限り総ての子どもたちの学力向上の可能性の研究と実践に取り組んだ。

これら三つの研究に対して四つ目の「才能開発」の研究は，現在最良の学習環境にある子どもたちの学習のあり方から，人間の学習の可能性を最大限に取り出す教育システムの研究である。水泳・テニスなどの運動領域，ピアノ・彫刻などの芸術的領域，数学・神経学などの認知的領域の三領域において世界的に実力を発揮している少年少女たちを研究対象にして，才能開発は三段階に分けられることを研究成果として明らかにした。第一段階は家庭で子どもを褒め受容的であることであり，第二段階は教師により課題を明確に示され，徹底的に訓練をさせ，学習に全面的にコミットすること。そして他者から評価を受け，アイデンティイティを確立させること。第三段階になると指導者は世界的に著名な教師であり，学習者に自分の手法と流儀を確立することを求める教師であること。この段階に来ると，教師は教えるというより，支援する（コーチング）という役割が大切になってくる。学習者自身が，自らの専門領域における課題を自覚し，目標を明確に定めることが重要になっ

第Ⅳ章　B.S.ブルーム博士講演（来日記念講演）

てくる。つまり，才能開発の一般原則は，才能を育てる道の始まりは，楽しさあふれるレクリエーションのような活動であり，続いて長い学習活動になると高度の基準が設定され，長い時間をかけ大変な量の厳しい練習をする。そして最後には，一つの活動に一層献身的にするようにさせる特別な学習経験を踏ませることである。ブルームは，「子どもは一人ひとりがかけがえのない個人として特別に扱われ，励ましと支えはじめから与えられなければなりません。このことが才能開発のためには不可欠の条件となるのです」（1983年7月4日，東京大学での講演―「「才能開発」の諸条件」より）と述べている。

　浅田匡（早稲田大学教授）は，「これからの評価研究とブルーム理論」（『教育フォーラム27号』2001年2月）の中で，ブルーム研究の一連の研究課題は，ブルームが1970年代初めに指摘した，①　学習における個人差の研究，②　学業成績がパーソナリティ形成に与える効果研究，③　教師についての研究ではなく，教授プロセスについての研究を，④　学習されうるものの明確化，⑤　顕在的カリキュラムと潜在的カリキュラム，⑥　テストの役割についての研究，⑦　社会システムの一部としての教育という観点を持った研究の7点に集約されるが，「その今日的課題は今なおまだ必ずしもはっきりした解決策が示されたわけではない」と述べている。

参考・引用文献
梶田叡一著『ブルーム理論に学ぶ』明治図書，1986年。

第Ⅴ章
ブルーム理論と実践を拓いた人々の足跡

第1節
植田　稔氏インタビュー

　　聞き手：古川　治
　　日　時：2012（平成24）年9月
　　場　所：植田　稔宅

植田　稔（うえだ・みのる）
　1929（昭和4）年11月20日生まれ
　1957年　横浜国立大学学芸学部卒業,
　1957年　神奈川県横浜市立大網小学校教員,その後藤沢市立第一中学校社会科教員を経て
　1968年,藤沢市教育文化研究所研究主事,藤沢市教育委員会学校教育指導課長,藤沢市立俣野小学校教頭,湘南台校長定年退職
　人間教育研究協議会（代表・梶田叡一）顧問
　2013年（平成25）年死去

植田　稔先生インタビュー原稿校正者
中山洋司
　インタビュー原稿校正日時　2016（平成28）年5月31日
　永年,植田稔先生たちとブルーム研究の藤沢グループのリーダーを務め,実践開発を行う。
　藤沢市立小学校教員,横浜国立大学附属鎌倉小学校教官,藤沢市教育委員会指導主事,神奈川県教育委員会指導主事を経て,平和学園学園長,現在は恵泉女学園学園長。人間教育研究協議会会員

第1節　植田　稔氏インタビュー

古川：植田稔先生は，日本で初めてブルーム理論を現場教師対象の研修会を神奈川県藤沢市教育文化研究所主催で開催され，ブルーム理論実践の日本の草分けとなられましたが，先生はどのような教師として，教師の道を歩まれたのですか。

植田：1957（昭和32）年，現在の横浜国立大学教育人間科学（当時学芸学）部を卒業し，小学校教員になりました。私は大学を出て日本教育心理学会の第1回スタートのときからずっと参加していたんです。それがきっかけで，毎年学会発表しようと決め，授業実践し，それを心理学のテーマにして発表するというようなことを続け，教育心理学会，応用心理学会で10年ぐらいやりました。そこら辺を見て，当時の管理職が「植田は使えそうじゃないか」というので藤沢市教育文化研究所に呼ばれたんだと思う。

　私はあまり教員になりたいとは思ってなかった。昭和30年当時「デモシカ」先生という言葉が世の中にあった世代です。だから私はデモシカ先生です。

　文部省の科学研究助成金をもらって，優秀児の発生条件というテーマで研究発表もしました。どういう条件が揃えば優秀な子どもになるかというようなこととか，それから相対評価という，ちょうど戦後の日本の教育評価をリードしていた橋本重治先生が横浜国大におりましたから，直接そこで指導を受けました。それから，金井達蔵先生も横浜国大にいましたから，指導を受けて，特に橋本重治先生には指導を受けて，相対評価で子どもの学習状況を把握して，カードに表して学級経営に生かすというやり方はずっと小・中学校で続けてやっていました。

　応用教育研究所が，教育評価大学というのを夏に毎年やっていたんですね。第1回から僕は出ていたんです。だから相対評価にどっぷり浸かっていた。それを学業成績だけじゃなくて，学級経営の中に，三者面談とか，子どもと話し合いをするときにも相対評価のカードを，4教科の偏差値を使った学級経営をしていた。

古川：そうすると先生は当時の学校において子どもを指導したり評価したりする意味では，むしろ相対評価の地域における理論的にも実践的にも指導的な

役割を担っておられたわけですね。

植田：僕らの場合は，17歳の中学校三年生のとき予科練に行ってる。中三の2学期，昭和19年9月に岡崎の海軍航空隊です。そして戦争が終わった。結局そのときの憤りというのが，「よくも騙しやがったな」という，今から考えると中学三年生なんて本当に子どもですよ。それが昭和20年の敗戦でひっくり返って，民主主義の世の中になって，手の平返したように教師がひっくり返った。その憤りみたいなものがずっとあった。教育がそれほど大事とは思わなかったけれども，やっぱり教育というのはすごい力があるんだというのが，心ひそかにあったと思う。そこら辺が一つエネルギーになって，教育に必死になってやり始めたんです。

古川：ある時期，先生が「何か今のやっている教育のやり方に壁を感じることが出てきた」とおっしゃっていますね。それは教育工学をやられた中でそれを感じられたんですか。

植田：それを気づかせてくれたのは教育工学をやり始めてからです。教育工学と言っても尋常一様じゃないんですよ。私が藤沢市教育文化研究所に常駐して，「教育工学研究レポート」というのを市内の学校の全職員に配ったんです。そして，こういう教育工学的なコンピューターによってその反応をとらえるという，途中の学習過程における評価というのは，もう即座にわかるという評価機能，「plan do see」といったときの評価のところもすごく今までには不可能であったことが可能になる。だけど見ていて，教育工学をやっているとき終わって帰るときに，「余りおもしろくないな，機械マニアだったらあれはおもしろいけど，だけど授業としてはあまりおもしろくないな」と鬱々と感じていたんです。

　それは何かと言ったら，やっぱり教師という一人の人間と生の子どものコミュニケーションが機械によってコントロールされている，それで展開そのものが機械によって，教材の提示時間とか何とか決められていく。そうすると人間である教師と子どもとの関わりというのか，そのコミュニケーションというのでは，子どもの表情が見えない，だから教師の表情も見えないですよね。だから，今度は喋りが少なくなってくるわけです。要するに教師が喋

るよりも機械が喋るというような話で、要するにテレビが喋る。このコミュニケーションをとるという、ここが絶対に欠けているなというのに気がついてね。それがないから観察者として授業を見に行っても共感を得るということは、いい授業というか、子どもと教師が本当に楽しく一緒に学んでいる姿を見たときに、あれをやってみたいなという感覚になるんだと思うけれども、それがないんです。これはやっぱり授業の理論というのをちゃんと勉強しなければいかんなというので始まったんです。

古川：アメリカのブルーム理論が1973年に梶田先生たちによって『教育評価法ハンドブック』として邦訳刊行されます。植田先生たちは1974年の夏には藤沢市教育文化研究所主催として藤沢市の先生方を対象に邦訳者の梶田叡一先生を招聘して箱根合宿研修をして、勉強会をしたということですね。植田先生がブルーム理論に出会うのが非常に早く、教員向け研修会は日本で最初のブルーム理論の研修会ですね。

植田：だから、壁にぶつかっていたんです。それから日本にどんな授業理論があるんだろうかということで探し始めたんです。この辺でも既に気がついてるわけですね。授業理論があって、授業の哲学があって、その上に教育工学というものが成立すれば素晴らしいものになるだろう。そうすると元になるものは何があるんだろうかというので。

　初めに、理科教育で仮説実験授業を提唱している板倉聖宣（国立教育研究所）先生のところに行った。

　そうすると板倉さんたちが、仮説実験授業の授業書でやれば誰でも学習が成立するといううたい文句で理科の仮説実験授業をやっていたんですね。次は、柴田義松先生の「学び方研究会」です。水道方式、「わかる算数」なんですよ。だから柴田さんを呼んで、それからプログラム学習の多田俊文さんも呼んで、そして千葉県の北条小学校でで実践がなされ、そこの椎名先生が範例学習をやっておられて、そこの発表会にも行った。

　しかし、教育工学で同じように研究会を開いても、藤沢の教員は動かなかった。要するに藤沢の教員が、教育機器が入ってくる以前にプログラム学習で苦しんだという、勉強したという実績がないということがわかった。それ

から視聴覚教育で一生懸命やったという経験もない。だから放送教育，視聴覚教育，プログラム学習をやった人達が「もっと何かないか」といってたどり着いたのが教育工学なわけですよ。ところが，この経験のない藤沢の教員に，教育工学を持っていっても，まず理解できない。しかも，勢力の強い管理職反対の教員が，当時の湘南地域は教職員組合活動の盛んなところでしたからです。

古川：だけど教育研究所が水道方式をやると言ったら，教員も来るんじゃないですか。

植田：来たんですよ。

　板倉さんと出会ったことで，じゃあそれはどこで授業をやってますかというと，サークルじゃあしょうがないから，成城学園でやっているよと言うので，成城学園との出会いがあった。そして，何人かの成城学園の先生たちと会って，成城学園の授業を録画して，そして確かにその理科の授業書で展開するというのは，今までなかなか授業過程の中で選別されるというのはすごく難しいことですよね。ところが，授業書に仮説の選択肢があることによって，仮説について討論するとき，「私はA，B，C」と意見がある中で，自分の予想を立てる。そうすると私はこれをとる，だからその他大勢じゃなくて，この三つの中でどれを選ぶ，なぜこれを選ぶのかと言うと学習方法による討論は成立して，予想が当たったとか当たらないとかといって授業自体が盛り上がってくる。

古川：植田稔編著で1977年に出された実践事例集『マスタリーラーニングによる授業設計と実践』，これを見ますと板倉先生の考えなんかも入っているように思うんですが。

植田：入っています。だからそのときに教育課程に基づいて指導書ができ，教科書ができ，教科書の指導書ができ，それで授業をやっているわけですね。ところが，成城学園なんかだったら，文部省の教育課程は大綱としては持っているけれども，あとの組み立てはガラッと替えているわけです。

古川：植田先生とブルーム理論の出会いは何がきっかけですか。

植田：本屋でブルームの『教育評価法ハンドブック』の邦訳を見たんです。僕

自身教育評価ということに対する関心があったんです。本屋に寄ったら，『教育評価法ハンドブック』を見て，買ってきて読んだ。

『教育評価法ハンドブック』を読んでいくうちに，「カリキュラム開発」という，「カリキュラム評価」というキーワードにぶつかっていくわけです。そうすると，この教育課程カリキュラムをどう評価するかということに，『教育評価法ハンドブック』は使えるんじゃないかなと思ったんです。カリキュラム評価することによって，この中から選択することができるんじゃなかろうか。

1974年の春になってからか，梶田叡一先生がいらっしゃる国立教育研究所に行ったんです。梶田さんはまだ34～35歳だったと思う。梶田さんに，カリキュラム評価ということをブルームは言ってるけれども，この中からいいものを選択できるんじゃないだろうかということを聞きに行ったんです。梶田さんが話を聞いて，うん，それはできるかもしれないなというので，1974年の夏に藤沢市教育文化研究所主催として藤沢市の先生方を対象に梶田先生を講師に招聘して3泊4日の箱根合宿研修会をした。藤沢の教師の参加者は30人です。その中に，後の藤沢グループのリーダーになる中山洋司先生，笹本一高先生，香川節明先生，並木康員先生などがいた。研修会では，2学期に授業をやる授業プランを2日かけてやり，梶田さんの講義を聞き，夜に質疑応答をやって，次の日にまた梶田さんが目標の明確化と作業手順の説明をやって，グループごとに小学校理科，小学校体育，中学校理科，これをグループで作業をやった。単元のそれぞれのグループが評価問題をつくって，この夜中の1時頃までエンドレスでやった。

2学期に実際の授業をやるときには，文部省の武村重和理科担当教科調査官を呼んでいるんですよ。

これが伏線になって次の年，1975（昭和50）年に，今度は17時以降の夜の講座を梶田さんに三回，板倉さんに三回，それから小川浩（戦後の指導要領理科作成者）さんという，藤沢の理科教育のリーダー的な存在だった方に，小学校の低・中・高学年だったらどういうふうに授業を組み立てられますかということを三回にわたってやってもらった。

第Ⅴ章　ブルーム理論と実践を拓いた人々の足跡

　　結局，研究所主催で夜やって，また翌年宿泊合宿をやった。そして合宿をやったときの研修パターンは一緒です。このときは，完全に私がリーダーシップをとって，目標分析をやった。要するに50年度にやる授業の目標分析と授業計画と評価問題をつくるというので，これと同じようなのを30人ぐらいでやった。

古川：毎年30人ぐらいの藤沢市の小・中学校の先生が参加されていたら，76年ぐらいには藤沢市内の学校では，「マスタリーラーニング」という言葉，あるいは「ブルーム」という言葉がある程度，先生方の耳には届いてたんでしょうか。

植田：一般教員にまでは届いていないですね。夜にやるという公開講座というのは本当に志のある人が来てくれた。いわんや，宿泊というのは大体わかっているから，研究所の研究員や有志，隣町の二宮町の藤田三成先生とか，そういう人たちが来ていた。

　　この合宿の後に，9月16～18日と連休のとき，研究所に研究会の連中が集まって，「藤沢の教育研究の現状はどうなっているんだ―藤沢の現場には赤い血が流れていない―」というのを，みんなKJ法で話し合ったんです。そうするとアンケートの中には「完全習得学習の本を読み始めた」とかというのが重なってきて，ああ動いてくれるなと……。それで中には「研修会に行こうと思ったら自習が多くなるから行っちゃあいけない」と管理職に断られたという人，「私は10年間教育書を読んだことがない」「教師同士授業のことには触れたくない」などがあった。

　　原因を追求ということでブレーンストーミングして，また書き出してもらった。そうするとやっぱり学校の中で，職場の中で教師の意思疎通がない，ぎこちない職場の人間関係，信頼感が薄い，話し合う場がない，教師も人間である。だからやっぱり出世したいとか，やってもやらなくても給料は同じだということです。だからこういう社会的な背景があるし，それこそ曖昧で厳しい評価がなされてないというか，教師も職場の同僚性みたいなものがなくなってきているということで，こういうことが原因じゃないか。それで今度じゃあどうしようか，みんなで何をやればいいのかというので，結論的に

出てきたのは,「研究サークル」,プライベートを一切排除して必ず参加する,ワーク集会を定期的に開く。その結果が1977(昭和52)年3月に刊行した『マスタリーラーニングによる授業設計と実践―遊びの中で態度形成をめざす授業設計と実践―』(文化開発社)という本です。刊行した実践の本の中にも,「研究の意図を世に出して問う」と書いてある。それで翌年に,これももう絶版になっていますが,これはちょっと難しかったなというので。それで少し易しくしたのがこれです。

　だから書籍には,体育なんかも,映像分解写真みたいなものを入れたり,前方転回はこんなのを入れたりなんかしました。だからこれは形成的評価で,よくできたらどうしよう,つまずいたらどうしよう,できない子はどうしようとやっていった。

古川：ブルーム理論をやって,そのとおり忠実にはめこんでいってますよね。

植田：そうです。だからブルームの理論を日本の授業にあてはめればどうなるかというのがスタートだから。ブルームの『教育評価法ハンドブック』,そのものは,あれもやっぱり難解であるから,そうすると,アメリカの教育として受け入れられているかもしれないが,日本の教育界にこの理論が受け入れられるかどうかということは,これはそっくり日本の教材で置き換えたらどうなるだろうかという実践の成果が,『マスタリーラーニングによる授業設計と実践』になりました。

古川：だからブルームの『教育評価法ハンドブック』が理論書とすれば,これはハンドブックの実践書のようなワンセットなんでしょうね。

　合宿に参加した先生方は,① 単元目標,マトリックス,② 単元評価(形成的)マトリックス,③ 授業内容マトリックスなどを作成した。これらが土台になって,後に理科の「授業書」(授業内容のマトリックス)が作られることになった。

植田：ブルーム理論を日本の教材にあてはめればどうなるか,それでつくった。中山先生が仮説実験授業の授業書「もののあたたまり方」を模して,ブルーム理論の実践として認知領域で理科3単元,情意領域・精神運動領域で4単元開発した。

第Ⅴ章　ブルーム理論と実践を拓いた人々の足跡

　授業研究の試行は1974年から二段階で始まり，第一段階の教材開発は認知的領域では小学校理科１年生「ものの重さ（てんびん），５・６年「バネ」「滑車」「てこと輪軸」で，成果は1977年に梶田叡一，植田稔編著『形成的評価による完全習得学習』として刊行されました。第二段階は，情意的領域・精神運動領域を中心に１年生「重さ比べ」（シーソー），２年生「動くもの・動かされるもの（風車・水車），３年生「「動かすはたらき」（風車），精神運動領域としては５年生体育「飛込み前転」として，植田稔編著『マスタリーラーニングによる授業設計と実践』（1977年）として刊行されました。

　算数は松井芳子（後に藤沢市教育長）先生が実践を集めて一冊にした。松井先生は授業の達人で，最後の職人的な教師と思えるような先生だった。体育は斎川雅博先生がやった。あまり，手を広げなかった。だから，全教科ではないが，小学校と中学校でモデルを作った。

　これは松本先生（今は校長なんですが），僕が横浜国立大学に教えに行っていたときの教え子なんです。奈良の人間なんです。それでわざわざ神奈川県の教員試験を受けて，それで藤沢に来た。彼は結局これだけ書けるところまで成長した。中山洋司先生がブルーム理論を一番深く理解していたでしょうね。その後，指導主事になって県内で大いにブルーム理論の指導，普及に努力した。だけど中山先生は藤沢の教育に限界を感じて，より広い可能性を求めて平和学園に転出し実践を展開した。研究会仲間も行こうかという話はしていたんですよ。これだけの藤沢の教育的な風土の中で「新しい考え方で教育実践を進めていくにはちょっと難しいな」，なかなか一筋縄ではいかないんじゃないかなという思いはみんな持っていたんですね。

　だから，一つの授業理論というものが成立するためには，市内に20校なり30校あったら，どこの学校に行ってもその教育を受けた教員が一人か二人は必ずそのリーダーとしている，そうやって教育的風土ができあがっていれば，どこに行っても考えていることを伝えて，そこを膨らませることができる。だけど何もないから，行ったらゼロからスタートしなきゃあならない。変わればまたゼロからスタートする。そして出てくるのは授業以前の問題の状況だから，ちょっと無力感を感じる。

第1節　植田　稔氏インタビュー

　もう一つの成果としては，到達度評価シンポジウムというのを，1976（昭和51）年に藤沢市で開催した。教育委員会，小学校，中学校の研究共同主催で労働会館でやって，全国各地から300人ぐらい集まった。このときにこれまでのマスタリーラーニングの理論と実践についての提案をしています。ブルームの理論はこういう実践をこれからつくらなきゃあいけない，要するに相対評価ではなくて，達成基準による評価というもの，そういう授業をつくらなきゃあいけないということを言った。参加者には，横浜市の牧田さんを呼んで提案しました。京都府教育委員会の教育研究所指導主事も呼びました。参加者を見ると，神奈川県，平塚，千葉，栃木，小山，埼玉，宇都宮，静岡，千葉，川崎，横浜，逗子，秦野，厚木，箱根，全国に広がっています。その後，「藤沢市の教育を今後どうすべきか」という提案書をつくって，カリキュラム開発の協議会をつくらなきゃあだめだということを提案し，結局教育委員会の指導課長になった。教育委員会では，教育委員会組織として，指導課に教科指導員という制度があって，指導主事をバックアップする組織をつくったんですよ。

　それでマスタリーラーニングの指導案をつくるときに，手引書を念頭にして指導案をつくってくれというふうに，手引書はもともと教育課程としてある構造です。それで重視したのは，「あなたはどうことのできる子をつくりたいと思っているんですか」「子どものどういう動きをつくりたいと思っているんですか」，これを必ず加味してくれと言った。教えるだけなら，教科書ならここに出てくるわけです。だけど，「これを加味して」「これを軌道修正してくれ」「だからあんたがどういう授業をつくりたいの」ということを要求した。そうすると，今度は目標分析，目標の洗い出しができないというに事実に遭遇するわけです。それで，授業を見に行くと授業はちゃんと成立しているんです。教科書の内容を教えているからね。

　そうすると，「これは何やってんだ」という話になる。これは選ばれたあなたたちがつくって，つくったものが次の後輩に伝える必要があるんじゃないか，自分だけの財産にするんじゃなくて，やっぱり学校なり，地域なりの財産として残していきたいんだよということですね。それには何とかつくっ

第Ⅴ章　ブルーム理論と実践を拓いた人々の足跡

てくれよ，何でもいいからこれは入れてくれないかと言って努力をしてもらったけれども，まあ只事じゃなかったね。

指導する校長，教頭がわかってないから，指導できないんだ。私は指導主事に「学校訪問をやめろ」と言ったんです。僕が指導課長をやって一番苦労したのはこの点です。少なくとも自分の学校の授業をどうつくるかということは，校長・教頭の仕事であって，指導主事の仕事じゃない。指導主事は，もっと藤沢市の教育の方向性を定めて，そのための研究をして，授業で実践しながらして定めていくことが指導主事の役割であって，「日々の授業をどうしたら指導するかというのは，校長・教頭の仕事なんだ」と校長会で言ったんですが理解してもらえない。「年一回でいいから来てくれ，それによって教師がさぼる気持ちをそれでやっと止めているんだ，それがなくなっちゃったら」鼻もひっかけないよ。

それで，中学校の校長会に行ったら，会長が「わかった，中学校はそうするよ」，教科別になっているから，それぞれの学校で校長が責任をもってやる，指導主事はそれなりの市の方向性を定めるということで，例えばいろんな授業理論があると，それを情報を集めてきて，こんな教育情報があるよとか，こういう授業もあるよとかいうのを教えてあげるとか，あるいはそれを実践をやってみて，効果があるかどうかということをやるのが指導主事の役割だから，それで中学校ではいい。だけど小学校側は受けつけなくて，それでやらざるを得なくなった。手引書を各学校の教師一人一人に配布した。それによって教師が育ったということは確かに言える。松本先生であるとか，中山先生とか，笹本先生とか，塚原先生とか教員の名前がすぐに出てくるぐらい，3年続けてやるから，みんな印象に残った。マスタリーラーニングはやっぱり自分の財産になったという，そこまでの効果は確かめられるが，じゃあ100％だったかというと，ちょっと100％いったとは思えない。

梶田さんは実践校に行ったら目標つぶしの授業が目についた。だから，梶田さんも，「目標つぶしになっちゃあいけないよ」と盛んに言われていた。詳細な目標分析をつくるのにみんな悪戦苦闘していた。だから目標分析に全エネルギーを集中しちゃって，あなたは何をしたいんだ，あなたはどういう

子どもを育てたいんだ，子どもとはこういうコミュニケーションをとりたいんだ，子どもはどう育ってほしいのかというのが見えて来ない，こっちに伝わって来ない。そういう落とし穴がこのブルーム理論の中にはあった。

　梶田先生もそういうこともわかっておられんでしょうね。それで盛んに「生き方」であるとか，「生きがい」であるとかという，仏教用語の「開示悟入」そういうことを盛んにおっしゃっていたが，そういう考え方を入れないとマスタリーラーニングに命を吹き込むことはできなかった。そういう思いが授業の中に込められてないと，あれはやっぱり絵に描いた餅になる。だからそれは一生懸命言われていた。

　今，振り返ってみたときに，梶田さんの考えていることというのは，少なくとも僕が定年で学校を辞める時点，それから教育フォーラムなんかの実践がその後続いたんだけど，それを見ていて，やっぱりそれは余り浸透しなかったなという印象は持っている。梶田さんの哲学というのがまだわかってもらってないんじゃないか。やっぱりこの先必要なのは，「あなた自身がどういう授業をつくりたいのか」，「どういう教育哲学を持つか」ということが重要なんだよということを教育学部で教えてないんだ。だからそういう教師の教育的な風土があると，そこに幾ら梶田さんが哲学を解いたところで，先生方は毎日まあ一生懸命勉強しているけれども，そんなに必要を感じない。梶田さんの哲学をスーッと飲み込む土壌にはなってない。この土壌をどうやってつくるかということが問題なんです。

第2節
竹田紀男氏／田中吉兵衛氏インタビュー

聞き手：細川和仁（秋田大学）／古川　治
日　時：2009年7月4日
場　所：岩手大学附属中学校

竹田紀男（たけだ・のりお）
　昭和38年岩手大学学芸学部卒業。岩手大学学芸学部附属中学校教諭。昭和55年岩手県教育委員会指導主事，釜石教育事務所長，社会教育課長，義務教育課長，教育次長を経て，平成10年岩手県立総合教育センター所長，平成13年定年退職。現在，盛岡大学非常勤講師。

田中吉兵衛（たなか・きちべえ）
　昭和45年岩手大学教育学部卒業。昭和51年岩手大学教育学部附属中学校教諭。平成2年岩手県教育委員会事務局指導主事，平成8年岩手大学教育学部附属中学校副校長，平成10年花巻市立湯本中学校長，平成12年岩手県立総合教育センター次長，平成15年盛岡市立厨川中学校長，平成20年定年退職。同年岩手大学教員養成機構教授。

第2節　竹田紀男氏／田中吉兵衛氏インタビュー

竹田：ブルームの『教育評価法ハンドブック』（B.S. ブルーム他著，渋谷・藤田・梶田訳，第一法規刊）。それを我々は最初勉強したんです。なぜ勉強したかというと，この附属中学校の研究がちょうど昭和51年，この形成的評価というのは51年から57年の第6期の研究になるんですが，その当時，我々のテーマが「一人ひとりの認識を高める授業の研究」で，サブタイトルが「イメージを育てる授業の研究」ということをずっと掲げてやってきたんです。やっているうちに，これを評価という観点から見直していかなければならない時代に来たのかなと，この研究の必要性を感じるようになったのです。

　その時にブルームの『教育評価法ハンドブック』に出会いました。我々にとっては，まず新しい感覚のものだったと思うのですが，そして目標分析というのがありましたね，あれがものすごいインパクトがあったんです。しかもあの当時の『ハンドブック』のとおりの目標分析をやっていくと，知識・理解といっても，まだ細かく分れて，そして精神運動的領域だとか，細かく出ていましてね。ああいうところの目標分析を見て，やっぱり目標分析というのが大切なようだなということがわかってきたのですね。

　そこで我々にしても，じゃあ研究ということでやっていこうかという話が出てきた時に，韓国の金という人が書いた本『完全習得学習の原理』（金豪権（キム・ホウゴン）著，梶田叡一訳，文化開発社刊）があるんですね。いわゆる形成的評価を実際の授業にやっていった本で，子どもたちがどう変わっていったかということまで書いてある。やっぱり梶田叡一先生に何とかコンタクトをとって，勉強しようじゃないかという話が出てきたんですね。

　その当時，もう一つ評価の問題では，図書文化社の『指導と評価』という雑誌がありましたね。あの雑誌に形成的評価について，梶田先生が書いていらっしゃったんですね。そして東京で「評価大学」という研修がありますね。夏に3日間だか1週間だか，とにかく行って，そういうことを勉強する。これもまたすごい熱気のある勉強会なんですが，我々も評価ということに少しずつ首を突っ込んでいったんですね。そしていずれ梶田先生にコンタクトをとって，日本女子大学に私が行ってお会いして，そして研究の進め方について相談しました。

ところが大学附属学校というのは，岩手大学であれば岩手大学の先生から御指導を得なければならない仕組みがあるんですね。それをスパッと切ったんですよ。これも非常に大きな問題だったんですが，我々はもう俺たちのテーマはこれでいくのだから，こういう先生の指導を受けながら俺たちの研究を頑張ろうという話になったのです。

　それで昭和51年，梶田先生に盛岡に来てもらって，「講演をやってもらおう」，いわゆる直接指導を受けようという機会をもった。2泊3日で梶田先生をお呼びして，形成的評価ということについてお話をいただいた。

　その時には，我々だけで聞くのには勿体ないということで，大学の先生にも御案内し，県内の先生たちにも自由に参加してもらって，講演をしてもらいました。

　その時に岩手大学の先生と評価についてきついやりとりがありました。評価というのは，当時，橋本重治さんたちの主流の相対評価論なんですよ。いわゆる総括的な評価の話が中心の時代ですね。そして「事前の評価とは何だ」とか，そういう時代の形成的評価のお話ですから，新鮮でした。

　それから日本で誰が最初にそういうことを考えたのかなと思って調べたら，名古屋大学の続有恒さんの本に「途上での評価」という言葉が出てくるんですけど（続有恒著『教育学叢書21　教育評価』第一法規，1969年），それが非常に形成的評価と，途上でのという意味が何か似ているというあたりが日本の最初かなと感じだったんですね。

　ある単元をまず取り上げよう，そして目標分析からやろうというわけで，真面目に『ハンドブック』の教育目標の分類学を出して，そして目標分析をずっとやるわけです。やればやるほど複雑怪奇になってくるんですね。大変なんです。次にこれと合わせて評価問題をつくろうということで，まず最初にそういう作業をやったのです。そうやって授業をいろいろ組み立てて授業研究をやろうということになった。

　梶田先生には，年に2回とか3回とか，いずれ授業研究がある時に来てもらったり，それから夏季研究とか冬季研究の時に来てもらったりして，いろいろ研修をやってきたわけです。我々の方では，まず数学が最初，一つのモ

第2節　竹田紀男氏／田中吉兵衛氏インタビュー

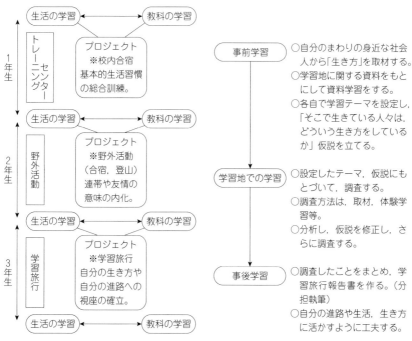

図5-1　学習旅行における学習の手順　　図5-2　プロジェクトの位置づけ

デルをつくってくれたのですね。

　そうしているうちに，今度は静岡大学附属浜松中学校とか，福岡教育大学附属福岡中学校とも触れ合った。まだ本校の研究では，そこまで授業が組み立てられない時代に，かなり勉強させてもらったのです。

　梶田先生の日本女子大学に行くと，研究室の棚に何々中学校，岩手とか，各県ごとに自分がいろいろ勉強したものについての資料を整理してあるのです。その中に静岡とか，福岡があったのですね。今度はそういうことがあって，お互いに競争するような形になったのですね。

　そうしているうちに，我々の目標分析のあり方も，現場に合わない，結局これではダメだということで，梶田先生もあの時は30代の後半頃です。私たちの先生も，ブルーム理論を授業に位置づけたいわけです。どうやって位置づけるかということをね。それでいろいろ議論しながら，これは梶田先生か

153

第Ⅴ章　ブルーム理論と実践を拓いた人々の足跡

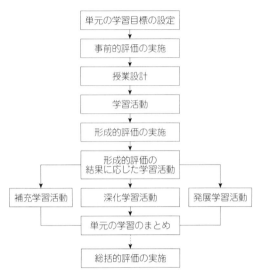

図5-3　形成的評価を生かした授業構成の基本モデル
出所：教育開発研究所「学習指導研修」1978年6月号。

らこういうモデルはもらっているんですね。その当時梶田先生が，いろいろ話をしているうちに，こんなモデルになってきたんですけどね。

　これは多分その当時，この成長の保障ということがあったんですけど，これは多分うちの附属中学校で，子どもたちの成長に働きかけるプロジェクトというのを，この教科とはまた別にやっていました。それは何かというと，中学校1年生に入ったら，例えばプロジェクトとして学校に寝泊まりして，そしていろいろ仲間とか，何かテーマをつくって，勤労奉仕をやるとか，そういうプロジェクトがあって，いわゆる中学校生活に適応するためのいろいろな訓練をやって，2年生のプロジェクトは，いわゆる岩手山登山というのがあるんですが，山に泊まったり，キャンプをやったり，またいろんなテーマをつくって，それにみんなで取り組むようなプロジェクトをやる。
古川：プロジェクト学習の，要は今の総合的な学習の走りですよね。
竹田：そして3年生は何をやったかというと，いわゆる生き方を学ぶということで，学習旅行という，修学旅行を北海道をやめて，学習旅行と言って，今

はどこの学校でも当たり前になっているんだけど，県内のいわゆる開拓をやっている村に行って，一緒に仕事をさせてもらったり体験もして，そのことから生き方を学ぶとか，いわゆる自分たちで命を守った村なんて，沢内村というところがあるんですが，乳児死亡率ゼロを達成した村があるのですが，その時の行政，いわゆる村長さんとかお医者さんとかのことについていろいろ勉強してくるとか。岩手県に開拓地だけでもその当時100以上あるのです。いわゆる戦後開拓，満州に行って満蒙開拓義勇軍として働き，戦後引き揚げて，県内の開拓地に入って，今はもう3代目ぐらいになっているんですけどね。それとか，とる漁業から育てる漁業へということで，例えば山田という漁港があるんですが，その組合が育てる漁業ということで，いろいろ栽培する漁業を始めたり，そういう産業面，農業でも生命の部分，それからあとはいろんなことについて，岩手県にそういう残っているのがあるんです。そこに行って，そして生き方を勉強してくるというふうな学習旅行ということで，これを実は昭和43年からずっとやってきているんです。

　梶田先生がよく学力の保障と成長の保障ということを力説していますが，その成長というあたりが，実はうちのプロジェクトの実践ということがずっと脈々とやられてきているのですね。そして我々がたてた構想というのが，最後はどんなふうになっていったかといえば，結局これが我々の（授業構成の）基本モデルになってるのですね。

古川：51年から取り組まれていますが，何年目ぐらいでこういうスタイルになったんですか。

竹田：これは53年〜54年のあたりですね。

古川：昭和53年あたりでモデルの基本的な形は確立したわけですね。

竹田：それで55年の4月だったかな。目標分析表もおもいきり簡略化したんです。基本と思われることをとにかく記述しようということですね。

　そしてその頃，「精神運動的領域」のところを，「技能」として考えましたね。また，「情意的な領域」を梶田先生といろいろやっているうちに，「向上目標」というふうなとらえ方になっていくんですよね。結局，「何々に向かおうとしている」とか，「何々しようと努力している姿」とか，そんなふう

な形に記述できればいいなということですね。この辺も梶田先生も悩んでおられたところだと思いますが。

古川：ここでは情意が達成目標に入ってましたよね。

竹田：ええ，入っています。これがなかなか評価できないんですよ。これを向上目標にもってくるんです。それから方向目標とかいうふうな形にまず変わっているんですね。ところがこれは教科によっては，このとおりにいかないところがいっぱい出てくるんですよ。だからそれはいい，自分たちの教科はそのように，それなりのことがあればいいんじゃないかということが我々の考え方だったんですね。

古川：今お話をうかがっていますと，「目標分析表」を全国で初めてつくったとか，情意面というのは達成目標では表せないから，向上目標という言葉に位置づけようとか，あるいは成長保障という考え方とか，今から30年前の1977～78年の頃に先生方がパイオニアとして開拓をされたという，そういう感じを受けるんですが。

竹田：あの当時の『指導と評価』とか，『学習指導』という雑誌がありましたが，いろいろ梶田先生は書いたんですけれどね。どんどん新しい提案に変わっていくわけですよ。だから，ある意味ではやりながら一緒になって，ああでもない，こうでもないというような進み方をしたと私は感じていますけどね。

古川：この本（『形成的評価を生かした授業』（岩手大学教育学部附属中学校著，明治図書出版）の表紙に「梶田叡一指導」とあるんですけど，何か指導というよりは，本当に一緒に議論をされていたということですね。

竹田：全くそうですね。

古川：梶田先生の方も確たるものはもってなくて，こういうふうにした方がいいんじゃないか，こういうやり方の方がいいんじゃないかということをどんどん提案されてきて，それを先生方の方には，いやそれは現状に合わないとか，実際の授業には使えないとかということをおっしゃりながら，その到達点としてがあるのかなというふうに思いました。

竹田：おっしゃるとおりです。ですから梶田先生自身も，いろんなことを考え，

我々もいろんなことを考え，そして現場の中にどう位置づければいいのかとか，我々はこれをこの考え方を，じゃあ実際の授業の中でどんなスタイルになっていくのとか，そういうことを一緒にやって，確かにああでもないこうでもないとやったような感じですね。

古川：そういうふうに変えていかざるを得ない現場の実態ってどうだったんですかね。

竹田：最初は評価ということについては，やっぱりみんな尻込みしましたよ。そう簡単に飛び込めない雰囲気がありました。

古川：結局，中間・期末テストとか，最後にやる総括評価しか評価って頭になかったですね。指導とは別物という感じだったですよね。

竹田：そのとおりです。だからその形成的評価という意味は，研究しているうちに我々もわかってきたわけですね。そしてこれをテーマにするかしないかというのは大問題だったんですよ。結局，何にも見えないわけですよ。だから議論して，評価という言葉をテーマに出すか出さないかさえ問題だったんです。

古川：皆さんの反応というのは，それ何？　という感じですか。

竹田：最初，研究部は総スカンを食うわけですよ。結局評価論を研究するんだというとらまえ方ですよね。授業を研究するんだという考え方ができないんですよね。

　研究部として，研究の方向性，研究構想を提案したのですが，なかなかみんなそうだと言ってくれないんですね。雰囲気は大体そうです。

　だから先程もちょっと言いましたように，学習過程における何だかの評価の研究とか，何だかというテーマとか，そういうふうなテーマがいろいろ出てきたんですよ。でもやっぱり授業に生かすということをやってみなければダメだということで，まあそういう意味では形成的評価を生かした研究というテーマが決まる前に梶田先生に来てもらったんです。

田中：そうなんです。『形成的評価を生かした授業』という，だからそういう形になったんです。私たちが附属中学校で授業を改善していく，そのことを通して子どもにどう伝えるかというのを一貫してずっと来ている研究の流れ

なので，形成的評価というのは授業改善にどういうふうになっているのかということですね。
　一番の戸惑いは，それまでの附属中学校というのは，教材開発とか，教材研究とか，そこのところが研究の軸をなしてきたわけです。だからこの形成的評価というのは，その教材開発とか，それとかなり距離があるということで最初は戸惑いがあって。

古川：授業のモデルをつくる研究であるということは，後々形式化してきてわかってくるわけですね。

田中：そうです。その後，私たちのところが，理科がまず提案してみて。

古川：これはほぼどの教科にも定着するんですか。

竹田：いや，それぞれの教科に特徴に応じて，それぞれが考えるというか，活用するとか。

古川：教科によって構造図になかなかしにくい教科もあるので，そこは研究部長の方から教科の特性でやれるところはやろう，活用できるところはやっていこうと。

竹田：そうなんですね。結局形にはめる研究じゃないが，それぞれの教科が一番これが有効だということがあれば，柔軟な考え方をしたんですね。

古川：当時の研究冊子を見ますと，「マスタリーラーニング」という言葉を出している教科もあるし，「授業の中の形成的評価を生かして」というところもあるし，教科ごとにサブタイトルが少しずつ違いますよね。

古川：『形成的評価を生かした授業』の中で梶田先生は「履修主義から習得主義へ」ということも書かれていますが，学校の現場の中に，そもそも履修主義という考え方があったのかどうかということがわからないんです。

竹田：このマスタリーという言葉に対しての履修主義から習得主義というのは，結局学校の今の姿はどういうふうに見るかということなんですよ。結局，それは教育計画にこんなことを授業しなきゃあならない，まあ言ってみれば出席さえしてればいいのだという教育なんですね。そういうのから脱皮しようじゃないかという考え方なんです。だから漫然とわかってもわからなくても，とにかく授業をしているんだという姿が，やっぱり学校の中には，現場には

あると思うんですよ。
　そういうふうな考え方から習得主義が大切だということで，だから梶田先生が確か『ハンドブック』のあとに，ハンドブックの解説のペーパーをつくったのです。そしてあの中を見ると，そういうふうな言葉でちゃんと解説しているんです。

(以下，『形成的評価を生かした授業』の内容を見ながら)

古川：研究の51年から53年のあたりの途中ぐらいで，学習が一定，学力がつくようになってきた，しかし学習を，もっと広い形で授業というものをつくっていきたいということで，目標を達成型だけではなくて，「体験」とか「向上」とかというふうに，広く授業観を豊かにしようというんですか，何かそういう途中での広がりみたいなものもあったように，ここには書いています。やっぱり研究の途中で壁というのがいくつかあったわけですか。

竹田：梶田先生のお話は，ここからここまでは例えば単元の授業がありますよと，そうするとここからここまでの授業の，ここの部分は自由にやっていいんだ，結局いろんなスタイルがあっていいのだ，だからそのスタイルはその教科によって，どんな形でも，だから体験とか，いろんなことを考えて，授業の中身を豊かにしなければダメなんだという話は，これはずっと言われてきているんですよ。
　だから結局何が問題なのかといった時に，この目標にしたものが，最後のここで，どういう姿になったのかが問題です，この過程はそれぞれのもっている教材なり，工夫なり，体験では，そういうことをやっぱりどんどんやっていかないと授業が死んでしまう。じゃあ，プログラム学習とこの形成的評価の授業の何が違うかということなんですよ。まあ我々はそれについては，目標つぶしの授業ではないよということを言ってきたつもりです。これをつぶして，ダメだったらここへ戻ってという形じゃあないんだということだけは我々もやってきたつもりですけどね。

古川：実践記録の中に「学習の手引き」をつくったということを書かれていますよね。

竹田：つくりましたね。

第Ⅴ章　ブルーム理論と実践を拓いた人々の足跡

古川：これは1教科何ページぐらいのものですか。1冊の本ですか。

竹田：1冊の本です。

田中：「学習の手引き」で，その教科を1年間やる中身を入れた。

竹田：オリエンテーションでも説明して，その中にも評価問題というのは入れてあるんですね。

田中：やっぱり子どもたちの学習，見通しをもって学習するにはどうするか，やっぱり手引きがあった方がいいだろうということです。かなり精力的につくりましたね。

古川：その時に，この本のまとめの方でも書いていますけど，自己学習能力の育成であるとか，自分を振り返る自己評価の力であるとか，かなり今求められているものがほぼすべてこの時に出揃っていますね。

田中：今こそこの中身が各学校で使われると，いいんじゃないですかね。この時の研究のワンセットがあれば，各学校で結構今求められている学習のあり方については，答えられるような形があると思います。

古川：読み返してみて，梶田先生が日頃御指導されることが，ほぼこの時代にも出ていますよね。

竹田：梶田先生が，39，40歳ぐらいですね。

田中：今日，お話を聞いてみても，梶田先生の基本的なスタンスというか，ものの考え方は全然変わってないね。私たちが見ていた時も，子どもがあって，研究らしいものがあっての授業なんだから，そこを見ないとダメ，子どもがどう変わったかとか，子どもがどうなったかが問題なんで，何を教えたかでそれをOKじゃなくて，子どもがどう変わっていくかということをきちんととらえなきゃあダメだと。

竹田：そうですね。基本的には何も変わってないし，今日の講演の資料の中に，例えば『自己教育への教育』(明治図書出版) という著書など先生の多くの著書の中に基本的な考え方として，それこそ「我の世界を生きる力」とか，「我々の世界を生きる力」とか，ああいうものが全部一貫してありますね。

古川：そのバックグラウンドのデータというか，確かな実践というのは，多分先生のところの実践であり，福岡の実践であったかなと思うんですけどね。

竹田：そのとおりだと思います。ということをいつかおっしゃったことがあります。そういう話を伺いました。そして指導要録が大きく変わるぞという話をね。私はその時ちょうど指導主事をやっていました。なるほどなと思ったのは，いわゆる目標分析と，それから評価問題というのは，よく見えるような形でまとめられているんですよ。

　ところがおもしろいと思ったのは，指導要録の記入の手引きという本が図書文化から出ましたが，記入の手引きを見ると，それが評価問題になっているんだ。言い換えると，指導要領との対比が，要領の評価が手引きになっています。

　そうすると逆にいうと，指導要領を見ないで，手引きを見た方が指導要領の中身がよくわかる。そういう使い方を私はよくしていました。

田中：新しい学力観で，「関心・意欲・態度」が出た時にも，一貫して知識だといったのは山極隆先生なんですね。僕は岩手県立教育研究所にいた時に山極隆先生がちょうど文部省の教科調査官で，理科の場合，「関心・意欲・態度」をもって科学的な思考をとがらせて，そして実験活動をきちっとした上で，結果としての知識をつけるのだと，山際先生は一貫してそれを言ってらっしゃった。だから要録の多くは上から突き刺してきて，最後は結果として知識・理解にさせるんだ，これは当時の文科省の教科調査官でそれをバスッと言っていたのは山際先生ぐらいでしたね。

古川：もう形成的評価を生かした授業5年ほど研究されたわけですけど，先生方のその当時の変わりようというか，「授業が変わった」とか，「生徒が変わった」とかは，手ごたえはいかがですか。

竹田：これはもう先生方もそうですし，子どもたちもそうなんだけど，まず私は先生方がものすごく生き生きしたなと思っていますね。というのはやっぱりその当時，私は研究部長をやりながら，40周年の時に何か書けと言われて，ちょうど形成的評価を生かした授業のあたりを書いたんです。

　例えば5教科の先生と4教科の先生，5教科の先生は3人ぐらいずついるわけですね。4教科の先生は1人ずつしかいない。4教科の人はいずれもとにかく自分でやらなければならないけども，5教科の先生たちは3人のうち

第Ⅴ章　ブルーム理論と実践を拓いた人々の足跡

の誰か1人中心になって，それに任せておけばいいやというような雰囲気がずっとあったんですね。これはダメだなと思ってね。一人ひとりとにかく研究して，みんな研究記をまとめなきゃあダメだということで，一人ひとりが問われる研究体制を組んだんです。そういう意味では非常に先生たちもかなり問われただろうと思うんですよ。

古川：やっぱり授業観が変わったんですね。学力観もやっぱり変わったんですか。

竹田：変わってきますね。そういう意味では全員が取り組んでくれたんですか。しかもこの後の話になるんだけれど，ここから「情意」の方に入ってくるんですけどね。実はこの本は第4刷まで印刷がいっているんです。大抵こういうのは1刷で終わりなんですよ。そして私が出た後なんだけれども，この研究をした先生たちは，いわゆるあちこちに呼ばれて形成的評価の研究についてのいろんな講師になって，行ってるんですね。そういう時代がこの後続いてきます。

古川：先生がお考えになっている，従来の先生方の考えが学力観が転換したということは，具体的にどういうふうな言葉で表されますかね。

竹田：最低「今日1時間なら1時間で，評価問題つき指導案をつくってくれ」ないかとお願いするんです。結局，今日の授業で達成してほしいとか，達成しなければならないと先生は思っていることは，確かに目標としては何だ何だと返ってくる，じゃあそれを具体的な姿にしたらどうなるの？　そうすると評価問題つき指導案をつくれるようになると，すごく授業が変わっちゃうんですよ。ということは先生が勉強したということです。

　しかも，1時間じゃあおもしろくないでしょう。それではこの単元で，この単元何時間あるの？　すると10時間ありますと言う。じゃあこの単元の中で何を達成すればいいか，そうすると評価問題をつくってみなさい，そしてそれを指導案と合わせて考えるようにしたらどうだとかね。それからだんだんと勉強してくると，途中で形成的評価問題もつくれるようになってくるんですね。それでは指導する時間はどこにあるか，計画のたて方が今度はまた違ってくるわけです。

実は形成的評価を生かす授業といった場合に，何がポイントなのかということでまたいろいろ話をするんですよ。じゃあ今まで10時間で授業をしていたものを，それを例えば8時間で授業をするような教材研究をしないとできないよ。ということはあとの2時間は，いわゆる補充のための時間，進化のための時間になりますということを入れた計画にしないとダメですよね。
　だから当時そんな評価をやっていると授業時数が足りなくなるねという話が現場ではよく出てくるんですよ。いや，違うんだ，考え方を変えなきゃあダメなんです。結局，教材研究をそれだけ色濃くやると，教材の展開の仕方って全然変わるはずなんだ。今まで漫然とやっていた授業が，もっとメリハリのきいた授業になるんです。だからそういう授業に変わっていくということが，この形成的評価を生かした授業じゃないかと，まあ私は結論的にはそのように考えたんです。
だからそのように現場の指導，いわゆる形成的評価を生かした評価，指導と評価の一体化といった場合には，そういうふうな手順でまずはやってみようというふうに考えるわけです。ですからやっぱり現場の人達も，これをどう理解してくれるか。そういうことなんです。
　だから例えば研修をやろう，例えば教務主任の研修，研究主任の研修をやるのならコピー機を1台持ってきてほしい，それから時間は半日か，よかったら1日時間をくれ，そして先生方が自分が最も得意とする，小学校の先生なら，じゃあ算数でいいや，それで算数でいいから教科書をもってくる，そしてどの単元をやるか自分で決めてくるということをやるわけです。そして演習をやるわけです。
　まず目標分析からやる，あなたが選んだ単元の目標を何時間で，そして前段にさっきのような話をするわけです。必ず授業数が足りないとか，そうじゃないんだということから，まず目標分析をまずやってもらうわけです。知識，理解，技能，情意的な……何かそういうものを簡単につくっちゃって，要録記入の項目でもって目標分析をやらせるわけです。
　そして目標分析ができたら，評価問題をつくれということです。そして目標と整合性のある評価問題をつくる。ですからその時には教科書と，自分が

もっている問題集，何でもいいから持ってこい。そして問題をつくれなかったらそこからもらいなさいと。そして整合性をとった形で，まず目標分析をやる。目標分析ができた人達に，すぐにコピーがありますから，コピーして発表させるわけです。そしていろいろ話し合う。

　それができたら，授業設計をやってください。いわゆるさっきの1時間目は何，2時間目は何，どこでこの評価をやるか，どれを使うかとか，何だかんだという形をつくって，そして一つのパターンというか，勉強ができたところで，じゃあ今度はやってみろといって，研修は終わるんですけどね。そこであとは皆さんからいろいろ話を聞くんだけど，やっぱり初めて経験する人達が一番苦労するのは目標分析なんです。目標分析ができないんです。

　結局何がというと，指導案のところに目標を書きますよね。書くけれども，それがじゃあ子どもたちの具体的な姿に表したらどうなるのというのが目標分析であり，評価問題である。結局，履修主義から習得主義へ，学力観の転換ということは，そういうことを言っているんだぞというふうに説明するんですよ。

　だから梶田先生がよく履修主義からという話をしますね，学力観の転換だと，学力保障から成長保障だと，こういうふうに言うんだけど，ああいうことの姿が言葉としてじゃなくて，やっぱり授業の中でイメージされなければ，なかなか身につかないわけです。だから私は指導主事の時代はそういう研修を，各市町村の研究主任の研修会とか，それから教務主任の研修会とか，指導要録の記入が変わるんだから，教務主任がそれを勉強しないとできないだろうと，どう変わるのかは自分で一回そういう授業を構想してみないと，記入なんかできないよということで，そういう研修をやる。

　1日がかりでやったり，それから県の研修，1週間，県内の教員100人ぐらい集めて，幼小中高と集めて，指導者の育成ということで，そういう講座を新教育課程研修講座かな，その中にそういうものを入れてやるんです。もちろんそれだけじゃなくて生徒指導もいろいろやって，そういう研修をまずはやって，やっぱり自分で体を出さないとダメなんですよ。そういうことで私は形成的評価の普及に務めました。どうやってみんなで一緒に勉強するか

というあたりが，すごい大きな課題だと思うし，今もこれは必要なんだなと思っていますけどね。

　これはおもしろいんですよ。結局とにかく自分で組んでみて，目標分析と評価問題ができたというだけで，ものすごい先生方は喜ぶし，力がつくんです。

田中：今までだと，やっぱり経験とか勘の部分で自然にできていったことなのかもしれないですが，それを言語に表すことができて，それが表になって整理されてくると，やっぱり授業のつくり方に対する考え方が全然変わってくるでしょうね。今でもやればいいんだと思いますよね。

第3節
陣川桂三氏インタビュー

聞き手：渡邉規矩郎（兵庫教育大学）・古川　治
日　時：2010年1月22日
場　所：福岡教育大学附属福岡中学校

陣川桂三（じんかわ・けいぞう）

　昭和14年中国満州奉天生まれ。37年福岡学芸大学卒業。福岡市立筑紫丘中学校緑園分校（知的障害児生施設分校）教諭。39年福岡市立東住吉中学校教諭。49年福岡教育大学附属福岡中学校文部教官教諭，教頭。58年福岡市立東住吉中学校教諭。60年福岡市教育委員会指導主事。平成元年福岡市立吉塚中学校長。3年福岡市教育委員会主席指導主事・指導部長などを経て12年定年退職。15年福岡大学人文学部教授。現在，福岡大学非常勤講師，九州大学非常勤講師。人間教育研究協議会（代表・梶田叡一）顧問
主な役職など：平成6年から「教育フォーラム福岡」を興し「教育セミナー九州」を日本教育新聞社とともに催す。平成17～21年福岡市教育委員。主な著書：『形成的評価による授業改造』福岡教育大学附属福岡中学校著（明治図書），『中学国語科の形成的評価入門』（明治図書），『情意面の評価を生かした授業設計』福岡教育大学附属福岡中学校著（明治図書），『形成的評価による国語科授業改革』（明治図書），『教育へのまなざし』（ぎょうせい），『先生の悩み110番』（梓書院）など。

陣川：1975（昭和50）年頃まで，福岡教育大学附属福岡中学校は，「教科外諸領域」ということで，道徳を中心に授業研究をしていました。授業を見て，その様子を ABC に線を入れていく。授業が始まり，「いまは子どもたちがAである」「Bである」という形で授業評価をしていたのが，昭和40年代の後半から50年代初めにかけての研究です。

その研究が一段落ついたのが昭和50年です。その頃に，ブルームの教育評価論というのを，福岡県教育センターの当時の指導主事から，本校で講義があった。その時に初めて「診断的評価」「形成的評価」，「総括的評価」という用語とブルームという人の名を聞きました。その講義を1時間ばかり聞いた時に，私たち研究部の荒木隆研究主任（現福岡県古賀市教育長）が，「ブルームの教育評価論をやりたい」「やろう」ということになりました。授業評価，カリキュラム評価という形まで進みたいというのが荒木さんにありまして，私はそのすぐ下で勉強していたものですから，「よし，やりましょう」ということで，1975（昭和50）年の後半から昭和51年にかけて翻訳されたブルームの『教育評価法ハンドブック』『学習評価ハンドブック』を読みました。学校全体での輪読でした。ただ，みんなで読みあって，なかなか読みづらい本なものですから，「どうだろうか」「こうだろうか」と言いながら読んでいきました。

次の年の昭和51年から実践段階に入りましたが，分かりやすい解釈の本がなくて，その時に参考にしたのは，もちろん『教育評価法ハンドブック』『学習評価ハンドブック』と同時に，主に国立教育研究所の日俣先生と梶田先生の本を多く読みました。

そして1977（昭和52）年6月に「形成的評価による授業改造」というテーマで，福岡教育大学附属中学校として発表会をいたしました。その時にはもちろん附属中学校ですから，教育学部の教育学と教育心理学の先生たちも加わった形で行いました。この中には，著書も多い井上正明さんも入っていたんです。一緒の研究会というのは1学期に一回ぐらいしかできなかったんですが，私たちはこれでやっていきました。その後に『形成的評価による授業改造』（共同研究）という同名の本で，明治図書から出版していただきまし

第Ⅴ章　ブルーム理論と実践を拓いた人々の足跡

た。

　1978（昭和53）年の後半から前研究部長の荒木さんの後を引き受けて私が研究主任になりました。今までは，第一次研究として知識・理解を中心にした認知面でしたので，次の第二次研究は形成的評価を深めていくと同時に，「関心・意欲，情意領域」に何とか特化した形で研究にもっていけないかというのを考えました。

　そこで，日本女子大学まで行って，梶田先生とお昼の1時半ぐらいから5時ぐらいまで，この情意領域ということで話をしました。要するに知的なところで押さえていけば，認知的なものはきちっきちっと評価していけば，できていくだろう。当時は「ゆとりの中の充実」というのが学習指導要領のキャッチフレーズでした。ゆとりということについては，私たちは「創意の時間」をつくろうということで，かなり先導的につくっていったんですが，もう一つ充実するためには，やっぱり形成的評価で押さえなくちゃあいけないということでもっていったものですから，目標分析をやっていこうということで研究していったんです。ただ，きちっきちっとしていって力はついていく，だけど一方で，なぜそうしなくちゃあならないかという子どもの「心の状態」が，これはやっぱり情意だということで，梶田先生にそんな話をしまして，そしていろいろ話をしてくださいました。

　その時に，「よし梶田先生にしゃにむに食らいついていこう」「確かに学問的には怖いけど，もっともっとついていきたい」と思いました。荒木先生に話をしたら，「お前よくやった」とほめていただきました。それから原俊行先生という九州大学の学長をされておられて，NHKの放送番組の審議委員をされた方ですが，原先生からもほめられました。「陣川君が附属において一つ功績をあげろと言われたら，梶田先生を福岡に入れたことだよ」と言われましたね。これは非常に嬉しいことでした。

陣川：ただ，形成的評価の時にも，柱のところ，認知面と情意面と，全然わからなかったのは精神運動領域というのがどうしても理解できなかった。あれは読んでも理解できなかった。いま精神運動領域はある面で技能ということ

第3節　陣川桂三氏インタビュー

を言ってらっしゃる先生もいるけれど，私たちはこの認知面の中に技能を入れようということで，認知面の中に「知識・理解」と「技能」を入れたんです。そして情意面は情意面としてやっていこうという形にしました。

認知面については，教科の独自性がある，例えば理科とか社会科でいうと，記号とか法則とか，そういったものが「知識・理解」に入るだろうが，「技能」になると，探求技能とか情報処理能力とか，社会科と理科ではずいぶん違ってくるだろうということで，それはそれぞれの教科でその中身は次の段階で分かれていく。ただ，情意はやっぱり関心的なことと意欲的なことと，最終的にやっぱり情意というのは，そのものの教科のおもしろさ，楽しさ，価値がわかることにまでもっていきたいというところで，『教育評価法ハンドブック』の中にあった細かな分類法を私たちなりに勝手に実践的に理解したんです。

梶田先生にその後聞いてみると，「それでいいんだ，細かくすることだけが能じゃない，学校現場で使える形をつくるんだ」ということを言われたので，私たちもホッとしたんですが，そういうことで情意にもっていくことができたというのが一つの研究成果です。

陣川：情意領域の評価に入った時に，私が一番困ったのは，情意というのは心の問題だけに，じゃあ「関心がある」とか「関心がない」とか，まあ「ない」と「ある」はわかるんだけど，関心があっても頑張れる人と，関心があるということだけの人とがあるんじゃないか，それから「関心の中に厚みがあるんじゃないか」，「意欲の中に厚みがあるんじゃないか」，その厚みをどう表現するかというのが非常に困りました。

その時に一番参考になったのは，心理学者のピアジェはそういう関心とか，そういったものについてもある程度ランクがあるということを言っているのです。それを目標行動として文章化する，言語化するという時に，表現の仕方を変えればいいんじゃないかなということで一応納得しまして，そして情意領域は非常に難しいけれども，やっぱり取り組むべきだろうということになりました。

第V章　ブルーム理論と実践を拓いた人々の足跡

　昭和40年代の学習指導要領と指導要録では「関心・意欲・態度」がなくなっていた。昭和54年の指導要録から「関心・態度」が復活しました。これは実は以前には梶田先生も努力したけど，結果的に「関心・態度というのは評価できない」ということで削られた。しかしブルームは情意面というのは，一つの評価の中の項目として領域はあるんだから，当然何らかの形で評価ができるんじゃないかというのが梶田先生にあったものですから，私たちも「それならば評価をやろう，評価の窓口を見つけてみたい」というのがあって，情意面の評価に私が研究主任として取り組んだのが最初ですね。

　その頃になると結構関連の本が出ていた。私が研究主任として3年間いた中で，1980（昭和55）年に情意面をテーマにした研究をした。しかし，その時になると，ある程度勉強しやすい状況にはなっていました。ただ，やはりその時に私たちの一番のライバル校であった静岡大学附属静岡中学校とか浜松中学校が一番勉強していました。

　その頃，梶田先生がずいぶん入ってくださって，研究の流れとしては形成的評価による授業改造が基本になって，この時にブルームと梶田先生の著作を参考にして，「授業設計の基本」についての共同研究の成果を著作にして発表しました。目標分析をして，学習目標を設定して，学習活動をして，評価をしてという，そしてそれぞれの形成的評価をした後に補充・深化・発展というのをして，こういう各パターンをつくったんです。形成的評価をした後に，補充と深化と発展とするとか，それから評価した後に，それぞれが自分のできる課題に向かって取り組むという，そのできる課題を見つけていこうというところにかなり情意がかかわってくるんじゃないかなというのが私の考えです。

　ですから例えば詩を読んで，形成的評価で認知的なことを一応押さえる，だけどもう一方では，詩を読んでその詩人の作品をもっと読みたいという子もいるし，それにかかわったこの人と同じ考え方の人をもう少し読んでみたいという子もいるし，この詩をもっと深めたいという子もいるしということで，それぞれに関心の向きというのは違うんじゃないかな，そんなものを一つ考えてみたらどうだろうかというところから，この情意面の時には，例え

ば美術科の先生はタイプ分けをしたんです。そういう動きの中で，形成的評価で認知面を押さえながら，情意面の窓口を見つけたいというところまでが，私が昭和56年まで研究主任をしまして，その後，私の後輩で太宰府の教育長をしている関先生に譲りました。

陣川：歴史的な研究として，梶田先生方が翻訳された『教育評価法ハンドブック』というのと，従来日本にあった評価論というのはどうかかわってくるのかを知りたいと思いました。そこで，日本の教育評価として橋本重治のものを勉強して，「じゃあ，橋本重治さんたちがしていたいままでの評価とどこが違うのか」を勉強するのです。これは，やっぱり先輩方から，「評価しながら授業をしないで何ができるか，評価するのが当然じゃないか」という，授業論の中の一つとして過去にきっちりあったんです。ですから「子どもの反応を見ないで何が授業ができるか」，それを昔からあるのに，「何でわざわざ形成的評価とか言わなくちゃあいけないんだ」という意見がありました。

　それを先輩方に，きちっと説明しなくてはいけない。そのためには，私たちなりの形成的評価とこれまでの評価の違いをはっきりさせたい。私たちが中心にしたのは，目標がまずきちっと具体的になっていて初めて評価ができるんだ，明確化，具体化というのを中心にしながら，いままでも確かにあったかもわからないけど，それは先生の頭の中にだけあったんじゃないか，だから非常に曖昧じゃないか，それをきちっとして，目標分析したり，また分類したり，一つの表をきちんとつくるべきじゃないか。そうすることで初めて評価ができるんだというのが基本にありました。そうしないと，その先生にあるけれども，結局漠然としたものでしかない。だから授業の上手い先生方はそれが教育論的にしっかりしているけど，一般の先生たちにそれが広まらなくて，名人だけができたんじゃないか。そうじゃなくて名人じゃなくてもできる授業，そのためにはその目標を誰にでもわかるような目標にしなくちゃあいけない。誰にでもわかる目標の表現の仕方をすべきじゃないかなというようなところまで，私たちなりで考え出した。

　梶田先生も「やっぱり実践なんだよ，自分たちはそれをバックアップする

第Ⅴ章 ブルーム理論と実践を拓いた人々の足跡

　理論というものは，いろいろとしてあげるけれども，まずやっぱりある程度勉強したら実践だから，実践の中から出しなさい」と指導を受けました。おかげで「実践」，「実践」，「実践」で，それこそ形成的に自分たちでつくっていました。そしてこれは社会科で，因征四郎先生という，私の同級生なんですけど，去年の3月まで福岡県粕屋町の教育長をしていたんですが，彼が社会科の目標分析をつくっていて，そして情意面を集団参加と意欲と価値としているんです。この人はやっぱり一つ大きな精神力になってくれました。

渡邊：しかしその頃の先生方はすごいエネルギーですね。

陣川：そうですね。これが美術です。これは私より2級上の原野という先生は，去年亡くなったんですけど，ハーバード・リード（Herbert Edward Read）による類型と一般的特徴というので，ハーバード・リードのいわゆる美術における感覚的なものを分けたら，思考型のものと感情的なものと感覚型のものと直感型のものがある，それによって，私たちブランチングと言っているんですが，グループ分けができるんじゃないかなというのがこの中にあって，そうすると要するに授業が複線型になっていくだろうという形になるわけですね。複線型になっていくと同時に，美術の場合だと，やっぱりどこかにヒントを与えたり，いまで言うとティーム・ティーチングのＴ2のような人がいるべきだろう，だからその人にはチラッとした相談コーナー的なところを設けるべきじゃないか，そういうような発想をこの人はしてくれてました。だからここは相談コーナーがあるんですね。それぞれでこうやっているんだけど，相談コーナーを用いていこう，そういうのを原野さんは考えていて，そしてそれをみんなの前で授業提案をしていこう。

　これが音楽なんですけど，音楽はそもそもが情意だからという話だったんですけど，やっぱり音楽で山本先生ですが，モルダウのアンサンブルの合唱をして，それで形成的評価をしたら，リコーダーと混声合唱を演奏する方と，つまづいている子どもについては，やった後またこうやっていくというのを自分で考えて，これを今度は情景を自由に発表させて，それによって今度は曲を，情意面で今度は分けていこう，こういう発想をして，そういう形を何とか考えようというところまで，情意面の研究が進みました。

第3節 陣川桂三氏インタビュー

陣川：当時文部省から生徒指導要録で，観点別評価でプラスとマイナスが出ましたね。あの時に福岡教育大学附属福岡中学校でつくったものが基になったのです。国語科で，1年で表現の能力でいうと，こういう観点，評価の基準があった時に，プラスという子どもは，「どんな子どもの姿をしたらプラスだ」「こんな子どもの姿をしたのがマイナスだ」というようなのを，全部の先生に思いつくことを書き出してくれと言って，そしてそれを小学館から出版したんです。ものすごく売れたみたいで，本がなくなっちゃった。じゃあそれぞれの通知表の（通知表もその時に変えたものですから）「通知表と，それと観点別のプラスマイナスの一緒にした冊子をうちの学校でつくりますが，よいですか」と尋ねました。小学館に並松寿さんという編集長がいました。

　文部省の小学校課長の熱海さんに並松さんが会いに行って，私の送った本を読んで，私の文の中には「梶田先生はこう言ってけるど，現場的にはよくわからない」とか，勝手なことを書いているんですよ。それで並松さんから，「先生一度会いたい」と言われたのです。当時は，やはりこれをつくった後は，ずっと小学館が情意面でずいぶんアドバイス等引っ張ってくれました。55年，56年，57年，私は国語教育でずいぶん書いています。幾つかは実践例も含めてですが。57～58年まで，明治図書は「ゆとりの本」よりも到達度とか達成度とか形成的評価とか，それをずいぶん取り扱ってくれていました。

　だけど私が委員会に入った時，1985（昭和60）年ですが，指導主事に形成的評価の話をしたら，誰も知らなかったです。ちょうど指導主事ですから，私は若くて入ったんですが，私の先輩ばかりでしたから，先輩の人たちにしたら，形成的評価ってまだ現場的には入ってなかったんですね。

陣川：1982（昭和57）年に，これは私にとってものすごく思い出に残るんですが，根室教育研究所の教育研究講座というのがありました。8月21日土曜日，これは梶田先生が講師です。22日は日曜日です。下館小学校の宮本三郎校長先生が午前中に話す。午後から私です。梶田先生がいわゆる教育評価についての基礎，そして宮本先生が形成的評価の認知面の評価ですね，そして私が

情意面の評価ということで話をして，これを教育研究所が，確か会費を当時の金で2,000円くらい集めているんです。そこへ多くの先生が来ているんですよ。

　北海道で宮本先生と初めてお会いして，それから私は宮本先生が大好きになった。宮本先生と私は，二日目は泊まって，話をずいぶんしました。だから宮本先生と2泊したんです。これは貴重な経験です。私がその時に話をしたのが，情意面を重視した授業改造ということで，これがレジュメなんです。こういったものを話をして，「プラス」・「マイナス」のつけ方とか，それを話をして，昭和57年の頃からやっと情意面が少し出てきました。

　もちろん静岡大学附属浜松中学校もそうだったし，岩手大学附属中学校は情意面までいかなかったような気がしました。情意面は，これはやっぱり梶田先生の励ましがあったからできた。もう少し深めて，実践的にもすればよかったんだと思います。

陣川：その時，私は「関心・意欲・態度」というのも評価はできるんだと考えていました。指導要録が出てきて，「関心・意欲・態度」が一番上になった時には，「エエッ！　そこまでやるか」という感じがしました。ただ，その時に梶田先生からは，「一番上だからとか下だからとか考えない方がいいんだよ」と言われたんです。どうしても情意，関心・意欲・態度がまだ十分ではないから，上に上げただけであって，「これが一番上だよというのでないんだよ」と言われた。私のように梶田先生から直接聞いたものは理解できたけど，そうじゃない人たちは，そんなふうにとらない人が多くて，あれが新しい「学力観」になったわけです。「関心・意欲・態度」が一番上に来たのは，それが「一番だから来たんじゃないんだよ，やっぱり関心・意欲というのをやっぱり大事にしようや，それが起爆剤になって，勉強しようという気持ちになったらもっと上がっていくんだから」と，そういうものでしたけど，「新しい学力観」をあちこちで言って回った方が，「関心・意欲・態度」と「学び方」と入っていたもので，あの「関心・意欲・態度」，あれと指導要録の一番上とが一緒になった，それが残念なことになっていきました。

渡邉：そうですね。それとこの学習指導要領をつくられて，その後，梶田先生が文部省から外に出られてしまったので，外野席から物を言ってるような格好になった。

陣川：そうでしょうね。あの時に形成的評価をあれだけ入れて，そして熱海さんも形成的評価もきちっとされた人なんだから，だからよほどきちっと入っておけば，私はやっぱりきちんとさせていくというのにならなくちゃあいけなかったと思うんです。

陣川：福岡の附属中学校というところでも，ちょうど私が入った年から抽選になったんです。形成的評価も，情意面の評価も含めてですが，評価の研究をしていて非常に困ったことの中の一つは，附属中学校の生徒は試験を受けて入ってくるわけです。テストを受けてくるわけです。だから形成テストというと，どうしても「テスト」なんですよ。ですから子どもたちに非常に抵抗がありました。それで荒木さんから言われて，私は２回全校放送をしました。形成テストというのを授業でと思うけれども，これは決して皆さん方の成績に関係するテストじゃないんだよ，先生たちの授業を君たちがどのぐらい理解しているか，またそのことによって先生たちがどう授業を変えなくちゃあいけないのかというためにするテストなんだから，正直に書いてということを言いました。

　また言わなければいけないぐらいの意義だったということは，やっぱり附属の子どもですから，テストに対して非常に敏感なんです。私はこの中にも形成テストという言葉を使っているんですよ。「形成的評価」とか「形成テスト」とか「確かめテスト」とか，いろいろな言い方をしている人もいますけど，うちの学校ではほとんど形成テストという言葉を使っていました。

　そして形成テストをした後に，補充と深化と，補充をＡとＢとＣと，できたら三つぐらいに分けてもらいたいということで。ですから，子どもたちにしようと思ったんですが，私が評価の授業の中で，評価をして，そうしますと自分で採点して返ってくるんですが，そうするとＡだった人は，このプリントをしなさい，Ｂだった人はこのプリントをしなさいということで，やっ

ていったんですが，ある子どもが，「先生，俺はまたＣじゃ」という子どもがいたんです。これはものすごくこたえましたね。こりゃいかんということで，先生たちに話を聞いたら，先生たちもそれをやっぱり非常に気に病んでらっしゃった。

　それならばＡもＢもＣも全部同じ人数分だけプリントしよう，そしてみんなに配ろう，そして自分がＢだった人は，Ｂを最初にして，そしてＣにいって，Ａにいってもいいというようにして，「紙はいっぱいいるけど，学力がつくことをやっているんだから，そのぐらいやろうや」ということでした。

　だけどその時はやっぱりそこまで思い至りませんでした。やっぱり評価をしたら，補充の子どもがいる，Ａ，Ｂがおる，それから深化発展の子どもがいる，深化発展の子どもはこんなことを勉強したらいいよというのを言いたいから，高度なことをやりたいから，「じゃあこっちにおいで」と言って，大正時代の自由教育の時に分団学習（分断式動的学習法）というのをやった，及川平治の何か本を私は読んだことを覚えています。

　差別とは言わないけど，やっぱりその該当になった子どもがずっとＣじゃあ，やっぱりそうだろうなということで返事しました。

　いまでも私はよその学校へ行って話す時には，補充と発展とする時には，私はこんな失敗をした，子どもから指摘されて，だから先生方が補充と発展と分けていく，カメさんとウサギさんコースに分けていく，それはよく子どもたちの表情等を見てくださいということを話している。

　評価をつくる時，形成テストをつくる時に，教えたことをテストにするのか，教えたことを土台にして問題を解く力をみるのかは大変なことでした。国語の場合，例えば教科書の中の文章を使って問題をつくるのか，竹下先生という私の先輩の人と一緒に組んでやっていたんですけど，竹下先生は，それは国語を暗記教科にするんじゃないか，だから例えば太宰治の「走れメロス」で勉強したら，そういう文章の文体は違うけど，文章の流れとしては例えば細かい短い文章でするとすれば，井伏の「山椒魚」か何かの文章をとってやった方がつながりがわかるんじゃないかとか，そういう違うものでテス

第3節　陣川桂三氏インタビュー

トをやってみたらどうか。

　ところがそれだけ自信がないんですよね。このものでした時と，この時では学力が「転移」しているかどうか。ですから非常にきつかったなということを国語では覚えていますし，社会科の先生たちは，形成テストにした時に，認知面でいうと社会科がかなり暗記教科になってしまう，だから認知面でも技能，情報，収集能力と処理能力というのをどういうふうに考えるのかというのを苦労された。

　テストをつくる時に，「わかったか，わからないか」というのが知識・理解的なことで，できるかできないかが技能的なこと，もう一つ，自分はこの教材について非常に楽しく勉強できたかという，「何か情意的なことはアンケート的にならざるを得ないだろう」，そういうことに先生たちが苦労していたのを覚えていますね。

　そのあと教育委員会へ首席で帰りました。その時に指導主事を集めて年間指導計画をつくる，その時に「指導計画はつくっても評価がないと何もならんじゃないか」という話をしました。それで，やっと各教科1単元だけ，目標はもちろんいままでつくっていますし，計画もつくっています，その時にどんな評価をしたらいいかというのをつくってくださいというので入れてもらいました。それが年間指導計画の中に入った初めてじゃないかと思います。1998（平成10）年の頃には絶対評価の話が出てきましたから，その頃になって「絶対評価」と「相対評価」の話が出てきたので，私の現役時代に『評価実践事例集』をつくりました。

陣川：評価規準は，「評価規準だけ出しても，現場は困る，やっぱり「評価基準」がいるんだ」というのが私の主張なんです。ただ，そのままで評価基準は使えないが，評価基準を現場の先生が見ることによって自分なりにアレンジできるんじゃないかというのを作成しました。これが2002（平成14）年にできたものです。これは学習の流れがあって，評価規準があって，ここに基準をつけてるんです。それで「A」，「B」，B以外は「C」ということで，つくってもらいました。

第Ⅴ章　ブルーム理論と実践を拓いた人々の足跡

　学習指導要領が変わって，2002（平成14）年の5月に国立教育研究所から評価の規準が出ました。すぐにとりかかってもらって，8月いっぱいに出しました。もう先生たちからは恨まれました。だけど私が辞める前にぜひこれを何とかしてみたいということで『福岡市教育委員会版　評価実践事例集』をつくってもらったんです。

　2003（平成15）年に今度はこれをつくったんです。これは中学ですが，これはどういうことかというと，これまでは普通なんですね。そうすると今度はこれの「事例集」として，こういう評価をした時に，どんなふうにして評価をするかという，これは評価基準がこうあります。それに対してどんな子どもたちが出た時にAとつけるか，Bとつけるかというのを，「子どもの発言」を中心にしてつくってもらったんです。

　おまけに，「このBの子どもをAにするには，じゃあどんなヒントをしたらいいのか」というのを，これは小学校の方がわかりやすいんですが，これはAの例，Bの例，Cの例ですね。このBの子どもなら，Bの子どもは読んだ時にこんなのがBとして出てくる。それに対して，まあこれはこんなふうに解釈ができるだろう，そうしたらこのBの子どもには支援として，具体的な例を取り入れて筆者が伝えたいことをまとめるようにして助言しましょう，Bの子どもをAにするためには，こんな支援がいるんだというのを，これを単元でつくってくれました。

　これまではCDに入ったんです。これになるとCDに入らなくて，もっといっぱい入るDVDに入れました。福岡市の先生たちの底力といいますか。そして15年で，教科書が新しく採択されると，また改訂する。

陣川：だから，梶田先生が撒かれた種が，いまこうして生きているというのが私は嬉しいんです。福岡市の先生たちはつくるので精一杯で，あまり価値はわかってないんです。だけど私はもうそれを一生懸命言うんです。「これは本当に新しい教育を変えていこうと梶田先生がされた昭和40年代から，やっぱり生きている」と。

渡邉：そうでしょうね。次の世代の人もここから授業づくりの研究をスタート

できるじゃないですか。

陣川：そうなんです。この人たちがまだ現役で，大体教頭とか校長になっていますから，だからあとは教育委員会がそういう気になれば，教育委員会がなりきってくれたらいいかなと思います。

　学会でそれを言ったんですよ。そしたら水越先生は，「陣川君，まだそこでやっているのか」そう言って笑われました。なぜかというと，あれだけこまめにやるというのをしたじゃないか，だけど結局，水越先生にしたら，細かくするのは目標つぶしになっちゃうじゃないかと言われるんですね。

　確かにそうかもわからない，けれども私は「つくったもの」が大事なものじゃなくて，「つくること」が大事なことだと思う。水越先生から学会でそう言われた時に，私は，「先生いまだからこそ基準をつくらなくちゃあだめですよ」と言った。私はやっぱり先生たちに力をつけなくちゃあいけない，力をつけるためには，こういうところまでいかないといけないんじゃないかと考えています。

　通知表にしても，指導要録にしても，つける時にもっと真剣になっていく。授業は「目標」「実践」「評価」かもわからないけど，ある本に書いているのですが，「授業をする前に先生は問題をつくりなさい」と。授業する時にまず評価が頭にあれば授業は変わってくるんじゃないかな，授業をした後に評価の問題をつくるから，あまりいい評価ができなくなるんじゃないかな，そういうことを書いたりしたことがあります。評価をしようと思ったら目標がはっきりしていなくちゃあいけないし，これは評価研究をやって，私にとって一番よかったなと思うことです。

第4節
伊藤雅章氏／杉浦治之氏インタビュー

聞き手：古川　治
日　時：2016年4月23日（土）
場　所：静岡大学附属浜松中学校

伊藤雅章（いとう・まさあき）
　1940（昭和15）年生まれ
　静岡大学教育学部附属浜松中学校教官在職
　1974（昭和49）年4月～1980（昭和55）年3月
　担当教科　理科　研究部長を歴任
　その後浜松市教育委員会指導主事を経て
　浜松市立有玉小学校校長，浜松市立蜆塚中学校校長定年退職
　共著『子どもが生きる確かな授業』他

杉浦治之（すぎうら・はるゆき）
　1956（昭和31）年生まれ
　静岡大学教育学部附属浜松中学校教官在職
　1988（昭和63）年4月～1994（平成6）年3月，同大学講師併任
　担当教科　国語　研究部長を歴任
　現在，（学校法人日本体育大学）浜松日体中・高等学校教頭
　共著『自己の生き方を探る授業の創造』『中等教育ルネッサンス』『新しい通知表の工夫』他

古川：1970年代中葉，ブルーム理論研究実践では，全国の国立大学附属中学の中で岩手大学附属中学校，島根大学附属中学校，福岡教育大学附属福岡中学校，静岡大学附属浜松中学校の四附属中学校が先進的研究を進めた。附属浜松中学校中学は何年からブルーム理論に取り組みだしたのか。また，当時の研究の内容はどのような実情だったのか，教えてください。

杉浦：伊藤雅章先生在任の頃，1974（昭和49年）年にブルームの「マスタリーラーニング」の本（『教育評価法ハンドブック』）を，附属中学校に導入されたのではないでしょうか。確かその時にベースになっているのが，広岡亮蔵先生（名古屋大学教授）の指導を受けて刊行された，『教材の特質に即した学習過程の工夫』という本だと聞いていますが。

伊藤：その本は僕らよりちょっと先輩ですね。それは1971（昭和46）年の出版じゃないかなと思う。

伊藤：マスターリーグラーニングの研究に取り組んだのは，1974（昭和49年）年4月からだけれども，ブルームの『教育評価法ハンドブック』が出たのが73年です。当時の浜松中の教官は，この本を読んでいたと思います。『教材の特質に即した学習過程の工夫』を出版してから2年間の間があるのですよね。その2年間の間に次の研究の方向性を探っていたと思うのです。

杉浦：研究の後半は，梶田叡一先生（大阪大学教授）に代わって，当時助手だった浅田匡先生（現早稲田大学教授）が指導に来られました。浅田先生は，広岡先生が戦後の学力観を，時代状況を背景に整理し，「1950年代は経験と学力の関係を問題にした戦後学力観。60年代は科学と学力との関係を問題にした科学的学力観，70年代は人間と学力の関係を問題にした人間学力観の時代」というようにまとめてくださいました。

伊藤：広岡先生の発見学習は，『教材の特質に即した学習過程の工夫』では高次目標（知識・技術だけでなく，態度形成までねらう目標）と言っていますが，梶田先生の言う言葉にもし置き換えることが許されるならば，「向上目標」なんです。高次目標に最適な学習過程，それが発見学習方式なのです。また，基礎目標（知識・技術の的確な形成をねらう目標）に適した学習過程を系統学習方式としています。

杉浦：この頃は，教材の特質が中心で，要するにその持っている教材や単元なりの教えるべき内容はどういうものが備わっているかということを，まずきちっとさせようということでした。ブルームの理論そのものも，教えられる内容が明確になれば，そして必要な時間さえかければ到達できるというわけですから。その走りとして，そのことが書いてあったのですよね。

杉浦：伊藤雅章先生の頃の初期は，単元レベルの目標分析を「目標分析表」として，いわゆる「Q表」の走りを作成されたのですか。

伊藤：そうです。この頃では「教材の特質」といったように，単元そのものの学習内容をきっちり明確化しようという動きがまず初めはあった。

杉浦：この伊藤先生の時代に，その単元の目標には情意的目標として「向上目標」があるというように考えられていたのですか。

伊藤：いや，私らのときにはまだそこまで行かなかった。1979年からです。1974年からブルームの完全習得学習の研究を始めました。『教育評価法ハンドブック』と『学習評価法ハンドブック』は私たちの教科書でした。

1974年からの指導者は日俣周二先生（国立教育研究所指導普及部長）。1979年から梶田叡一先生（日本女子大学助教授）に講師をお願いしました。向上目標や中核目標については，梶田先生の指導を受けた1979年以降の研究になります。

杉浦：「学習過程の工夫」ということをテーマとしてやられていたので，学習を進めていく過程の中で，子どものつまずきが必然的に見られたわけですよね。そのつまずきを，その都度，見取って手だてを講じていく必要があるということは，経験的に分かってきた。それでその都度評価していくという，日俣先生の形成的評価という理論がピシッと当てはまった，というわけですね。

伊藤：完全習得学習の授業モデルは目新しく映りました。従来の単元の指導計画とは異なるものでしたから。目標の分析，形成的評価，その後の補充過程と深化過程などが，今後の研究課題として浮かび上がりました。学習過程については，発見学習方式と系統学習方式を生かすと考えていました。

1974年の研究テーマが，「学習目標の明確化とその展開」になっているわ

けです。特に「明確化」のところが非常にウエートが大きかったと記憶しています。

杉浦：当時，目標分析をする単位は，「ユニット」単位で分析しました。単元をユニットと言っていたものですけれど，当時はユニット一つだけで完結していたので，ここにはまだ「向上目標」の概念が入っていない。ただその一つ一つのユニット，この学習プログラムの構造の中に形成的評価をきちんと取り入れて，「補充・深化」も位置づけたのですよね。

伊藤：目標を明確化し，形成的評価をするわけですが，ユニットの終盤の形成的評価後，到達目標からつまずいた子どもたちには補充をするわけです。また，目標をクリアした子どもの深化学習を考えたのですね。それが当時の学習全体計画の中に組み込んだというのが大きいと思います。

伊藤：1年目はね，ほんとに目標分析表の縦軸（内容の要素）と横軸（行動の要素）の分析が大問題だったのです。

　縦軸（内容の要素）の分析については，今までの研究の遺産である教材の構造を「中心となるもの」とそれを支える「基本要素」に分析することを活用しました。

　横軸（行動の要素）の分析については，行動の要素の上段を認知領域，技能領域，情意領域に分けることについては，各教科共通でした。中段，及び中段のカテゴリーを分析した下段の行動様式については，教科の特性が顕著でした。私たちからすれば難しいことではありましたが，やりがいを感じたものでした。その後研究が深まるにつれて，内容の要素，行動の要素は少しずつ変化しました。この時は，梶田先生の言葉を借りるならば，「達成目標」の段階だったんです。

　研究の初期の1974（昭和49）年の頃は，その学習単元の大きさが，4～5時間なんですよ。そうすると目標がそれこそ細かい目標になってしまいがちだったんですね。授業がどうなるかというと，目標つぶしになってしまい，授業そのものがなにも面白くない。練場がないです。だから，学習の仕方をですね，子どもの特性を見なさい，授業の中身をもっと見なさいということになってきたんです。形成的評価とその後の補充・深化の学習を組み立てる

のに，もっと子どもの特性に目を向けていきましょうということになりました。その第一は，形成的評価後の補充・深化をする時，補充の子どもたちがどういうつまずき方をしているか，つまづきを類型化しましょう，類型に応じた手立てを講じましょうという所から始まり，第二に形成的評価の前の学習機会でも，子どもの特性を把握した授業を仕組みましょうというふうに拡大してきたんですね。

杉浦：「教材の特質」から「子どもの特性」へと研究テーマが入っていった。初めは誰に，どのような深化・補充をするかという最終場面で，「子どもの特性」を役立てていた。これを，単元の最初から，「子どもの特性」に応じてどのように学ばせていくか，その手立てを講じていった方が，より一人一人の子どもに対応できるじゃないかと考えられた。

　個に応じた手立てを最初にたてて学習が進められれば，それに越したことないですからね。じゃあ，子どもの特性を初めの段階で調べていきましょうとなった時点で，少しずつ子どもの内面世界に視点が入っていく。初めは「傾向性」って言っていらっしゃいましたね。子どもの学習の傾向性を捉えようという形で考えられたわけですね。

伊藤：1977（昭和52）年の研究主題が，「形成的評価と子どもの特性」という主題だったのです。子どもを，その思考の傾向性とか，態度の傾向性，行動の傾向性って言うような視点で子どもの特性をつかんで，それを授業に生かしていこうというようになった。

杉浦：初めは「教師」側が，子どもの学び方の傾向はどうなっているかをつかんで，それに応じて学習過程上の指導や支援の手立てを加えていこうとしたのです。ところが，それは「教師」側だけでいいのだろうかと，徐々に発展していって，「子ども」が学びの主体となっていく授業プログラムへと発想を転換し始めるのです。この「子どもが創る授業」を構造化する時に，今伊藤先生がおっしゃったように，子ども自身が自分の特性をつかんで，自分の学習目標を立てさせようと考えたのですね。つまり，単元の最初の段階で，「試行学習」という手立てを設けてきたのですが，この「試行学習」のそのものの中でも，自分の傾向性や学習の見通しを子どもに持たせましょうと，

学びの主体が子どもへと移っていった。研究指導者が，梶田先生になってからの1980年頃ではないでしょうか。

伊藤：いいえ，1975（昭和50）年1月です。思考学習は，日俣先生の提案でした。完全習得学習の授業モデルの「学習レディネスをそろえる」とありますが，レディネスをそろえるだけではなく，これから学習する内容に対して，子どもの準備態勢・動きの特徴，子どものもつ特性を動的に把握しようとしたものです。

杉浦：私が，附属浜松中学に着任したのが，1988（昭和63）年なのです。だからその前なのでしょう。私が来た頃にはすでに「子どもが創る授業」の大きな枠組みはできあがっていて，構造化されていた。その事の起こりは，今こうやって伊藤先輩のお話を聞いて，経緯が解きほぐされて分かってくるわけです。では，伊藤先生の時代に学習目標分析表に「中核的な目標」を設定されたのでしょうか。

伊藤：「中核的な目標」のところまではいっていなかった。

杉浦：ユニットという考え方で，いわゆる単元の学習目標分析表である「Q表」まで作っていたと思います。

伊藤：1978年になって，これじゃ単元の目標分析表どうしの関係がつかめないとなったのですよ。学習目標分析表が単元ごとに1枚あるでしょ。別の単元1枚ありますね。一目でこの単元同士の関係がつかめないじゃないですか。単元と単元をくるんだようなもっと大きい範囲の目標分析表，そういう表が必要だと言い始めたのです。1978年，複数のユニットを統合した学習目標分析表「P表」を作成した。このP表を提案したのは斉藤先生です。

杉浦：学んだことを結びつける大きな概念の形成や技能の習得を考慮されて，単元ユニットのいくつかを束ねて，これを体系化させるための目標を考えられたのですね。これに対応する目標分析はどうすればいいか，その頃に書いておられたのですね。

伊藤：1978年に「P表」を作ったのですよ。これは勉強になりました。今迄は単元レベルで学習目標を見ていたでしょ。それをP表でもっと大きい範囲で見たのですよね。それから後の人たちはもっと大きな範囲で見ました。中学

校三年間を全部見通して目標を考えましたので，その見通す力というのはすごかったと思いますよ。
杉浦：そうですね。Ｐ表の後に中学校三年間を全部見通した「学習目標総括表」いわゆるＯ表を作ったのですが，私どもの頃はその改訂の時期にあたって，もう一回，もう一回と確認する作業を繰り返ししているのです。なんじゃこれは，というようなとまどいの中で，目標の体系的なつながりを考えたのです。が，一体何が全部で，どうやってまとめてよいものか，モデルがあったわけではありません。私どもにゆだねられた。ほんとモデルなしでしたね。
杉浦：だから，何年かおきに新しい先生方が着任するたびに，勉強し直して目標分析を改訂して，ほんとにそうして作られてきたものだと思います。
伊藤：シンプトム（兆候）の話ですが，これは後のことになりますけど，向上目標や情意領域の評価についてどうしたらよいかって言うことでした。梶田先生から，「シンプトム（兆候）をつかめ」とヒントをいただいた。それが情意面の評価にはいいでしょうと言うことで，私らも兆候をつかむことをやってきましたねえ。1980年以降，向上目標やシンプトムの研究が深まりました。研究成果は，『子どもが生きる確かな授業』として1981年に出版しました。

　1979（昭和54）年から梶田先生に指導に来ていただくわけです。附属浜松中学校の教官は伝統的に10年先に評価される研究でないと研究に値しないって考えていたんですよ。その10年先の教育に値するような研究をする。だから向こう10年間は講師をやってくれる先生を招聘することになった。先進的な研究をされ，10年間は講師をやっていただける方。バリバリの気鋭の学者が梶田先生だったのですよ。1979年5月22日に梶田先生が来校されました。梶田先生手書きの講義録「学習保障のための教育指導——修得主義教育の実現を目指して」をもとに教育の現状と実現すべき教育について熱く語られたことは，記憶に新しいです。この時の講義録は私の宝です。
古川：ちょうど「教育の現代化」による子どもたちの学力の「落ちこぼれ問題」で，学力向上が社会的要請になっている時期でしたね。「落ちこぼれ問

題」なんかも教育の問題として附属中学といえども意識はあったわけですか。

伊藤：落ちこぼれというよりは，形成的評価をやると何人かは達成できないですよね。こうした子どもたちは，事後の指導を必要とするわけですよね。だから，一人も形成評価する前の授業でこぼしてはいけない。みんなの意識が変わりましたね。子どもらの特性をよくとらまえて，授業の質を高めて，身に付く授業をしなければならないとなったのですよね。

杉浦：もともと，伊藤雅章先生達は，広岡亮蔵先生指導の頃からずうっと子どもを，一人一人の学力をきちっと形成しようという意識があったので，当然マスタリーラーニングと同調していくわけですよね。深化・補充をするにしても，きちっとその子に応じた深化・補充の学習をさせたいということで，特性の研究をやられた。特性をやった時も，前提特性から調べて，それぞれ一人一人に応じた教育を施していこう，形成的評価をやった時も，「できるだけ漏れがないようにしていこう」と。そういうふうに子どもの学力をきちん保障していこうということについて，梶田先生が非常に熱意を持ってらっしゃって，それに同調されたのではないかなと思うのです。「落ちこぼれと優等生」というような，当時のこういう問題に対して，我々が今やっている学習目標分析をする，さらに多様な活動を通す，子どもの特性を見て指導するということをやっていけば，かなりの子が救われていくのではないか，これが当時の先生方のお考えでブルームのマスタリーラーニングの走りだったと思います。

古川：この頃には，ブルームのマスタリーラーニング理論の研究段階は，クリアしている段階まで研究は来ていたと言うことですね。ブルーム理論を基にそれを土台に梶田理論になり，さらに研究をどう発展させていくかという時期にあったのでしょうか。

杉浦：その時に梶田先生は，単に機械的な履修主義に終わらないで，「向上目標まで考えて人間的な習得主義で行きましょうよ」と提言された。

伊藤：梶田先生は，僕らの授業を見てダイナミックスさにかけると思ったと私は感じました。だから「全体学習1」「全体学習2」「ゆさぶり」とかいういろんな手法を示されたと思うのです。僕らは，やっているつもりでも，梶田

187

先生から見ればまだまだ足りないよと言うことだったと思うのです。

杉浦：だから，次に「体験」という概念が出てくるわけじゃないですかね。1985年頃「体験」と言うことを問題にし始めているのです。その頃，梶田先生は，「体験」についてすでに考えていらっしゃっていた。このように，梶田先生が考えていらっしゃって，それを順次どういうふうになったらそこまで行けるかというのを，教師側が追いついたり，気付いたりできるかというようなことだったのでしょう。

伊藤：もう梶田先生の自分の頭の中に構想にあってね。梶田先生が浜松附中のこの歩みを待っていた感じがします。

杉浦：私どもの世代の頃でも，形成評価をしましょうと言う考えは，教師にとって非常に進取的なことでした。当時は履修主義で，教師はとにかく評定を出しましょうと言う形でしか「評価」という概念はなかった。でも，そうじゃなくて落ちこぼれを一人もなくさないように授業途中で形成的評価で行って救い出しましょう。中途や終末に目標の達成度をきちっと見取って救い出しましょうという考え方をしたのはすごく大きかった。だからこそ目標の明確化，学習目標分析，つまりマトリックスを作ることは大切でした。

　また，このマトリックスを作る上で，すべての達成目標に到達させなくては次に進めないという，機械的な目標つぶしにならないようにということを留意された。それは，やがて向上目標を考え出す方向に向かっていく。ユニットのQ表からタスクのP表へ，そして3年間見通したO表へとマトリックスが作成されていくときに，今授業でやっている目標って，ここに到達しているわけじゃないよねって，みんな思い始めるわけです。3年間の学習目標総括表であるO表を見据えた時に，さらにはその上を見据えた時に，「その方向に向かっていく目標を考えていこう」と。そこで初めて，私どもはシンプトム（兆候）を捉えて，現時点でその方向に向かっていることを確かめていきましょうと，単元レベルのQ表のマトリックスの中でこれを書き始めて行ったのです。

古川：1980年代に入ると研究テーマが，「自己学習能力の育成」，「内面世界」，「自己の生き方を探る授業」，「自己実現を目指す生徒の育成」と，生徒の自

己，内面世界の研究に入っていきますが，これまでの研究テーマとどのようにつながり，発展していったのでしょうか。

杉浦：それは，特性というものを考えた時，子どもの特性を知って教師側が指導に役立てようということが始まりでした。すると，梶田先生は「教師」が学習内容をきちんと教えるだけでなく，「子ども」を学びの中心に考え，「主体的な学び手」を育てていくことが大切だといったヒントを示された。そう考えていったときに，「子どもが創る授業」というような学習プログラムを考えついた。子ども自身が自分の特性を理解して，さらに自己目標を作っていく，いわゆる「子どもが創る授業」のモデルができた。「子ども達が自ら自己目標を設定し，計画を立案し，課題追究をして，自己評価する」という，このサイクルをまず考えだしたというわけです。

杉浦：子どもが目標を立てて「学習設計」をするためには，子どもに必要な情報が一定に与えて見通しをもたせ，目標を作らせなければいけません。元々，伊藤先生らが単元導入時の授業の工夫をされ，教師が特性を見極めるために「試行学習」をやられていた。次に子ども自身が自分でそれを，どういう特性があるかを考えさせたのが後の世代の先生方です。

例えば，国語で言ったら教材の特質が典型的に表れる文章，「典型」って言っていましたけれど，典型となる詩を選んで試行学習をします。そうすると，その詩の主題的なところから入り込んで読むタイプと，構成的な要素から取り組むタイプと，言語的な特性から読むタイプと，子どもたち自身に自分の特性をつかむようにさせたのです。そうすると，じゃ僕は言語的タイプだから，語句や言い回しというか，一つ一つの言葉とか，そういうところにこだわりを持って読むタイプだから，それに着目して詩の良さをまず読み始めよう。そうしてこの詩の良さを自分なりに説明できるようにしよう，と言うふうに目標を立てさせるわけですよね。次に，ここにいくつの詩があるあるから選んでごらん，と課題を与える。課題とする詩が選択できたら，自分の特性に応じて追究するわけです。この詩は歴史的仮名遣いや文語があって古めかしい，この文語の意味を調べてイメージを膨らまそう，韻も踏んでいてとても面白くできているなあと気づいていく。それをさらにほかにもない

かなって，同じタイプや異なるタイプの子どもとの交流をさせながら考えさせて膨らめさせる。こんなような形で，「詩の鑑賞学習」をやりましたね。

杉浦：それをやって，「主体的な学び」を進めていったときに，ここで梶田先生は「学力保障と成長保障の両全」ということを言われたのです。「実感・納得・本音」がすごく大事だということをお話されて，我々もそうだよなあ，情意目標や向上目標が非常に重要なのだと。要するに，そこにいかせるにはどうすればよいかっていうことになってきますよね。しかし，私なぞは，初め達成目標にしか目がいっていなかった。学習目標分析表の達成目標を一つ一つ穴埋めをしていこうとするわけですよ。すると，「そんなこといらない，だってお前，向上目標だよ，向上目標に行くためには一つ一つすべてやったから，子どもはその向上目標に行くというわけじゃないんだよ。これとこれをやれば行くという形で十分じゃないかな，全部をひとつやったら向上目標に行けるもんじゃないぞ」ということをよく言われた。そうだよね，大事なところって一体なんなのだ，というところをおさえればいいのだと分かってきた。

伊藤：それは「中核目標」と同じだね。梶田先生は最初「中核目標」と言ったね。どの目標も分析表のどの目標も全部同じ重さじゃない，軽重があるよと。マトリックスを作ると不思議なことにみんなセルの中にみな穴埋めしちゃうのです。ベテランほど空欄がある。何が大事か，これが分かっているから。

杉浦：何が大事かって行き着くところには向上目標があったということですよね。

　私らの世代は，さらに期待目標があり，「ねがい」と「ねらい」という言い方をしていた。

伊藤：それは1981年頃じゃないかな

杉浦：「ライフセミナー」とか「ライフタスク」とか，そういう言葉が出てきますよね。平成に入って，私どもで「ライフセミナー」という手立てを，カリキュラム開発の中でやってみたのです。1992（平成4）年の「自己実現を目指す生徒」です。その前に原田先生がやられた「価値啓発活動」が印象的で参考になりました。これは，いくつかのタスクを重ね合わせた後に，ここ

第4節　伊藤雅章氏／杉浦治之氏インタビュー

から考えられる課題を考えさせて，ゴールフリーで課題追究させたらどうだろうということだった。単元をいくつかまとめて，包括した概念構成をさせていくということなのです。その当時は梶田先生がおっしゃっていたのは，「自己概念の教育」でしたから必然的な成り行きと言えるでしょう。梶田先生が言われた内面世界で，「自己概念」という考えが出てくるのです。自己概念は，教科が専門性をもって行けば行くほど，教科における自己概念は分断されがちだと。ブルームが言っているのですけれど，「学校における学習が人格を阻害する原因になってしまっているかもしれない」ということでした。では，分断されつつあるような自己概念をどこかでまとめていく再構成していく必要がある。ならば，いくつかの単元をまとめるだけでなく，教科を飛び越してみたらどうだろうとなっていったのですよ。原田先生が，「価値啓発活動」で，教科の中でいくつかの単元を系統的にまとめてゴールフリーの学習をさせようとしてきたのですけれど，そのことやっていくと1教科でとどまらないよねっていうことですよね。そこで，教科を外したところで，しかも学校の中だけじゃないところまで考えて行かないと子どもの自己概念が健全に形成されないのではないかっていうことを思ったのです。その後，10年くらい経ってから今の「総合的な学習の時間」に学習指導要領が変わっていく。私どもは，「ライフセミナー」学習をやる時には，教科外の学習，いわゆる教育課程外の学習となることを考え，教育開発学校を申請したのです。ブルームが言うように，学校が子どもの自己概念を破壊してしまうことになるのなら，教科の枠を飛び越えた，こういう学習が有効ではないかということを主張したのです。結果的に後に創設された「総合的な学習の時間」は私どもがやった実践研究が反映されています。

また，個性とは何か，個性とは内面の教育である，と梶田先生は言っておられた。初めは「主体的な学び」から私ども入っているのですけれども，個々の「特性」を言っていった時に，個性は内面世界のものだっていう話になり，内面世界をきちっと育てる，つまり自己概念をきちっと育てていかなければいけない。ブルームが言っていたことをここで持ち出してきているのですよね。梶田先生は，ブルームが完全習得学習を考えたのは，元々「子ど

もの健全な自己概念を育成する」ためのものであった，とこういうふうに言っておられた。健全な自己概念を形成するということは，教育の使命であるというお話をされて，単に今まで学習目標分析表を作ってきちっと学習しましょうということに限らず，その意味は何かと問われたのですね。もちろんこれまでも「特性」とか「主体的な学び」とか，内面的な情意部分まで含めて考えてきたけれど，そのやってきたことは実は自己概念を正しく形成していることだということを，梶田先生はいい直されたと思うのです。なるほどなぁと思わされ，非常に難しいことでしたけども，究極的な研究テーマになりました。

　結局は子どもに自己概念をきちっと育ててあげることなのだな，だから向上目標さらに期待目標へと，非常に個性的な方向性に向かわせながら日々の学びで到達させていく，そこへ向かわせていくことが大事なのだなって思っていたのです。

古川：「ライフセミナー」の前にはもう「ライフタスク」ができていたのですか

杉浦：いいえ。ライフタスクはその後です。教科から外へ出て飛び出て行っちゃったので，そこをもう一回教科の方に戻そうとする動きがあったと思うのですけども。

古川：杉浦治之先生「吹き抜け型学習」というのはだいたいどういう経過で成立し，簡単に言えばどのような学習内容ですか。

杉浦：共通課題を与え，個別課題を自分なりに設定して自分なりに追求する活動をさせていたのです。この学習では自己評価をさせています

古川：個別テーマで問題解決学習をさせるのですか。

杉浦：そうですね

伊藤：それで end がないんだね

杉浦：そうです，ゴールフリー。この考えがこの後に生かされてきていると思うのです。要するに「自己学習能力」を育てることが大事だ。生涯型学習がもう言われ始められていたこともあったと思うのですが，梶田先生もそう，生涯ずっと学び続ける力が子どもにとって必要ということをいつも言ってお

られた。それを私どもは「自己学習能力」と言う考えで表現したと思うのです。

伊藤：「自己学習能力」と言いだしたのはいつ頃やったの。

杉浦：1981年にもうすでに「自己学習能力」を言っているのですけど，伊藤先生が出られた後ですよ。

古川：梶田先生は，その自己学習能力に関わって自己学習能力をつけるためには自己評価能力をもつけなければならないそういうことでワンセットで1982年頃から自己評価論を研究提案されるのですよね

杉浦：そうですね。これは1981（昭和56）年の研究紀要ですけど，「生涯にわたって学習続ける自己学習能力を身につけることは生徒像の最も重要な……」と書いていますね。で，その頃の学習目標分析表にはQ表，P表，O表のマトリックスが見られるように，学習目標の体系的な明確化と言って三つの体系的な学習目標表を，1981年に完成しているのです。

伊藤：だからそこでは当然「体験目標」が入っているんだね

杉浦：はい。しかし，考え方は根底にあってもマトリックスに表現はされていません。

古川：伊藤先生がいらっしゃった1975年には形成的評価についての研究成果を1981年に『子どもが生きる確かな授業』として刊行されましたね。1984年にも『自己学習能力の育成と授業設計の展望』を刊行して，ここでもう完全にマスタリーラーニングの研究はひとつの到達段階に達していますね。さらに，1992年には『自己の生き方を探る授業の創造』と次々に研究成果を刊行する。
　静岡大学付属浜松中学校の15年位のブルーム研究というのは大きく言うといくつぐらいに分けられるんでしょうか。

杉浦：1980年まで向上目標をめざす「多様な活動」が考え出され，1980年で研究をし始め1981年に「自己学習能力」ということを言い始めているのですね，向上目標が出た後に，では「自己学習能力」を育てましょうとなり，これを育てる学習プログラム「子どもが創る授業」へ入っていくのが1984年ですね。ここは大きいですよね。

杉浦：1984年に「自己学習能力」を育てるため，「子どもが創る授業」の学習

プログラムを構造化したことは大きいと思います。もちろんこれまでも「自己学習能力」を伸ばすことはしてきたのだけれど。

伊藤：はっきりと「子どもが創る授業」と言い出したのは1984年です。

古川：梶田先生も1985年には，『子どもの自己概念と教育』という本を刊行されています，1984年ですね。「自己学習能力の育成，授業の設計と展望」が刊行された年ですね。

杉浦：そしてその次に1989（平成元）年頃には，「自己実現」を教育理念化することを考えました。研究部の高木・石川局長らが内面世界の拡大をテーマにした頃が転換期かと思います。平成元年の研究紀要で「自己実現を目指す生徒の育成」をテーマにしています。その前年に梶田先生が講演されことがヒントになって，「我々は内面世界を重視し，……自己概念を形成する」ということをやりましょうねってなったのですね。

　次に，梶田先生がおっしゃったのは，心の底，魂から自分が本当に変わろうとする，それをしないと，「子どもが変わった，変容したとは言わない」と。例えば，あの頃非常に参考になった話で，体験が重要だともおっしゃっていたのです。体験にも種類が3つあると言われていた。その1つは「特殊な体験」，親の死に目にあって自分がはっと思って変わる。次に「イベント的な体験」。価値の高い，面白い行事を仕組んで，やあよかったなって。しかし，それって祭りの後の寂しさで，それだけではだめなのだと。3つめは「日常的体験」，日々のなかの日常的体験が重要だというのです。日々の日常的体験の積み重ねこそ人間を本当に変容させるものだからと。だから，何か一つの教育活動をずうっと続けるということが大切でしょうねと。その折りの梶田先生の講演も，すごく印象的で，『体験の経験化』って言うことを言っておられた。『体験と経験は違う』ということをおっしゃって，この考えはずっと生きていますし，学校の教育活動の意味を端的に述べていると思います。生徒に良い習慣をつくるとか，何か一つの，地道な教育こそ，ずっと継続することで子どもが変えられると思うのです。

古川：静岡大学付属浜松附中の研究がこの地域に与えた影響とか歴史的な意義とはなんでしょうか。

第4節　伊藤雅章氏／杉浦治之氏インタビュー

杉浦：附属中学校へ着任したときはもう面くらいましたよ。こういう世界があるのかなと。先生方は，日本の教育になんらか影響与えるのではないかなぁという自負や誇り，やりがいを感じていました。私どもの拙い研究資料でも梶田先生がこれを使って世に示してくれたからです。例えば，「子どもが創る授業」，「ライフセミナー学習」も「総合的な学習」のもとになった実践です。

　また，目標分析の作業を通すことで，教材からは教えるべきことを，また，その教科を通した「ねがい」「ねらい」を考えることができました。教育理念が高められるという感じでしたでしょうか。目標分析は一般化されるべき教育手法と思っていましたが，梶田先生によって教育評価の面でも大いに役立てていただけました。今も先生方が授業を計画するとき，「目標分析いう視座をお持ちになってやられたらどうですか」と，自信を持ってお薦めします。あらゆる教育活動で目標と評価，そして生徒の姿を具体的な表れできちん見ることは，今の教育にもお薦めしたいと思います。

　さらに，附属中学校の意味の一つは理論と実践に卓越した人材を作り出したということです。立派な先輩方がこの静岡県の教育の知性と良心を支えてこられました。附属中学校に行って勉強してこい，その後は学校へ戻って後輩を育てなさい，学校経営に役立つようになりなさいと。ここでの勉強は，本当に教師として教育理念を高めたり，指導理論を学んだり，それを実践に繋げたりする上で，非常に大きな経験でした。

伊藤：梶田先生の影響がすごく大きいと思うのは，文部省の1980年版指導要録改善の協力者会議委員をやられ，絶対評価導入の中心として頑張られましたね。あれでもう全国が指導と評価の一体化の授業改善に燃えたんですよね。梶田先生の意見を取り入れて，あれは文科省自身が改善したことですから。目標明確化ということで全国の学校が隅々まで動いたんじゃないですか。評定よりも評価，序列づけじゃなくて評価っていう方向に全国が動いた。文部省を動かしたのは梶田先生だと思いますよ。

第5節
宮本三郎氏インタビュー

聞き手：古川　治
日　時：2008年3月20日
場　所：JR東京駅前レストラン

宮本三郎（みやもと・さぶろう）
　茨城県下館市生まれ。昭和20年陸軍経理学校本科在学中終戦・復員・教師を志す。昭和22年から41年まで，下館市の小学校・中学校教諭。42年茨城県指導主事。48年協和町立小栗小学校長，51年下館市立北中学校長，54年下館市立下館小学校長，61年3月定年退職。61年4月から平成13年3月まで常磐大学常勤講師。人間教育研究協議会（代表・梶田叡一）顧問。2013（平成25）年死去。
主な役職など：文部省の学習指導要領・指導書・指導資料作成。指導要録改善協力者。沖縄県派遣教育指導員。平成7年叙勲勲五等瑞宝賞。
主な著書：『形成的評価の目標分析と授業設計』『形成的評価による学力保障と成長保障』茨城県下館市立下館小学校著（明治図書），『全教職員のための学校経営のチェックポイント』編著（第一法規），『集団心理療法』共著（金子書房），『中学校生活指導の技術』共著（明治図書），『実践研究と校長の指導性』（第一法規）など。

第5節　宮本三郎氏インタビュー

宮本：まず，昭和54（1979）年の指導要録改善協力者会議のあらましをお話ししたいと思います。この会は，とにかく半年6回で完結したんです。今までの文部省のいろんな指導要領はもちろん，指導書，指導資料，その他の会議ではこんな会議はないんです。まさに短期集中会議でした。ちなみにこの次の平成3年の改訂の時には，1年3か月で12回やっています。時間も回数もちょうど倍なんです。まずこれが当時の第一の特徴だろうと思います。

　会議の様子としては，第1回目は全体の文部省側の調査研究の今までの経過と協議の課題等についての種々の説明がありまして，2回3回が各教科の学習の記録に集中します。あとの4回5回はその他の項目について，そして最終の第6回は指導要録の改善案がすっかりできあがったものについて，さらに全体的に検討するということで進めました。

　どういう先生方がこの指導要録改善協力者になったかというのは資料1の中にあります。上越教育大の辰野千寿先生が主査になりまして，金井達蔵先生が副主査，それに梶田叡一先生，この段階では日本女子大助教授になっていますが，昭和52年までは国研（国立教育研究所）の主任研究官でした。あとはごらんのような方々です。

宮本：それで3番目に異例な会議風景という表題をつけたんですが，これは二重の楕円形の座席をつくりまして，内側の円内には指導要録改善協力者18名が着座して，それに初中局長とか司会者が入って回りは全部教科調査官と視学官が取り囲んでいるという中での会議でした。私は昭和46年から平成3年までの間文部省のいろんな会議に連続してかかわりましたが，その中でこういうふうに二重の座席をつくって，回りに教科調査官，視学官がいて会議をやったというのは2回なんです。これが1回目で，あとは生活科，新しい教科をつくるという時です。ですからやはり重要な議題については，かなり慎重を期し，また教科調査官なり視学官の共通理解を十分図りながらという配慮があったんだろうと思うんですね。

　普通の指導資料とか指導書，今は学習指導要領解説，ああいうものをつくる時には，第1回目だけが担当課長が来てごあいさつをして，2回目以降は担当教科調査官と協力者だけの会議でほとんど終始するんです。ところがこ

第Ⅴ章　ブルーム理論と実践を拓いた人々の足跡

資料1　指導要録改善協力者会議委員名簿

氏　名	現　職
岩崎架裟男	東京都大田区立貝塚中学校長
上田照子	東京都目黒区立大岡山小学校教諭
奥田真丈	横浜国立大学教授
梶田叡一	日本女子大学助教授
金井達蔵	横浜国立大学教授
下田迪雄	東京都教育委員会指導部初等教育指導課長
高橋　栄	東京都千代田区立錦華小学校長
辰野千寿	上越教育大学長
田村嘉正	東京都世田谷区立深沢中学校長
永野重史	国立教育研究所第三研究部長
根本　栄	静岡県静岡市教育委員会学校教育課指導主事
長谷川栄	筑波大学教授
八野正男	東京学芸大学教授
初雁　登	千葉県千葉市立葛城中学校教諭
肥田野直	東京大学教授
平井文雄	東京都杉並区立松庵小学校長
庖刀和秀	大阪府教育委員会指導第二課長
宮本三郎	茨城県下館市立下館小学校長

　の時は初中局長がおん自らお出になって、しかもこの時の諸澤局長の発言が極めて重要でして、絶対評価を導入する方向で検討してほしいと、こういう条件をはっきりと言ったんです。そのためにも十分に議論を尽くしてほしいということでした。当時、初中局長は次のように述べています。評定欄については「とにかくこれに変わるべき名案を見つけかねている」というふうに言っているんですね。以下、いろいろあるんですが、こういう発言をしている。これは5月の段階なんです。

　ところが私どものこの会の時には、8月からなんですが、我々にはもう絶対評価を導入するという方向で検討してほしいと明確におっしゃった。ですからこの小中学校長会総会の後、この時期までの2〜3か月の間にかなり文

部省内でも詰めが行われた。当時からそれをおやりになっているということはおっしゃっていましたが，そういう流れなんですね。

　3番目に，この「緊張感漂う雰囲気」と書きましたが，緊張感が漂うというよりも，何となく今までの会議と比べたら物々しい感じがするということです。大体これが概況です。

　最初にこの指導要録改訂のねらいは何かというご質問が出ておりましたが，これはオーソドックスに言えば，要するに学習指導要領と指導要録は表裏一体の関係にあって，指導要領が変われば当然要録も変わる，ですから学習指導要領改訂の趣旨に即するように，この指導要録も改めるという，そういうことが一つ言えると思うんです。そして指導要領改訂の時には，人間性豊かな児童生徒の育成，基礎・基本の確実な定着，個性・能力に応じた教育という目標が出ておりまして，これに即するように確かに指導要録をいろんな面で変えてきました。

　例えば人間性豊かな児童生徒の育成という，この新しい学習指導要領作成のねらいに即して，学習の記録欄に知的学力だけじゃなくて，情意面も重視して，「関心・態度」を入れました。それから特活の記録も従来は事実の記録だけだったんですが，今回は活動状況も的確にとらえて記録するという，やっぱり子どもたちの活動の全体像を見ていこう。それから「行動・性格の記録」でも，この時には勤労意欲等が公共心の中に自然愛護が道徳の中で強調されてきておりまして，これを「行動・性格の記録欄」にあげてきました。

　それから「各教科の所見欄」では，体力の状況とか，学習に影響を及ぼすような健康の状況を記録するという，これもやはり全人格的な発達の記録という点を従来以上に重視してきたということが言えます。

　それから基礎・基本の確実な定着については，きょうの話の中心になると思いますが，観点別学習状況の評価を導入した，これを思い切ってやりました。個性・能力に応じた教育は，所見欄を文章記述で，全体像をよりよくとらえるということです。これが一つなんです。

　それから指導要録というのは，指導に役立たせるための記録と，もう一つは，外部への証明という二重の性格を持っていてつくられるものなんですが，

第Ⅴ章　ブルーム理論と実践を拓いた人々の足跡

従来は学年末に事務的に記録して，あとは公簿として保管して，それだけでした。何か証明の必要があれば引き出して使う，こういう非常に受け身的な態度で扱ってきました。そうではなくてやっぱり指導のために役立てるということをもっと実際にできるようにする必要があるんじゃないか，そういう点がいろんな面であります。観点別学習状況の評価は，結局は実際に授業に生きるようにするということで導入されました。

そして3番目は，2番目の実際の指導に役立つようにするというねらいをさらに一歩進め強調して，日常の授業の評価活動に役立つものにしよう，つまり指導と評価の一体化を今後図っていく必要があるし，そのために役立つものにしよう，こういうことで取り上げられました。

背景にあるものは，(1)(2)(3)で書いておきましたが，一つは5段階相対評価による指導上の問題がより一層明確化し，現場でも5段階評価だけではだめだという意見もあった。

それから2番目，到達度評価の必要，絶対評価を導入する必要が教育界でも高まってきた。一つは落ちこぼれ問題の発生とその対応，これは子ども一人一人の学力の実態をとらえて具体的にそれにどう対応するか，やっぱり観点別の到達度評価を導入してやる外ありません。

それから先進校で到達度評価の研究実践が進められてきました。ご承知のように梶田先生のご指導のもとに，福岡教育大学だとか島根大学，静岡大学，岩手大学の4附属中学校，あれです。それ以外でもいろいろやっているところもあります。
そしてそれと連動する形で，全国いろんな学校で到達度評価を取り入れた通知表がどんどん増えてきました。巻末資料の「浮かび上がってきた到達度評価」は梶田先生が研究官としておまとめになった研究なんです（昭和52年に結果を発表した昭和51年の国立教育研究所の調査）。

こういう状況があった他に教育評価の世界的な動向がやっぱり文部省のお歴々を動かしたということで，これがご承知のように梶田先生他3名で翻訳された『教育評価法ハンドブック』，梶田先生たちが翻訳された『完全習得学習の原理』（文化開発社）というのが出回って，現場でも若い前向きの先生

方がお読みになるし，もちろん文部省でも研究されて，こういうことで評価は指導要録にただ公簿としてつくって，しまってしまうということじゃなくて，日常の授業の評価に直結するものにしなければという意向が内外ともに高まってきたというふうに言えるように思います。昭和55年の観点別評価導入は非常にドラスティックだと言われていて，確かにそうなんですが，私はこの指導要録だけじゃなくて，むしろ指導要録の前提になっている指導要領がかなりこの時に大きくその方向転換をしたのではないかと考えています。というのはご承知のように四六答申，第8期，9期の中教審答申，4年かけてやったあの答申の趣旨を踏まえた指導要領の改訂の第1回が，あの52年の学習指導要領なんですよね。

古川：昭和55年版指導要録改善協力者会議の中での議論なんですが，10月27日の土曜日，それから3回目の11月2日の月曜日，このあたりでは各教科の学習の記録欄について討議をされている，そういうことは観点別評価を入れる，絶対評価の観点を入れるというようなことについて議論をしたということですね。その時に全員の皆さんが今までの相対評価でわかるじゃないかという考えと，いや思い切って絶対評価に変えていくべきだという，実際の会場の議論の様子はどうなんでしょうか。

宮本：まず，絶対評価導入が可能になった背景は，先程もお話ししたことを集約してそこに3つ書きましたが，①教育現場の要請が高まってきて，受け入れ体制ができている，こういうものがあったということ，②それから教育評価の世界的な動向とか，それが普及浸透してきている，③本省としては落ちこぼれ問題の対応を具体的にどう指導上やるかということと，改訂学習指導要領の趣旨を生かす観点から，それをあわせてやった場合に，やっぱりどうしても到達度評価を導入したのがより適切だという判断をされた，これは私は文部省当局幹部の知性と英断も欠かせないと思います。

というのは当時小学校課長をされたのが中島章夫先生で，ご承知のように梶田先生とはスウェーデンで開かれたブルーム主催の6週間にわたるセミナーでご一緒だったんですよね。中島先生は非常にこの面について先見の明をもっていたし，梶田先生とはそういうご関係であって，かなり共通のお考え

をお持ちになっていたと思われます。

　それから教育課程企画官が熱海則夫先生なんです。熱海先生とは私は40年来のつきあいですが，かなり前向きで，ですからこの中島先生，熱海先生たちの方向づけというのが非常に大きかった。だから初中局長の諸澤先生も，結局いろんな議論をやっていながら，最終的にはこの中島先生，熱海先生が，局長こういう方向で動くべきじゃないかということをかなり強く進言したんですね。

　結局そういうことがあって，5月の全国小中学校長会総会の段階では決めかねている，まだ見つからないでいるために，まああまりはっきりは言いません，かなり控えめに言いながら，8月の協力者会議では，とにかく積極的に導入する方向で検討してくれと，これをはっきり言ってました。だから私の推測するところはやっぱり中島課長，熱海教育課程企画官の省内でのリーダーシップというのがかなり大きかったんじゃないかと思います。

　それでQ3での先生のご質問なんですが，この改訂論議の進捗状況ですよね。全体的な雰囲気として，この小中学校長も何人か入っていまして，概ね学校現場としては異論はない。ただ，全国中学校長の一部からは，高校進学の内申書の問題があるものですから，それとあまり急に変わったのでは容易ではないというご意見があった。

　その次ですが，学者間の理論上の応酬がすごかった。梶田先生対金井先生，つまり若手の積極的に絶対評価を導入する学者と，それから金井先生は前には橋本重治先生と長いこと相対評価を導入してやってきた先生，若い頃一緒におやりになった先生ですよね。まあ橋本先生なんかのお弟子さんというか，後輩です。この人たちは5段階相対評価をああいう形で指導要録につくり上げてきた先生ですから，やっぱり5段階相対評価にはかなり執着もするし，絶対評価を導入することにはかなり慎重に慎重ということで，抵抗があるわけです。

　それで大体この2回目3回目の会議の時には，梶田先生と金井先生の激論が毎回30〜40分続くんです。それも一回じゃないんですよ。もう2時間ぐらいの会議の中の大半が二人の議論で終わっちゃう。きょうは他の意見はどの

ぐらい出たかというほどお二人の議論が続くんですね。ある時なんかは梶田先生が，「金井先生，あなたのお考えは20年古いんですよ」と，あの全体会議の中でそういうところまでいったんですよ。本当の激論です。それが一回で済まないんですよ。とうとう最後までです。

　そしてこの指導要録ができあがってから，文部省で『初等教育資料』（昭和55年5月号）増刊として「新指導要録の解説」をつくったんです。この時も梶田先生と金井先生は並んでいて，私がここにいて，中島課長，熱海先生で，1時間半か2時間座談会をやったんですよ。ところが，梶田先生と金井先生は，そこでまた3時間ぐらい二人で激論したんです。それは解説には載せてないのですが，最後の最後まで，そういう雰囲気でした。

　ただ，これを回りで我々は聞いていまして，この評価理論とか絶対評価導入の教育的意義が非常に明確になって，共通理解ができた，これは非常に大きかった。だから会議の初めに初中局長が，積極的に議論を戦わせてやってという要請が，まさに文字通り実現したという，そんな状況でした。もうことごとに金井先生は慎重派，そして5段階，相対評価の重要性というのを主張して，そしてこの中でもかなり議論がされました。その激論の中で，司会者も誰も口を出さなかった。激論をやりたいだけやらせていたという感じなんです。まあ尊重したんですよね。それによって協力者会議委員はもちろん，教科調査官もみんな新しい評価理論とか絶対評価導入の教育意義を共通理解できたということです。

古川：関心・態度の評価観点の導入の意義をどういうところでみんな納得されたんでしょうか。

宮本：学校サイドでは評価の客観性が問題だ，みんな自分の勘でつけてしまうのではないかという懸念があったんです。いろいろ議論をやって，結局その2番に書いたように，確かに客観的には多少の問題は残るだろう，しかし大事なことはそういう観点で児童生徒を見，そして指導するということが必要なんだという，そういうことは誰も納得したんです。ただ，じゃあその時にこれからの評価法を研究しなくてはということを確認した。

　北尾先生（大阪教育大学教授）が昭和63年に評価の観点の見直しに関する調

査研究をされています。その中の「関心・態度の評価方法の利用状況（％）」がこれです（ぎょうせい『悠』平成元年3月号）。

　北尾先生のそれによると，大体授業中の観察が大半なんですね。これは95.5％やっています。これは該当項目複数回答なので全部合わせて100％という形ではなくなっていますが，それから作品の提出物の点検が80.7，児童生徒の自己評価が70.5，その他22.7。新しい評価の工夫などということになると非常に少なくなってくる。これに近い状況，当時はほとんど授業中観察して，この子は関心が高いとか，低いとかということでつけられる。それも授業中よく観察して，授業が終わってきてから思い出してメモを残しておくというような教師は極めて少ない。やっぱり日常の忙しさに追われてそうはいかない。いろんな関心・態度の評価方法はあるにしても，現在に至るまで，研究者は別として，一般的にはあまりこれは進んでいないんじゃないかと思います。

古川：それでは宮本校長の下館小学校の取組みをお願いいたします。

宮本：私が結局1979（昭和54）年から7年間下館小学校で校長として在職し，そして一筋にこの授業改善，しかもそれも形成的評価に基づく授業改善をやってきた，それの背景をまずお話ししたいと思います。

　私は職業軍人の卵で，しかも昭和20年8月の段階では，10月の卒業を前にして，もう軍刀も用意し，拳銃も将校の軍曹は全部用意して，10月には第一線へ行けるという段階だったんですよ。そういう時に2カ月前にこれでしょう。私は小学校の3年生から将来は陸軍士官学校へ入って職業軍人になって一生を終えると，ひたすらそれを目指してやってきて，それも近眼のための士官学校はだめなものですから，経理学校へ入った，そうしたらそういうことになって，それでそれから1年間煩悶の月日を送って，いかに生きるか，前途を絶たれたわけですから。

　実は私の母も教員で，兄も当時青年学校の教員をしていまして，そんなこともいくらかは影響したのかもしれませんが，教員になったんです。ところが私が赴任したのは昭和22年1月ですから，まだ食うや食わずの状態で，いいことではないのですが，家族をお持ちの先生方は校地の一部を掘り返して

野菜をつくってしのぐ、そういう生活をしていたんですよ。これは生活上やむを得ないことなので、それはいいんです。

 ところが現実の教員生活は授業のジの字もない、子どもの指導をどうするかという話もない、校長教頭とか幹部の職員たちは、趣味の話、大体釣りなんですよね、職員室でやっている会話は新聞を読むか、そういう趣味の話、あるいは株の話などということで日を過ごしている。あまりにも私が憧れて入った教育界の現実と違うということで、ヨシ、おれが校長になったらこういう学校づくりをやると、その時に思ったんです。やっぱり教員は授業を通して喜びも悲しみもすべてが授業の中にある、授業に生きがいを感ずるような学校、そういう学校を全職員が協力してつくりあげられる体制にする、それが校長の仕事だ。今のこの現実はあまりにも情けない。まずそういうことでした。それがずっと尾を引いて今日まできています。

 下館小学校では7年間あったわけです。これは私の母校であるし、子どもたちもお世話になるし、おふくろもここで教員をやったんです。そういうことだから、もう7年間どこへも行かないでここへ骨を埋める、とうとう7年間おいてもって、そして実践研究をやり遂げた。

 注） 以下、資料13『形成的評価の目標分析と授業設計』（茨城県下館市立下館小学校著　明治図書出版刊）を見ながらインタビュー。文中の「○ページ」は、同書のページ数を示す。）

 下館小学校の実態は3ページから37ページの間に書いてあるのですが、私が下館小学校へ行った時には、前任校長時代に3年間実践研究をやってきて、「個を生かす学習指導の研究」というものです。それで個を生かすと言っても実際は指導技術の研究に終わっていた、私は当時市内の中学校長で、市内のこの下館小学校の実践研究を見ていましたら、どういうことをやっているかはよくわかっている、要するに個を生かす学習指導の研究と言いながら、指導技術、板書がどうの、発問がどうのと、そればかりなんですね。

 もう一つは、国語、算数、理科、社会の4教科だけでやった。それから教科部会体制でやっているために、これが実際の学年の教員一人一人に浸透していかない、底上げになっていない。それで私が行く前の年に、さっきの絶

第V章　ブルーム理論と実践を拓いた人々の足跡

対評価を取り入れた通知表をつくろうということを始めたんです。そうしたらバンザイした。

何でバンザイしたかというと、やり始めたらば絶対評価をやる通知表ばかりつくったって、授業が変わってないのではどうにもならない、授業を踏まえて、その結果で通知表をつけるのに、授業が変わってなくて通知表だけ変えたって話にならない。それからその授業をやるためには絶対評価を設定した指導計画に基づいて授業を行われなければいけないが、その指導計画がない。目標分析をして、到達目標を明確化した指導計画がなければ授業はできない。

そして第三点は、仮に授業をやるにしても、そういう評価計画をどこでどういうふうに組んで、どういうふうな関連的な評価をし、またその評価の結果をどういう評価基準によって判定するのかということも、そういう資料もできていなければできない。それで結局始まってだめだということになっちゃった。そこへ私が赴任したんです。

私が赴任したら校長が変わった、昭和54年というのは新しい学習指導要領の移行措置が完結する年なんですね。昭和55年から全面実施になったわけですから。昭和54年はその完結の年です。それから実践研究も3年で一区切りがついた。そこへ行ったものですから、私は今年1年は今までの実践研究や移行措置や、そういうものの見直しをする。それもただ見直すといっても手がかりがないとだめだからといって、7、8、9ページに表がありますが、こういうものをつくって、これについて2時間ぐらい時間をかけて説明して、こういう項目や検討の観点で個人的にも、学年としても、評価部会にとっても、見直しをする。

そうしたら、「見直すというのは今までやったのがだめだからやり直せというんだ」というような感情レベルで受け止めたんですね。全くそうじゃないんです。自己評価ということでしょう。それを校長は何だかんだということです。というのは私が行く前までは、今月はこういうことを中心に努力しよう、今学期はこれをやりなさいと言って、上から与えられたものだけやっていれば済んだわけです。

ところが私は手がかりは与えたけれども，あとは自分で自己評価しながら自分でやりなさいということで，突っ放される形になった。そうしたらもう不安でしょうがないわけです。ところが「校長は冷たい」の，「今までやってきたことがだめだからやり直せ」というので，もうそういうことばかりでやって，だから毎日職員と私は喧嘩のような状態が1年間続きました。それをわかるまで話はしてあるという形で，辛抱強くやりました。

　そうすると1年間それをやったら，結局はだんだんわかってきたんですよ。それで2年目から，実際に職員が授業を通した作業としてやれる形でもたないとだめだと，私も思うし，そうしたらちょうど1979（昭和54）年に，その1年目に職員と喧嘩している最中に梶田先生と一緒に指導要録改訂の仕事があったんです。

　ところが，実は梶田先生とは3回目の出会いなんです。というのは私が新任校長の時，この梶田先生に出会う7年前ですが，私が最初の新任校長の3年目の時に四六答申に基づいた文部省で研究開発室というのが高校課にできて，その窓口は高校課なんですが，小学校から中学校から全部含めた教育の研究開発をやるという，これも都道府県を集めてそういう研究協議を，関東甲信越まで入ったのかな，石和温泉で2泊3日やったんです。その時に梶田先生は主任研究官で，文部省側で，講義をする立場だったんです。それで梶田先生が担当されたのは児発達心理についてです。それでこれを聞いて私は目を見張る思いがしました。この梶田先生の発達心理の講義は本当に目が覚めるようにわかりやすくて新鮮だったんです。それで年はどう見ても30代半ば，先生は当時は33～4歳だったと思いますよ。それで私からするとうんと若いこの学者は一体なんだろうと思った。

　それで，まず梶田叡一という，実に新鮮な学者がいた，そうしたらその次の次の年になったら，今度は中学校の新しい指導要領の指導書をつくる，そうしたらまた同じグループなんです。それで梶田先生は教育課程の評価のところを担当された。それで原案をつくってこられたわけです。すると実にそのとおりなんです。梶田先生がおっしゃるとおりなんですが，あの先生は言葉に衣をきせないで率直にお書きになったんです。

第Ⅴ章　ブルーム理論と実践を拓いた人々の足跡

　それで私はまさに現場の実態はまさにこのとおりだと思った。でもこのままの表現で指導書が世の中に出たら，反発の方が大きくなって，感情的反発のためにせっかくのお考えが拒否される危険があるから，同じことを表現は別に変えてということで，それで教科調査官とか他の学者は人の学者が書いたものには口は出さないんですよ。誰も言いませんから。私は現場代表という気持ちだから，全くそのとおりだけれども，現場ではそういうことは，そのままではだめだよと率直に言ったら，梶田先生は率直に「わかりました」とすぐに言ってくれました。それで私は二度アレーと思ったんです。かなり学説については意志強固な先生のはずなのにね。そうしたら今度指導要録の改訂の時に一緒になった。

　それでこの中でもいろんなやりとりがあって，私が話をすると梶田先生が話をする，どういうわけかいつも同じ考え方なんです。それでもうこの指導要録改訂の終わりの頃，54年の終わりの頃になって，「実は先生私は若い頃から考えていた授業づくりによって学校改革をする，これ以外に校長の仕事はないと思っている，そういうことで全校あげてこれを継続してやりたい」から，「先生私の学校の専任講師になってくれないか」と言いましたら，そうすると「わかりました，行きますよ」というわけです。

　1980（昭和55）年は日本女子大の助教授だったんです。それでお住まいは神奈川県横須賀だったと思いますが，学期に一度づつ梶田先生は来てくれました。それも6年間ですから。梶田先生がお出でになった時には全校研修といって，一人の教員が提案授業をやって，全職員で参観して，梶田先生を交えて全部で検討して，その後で梶田先生のご講演をいただく，午後を全部使った，これが全校授業研究です。

　それと学年授業研究というのは，やっぱりこれも学期にどの学年も1回ずつ持ち回りでやる。だから1年間に7回の授業研究があって，学年授業研究の時には教科主任が入るのと，あとは校長，教頭，教務が入るから，大体当時の下館小学校というのは6学年7学級で1,600何十名か児童がいた大規模校だったんですが，ですから校長，教頭，教務が入ると大体11〜12の集団ができますから，授業の検討には十分です。

こういう二本立てでやって，梶田先生には学期に一度ずつということで，お出でいただいたんです。こういう私の若い頃の教員体験からの授業観が芽生えて，それがだんだん大きくなる，下館小学校の現実を踏まえて，やっぱりこれは授業で改革する以外にない，そこへ梶田先生とのタイミングのよい出会いがあったんです。

　先程どこへも行かないでここへ居座ったというのは，私がこの実践研究から抜けるわけにはいかないんですよ。途中で教育事務所長に出ろとか，中学校の校長に出ろとか，いろんな話があったんですが，県の教育次長まで説得に来るんですから，でもいやだめだということで，地元の教育長はもう諦めちゃって，それで県の方から来て，そういうところへも来たんです。でもお前が今ここで承知してくれないと，後輩を中学校へもっていかなくちゃあならないとか，途中で気が変わったと言われても困る，人事の地図ができちゃってから後で言われたって困るから，とにかく早く決断しろということでした。しかし私は今学校を離れることは敵前逃亡にも等しいことだから，それはできないということで，あくまでもここで最後までやりたいから，まあ何だかんだ言わないで，若い中学校長が来ればサポートするから心配するなということで，居座ったというのはこういう背景があったわけです。

　私は退職する時に，定年ですからやむを得ませんが，あと2年の時を与えてくれないかなと秘かに願ったんですよ。でもこれは定年だから，そんなわがままは通りません。というのは，情意面の評価の評価基準や評価の方法が，さっき言ったようにまだ十分でない。2年の時を与えてくれれば，あの所見をすべてまた頑張ってやりたいと思ったら，とうとうそれは叶わぬ夢，浪速の夢になっちゃった。

第6節
中島章夫氏インタビュー

聞き手：細川和仁（秋田大学）／古川　治
日　時：2008年3月3日
場　所：文部科学省

　中島章夫氏は，昭和54年当時，文部省初等中等教育局小学校教育課長，後審議官で昭和55年版指導要録実現のため文部省内で力を発揮した人物である。いち早くカリキュラム開発とカリキュラム評価の視点から，日本の各地の教育センターのカリキュラム開発センター化を提唱するとともに，義務教育だけでなく高校・大学教育も視野に入れグローバルに評価改革をとらえ，ブルーム理論を深く理解し，一貫して評価改革実現を支えた人物である。（古川治）

中島章夫（なかじま・あきお）
　1936年生まれ。1960年，東京大学文学部卒業後，文部省入省。初等中等教育局小学校教育課長，同高等学校教育課長，大臣官房政策課長，大臣官房審議官などを経て，退官。1993年に衆議院議員に当選。1996年に環境政務次官を務める。現在（財）国際教育交流馬場財団理事長。人間教育研究協議会（代表・梶田叡一）顧問。
　主な著書：『教育大国"日本丸"はどこへ』（N&S企画），『アメリカの教育改革』（監訳・リクルート），『昭和55年改訂指導要録の解説』（編著・ぎょうせい），『中等教育ルネッサンス』（学事出版）など。

第6節　中島章夫氏インタビュー

古川：昭和55年の指導要録改訂で、それまでの相対評価から絶対評価へ改訂し、初めて「関心・態度という評価の観点が一番最後に入ったということは、ドラスティックな改革がなされたのではなか。それがなぜ可能だったのか、何を狙っていたのかという点からお聞かせいただきたいと思います。

中島：梶田叡一さんとブルームのIEAのセミナーに出たのが1971（昭和46）年で、その次の年に私が中心になって梶田さんと一緒にブルームを日本へ呼んだんです。文部省と東大と国立教育研究所で講演してもらいました。そして、その前後から梶田さんが、形成的評価と総括的評価とか、マスタリー・ラーニングとか、いろいろブルーム理論の紹介を始めていて、ちょうどそれが日本でも長い間、戦後相対評価で一律にそれだけに頼って、相対評価だとあまり競争を煽りすぎるとか、受験体制ということが盛んに意識のある人たちには言われていたけれども、日本の教育界では完全に相対評価で正常分布曲線を描いてみんな落ち着くというのが何となく常識になっていた。そこへ絶対評価という観念が入ってきた。そのブルームを梶田さんが紹介をしはじめたのが、ちょうどいい流れになったんじゃないかなと私はそう思っております。

　そして、この昭和40年代というのは、昭和48年に高等学校進学率が9割を超えるんですね。40年の初めには7割だったんですが、10年間に2割上げてきたんですね。そして昭和30年代の後半に高校全入運動が起こっている。

　そういうことでわかるように、40年代には7割、45年ぐらいにはもう8割を超えていてという形で、ものすごい勢いで高校への進学者が伸び、当然に40年代の特徴というのは受験体制、詰め込み丸暗記ということで、昭和52年の「ゆとりと充実」の教育課程の改訂というのは、教育内容の思い切った精選と、今日まで続いている政策ですが、俗に内容3割、時間数にして1割と言われた削減をやって、「ゆとりと充実」ということになったわけです。

　それはまさに40年代に続いた受験体制、そしてそれへの詰め込み丸暗記、その背後にあるものすごい相互の競争、教育界の本当の病理というようなものにどう立ち向かうかということで、ちょうどブルーム理論も含めた新しい思い切った改革をやらなきゃあいかんということで、ちょうど文部省の初中局長に諸澤さんが就任をしました。この人がまた本当に教育課程のことにつ

第Ⅴ章　ブルーム理論と実践を拓いた人々の足跡

いてよく理解をしていて，彼は行政官ですが，今から考えると非常に鋭かった。

　昭和40年代の当時の新聞記事，昭和54年の東京新聞，サンケイ等々なんですが，指導要録改善協力者会議を始める前に，当時の問題点が全部，どの新聞も同じようなことを書いてあるんです。つまりもう内部的な検討が終わっていて，例えば小学校の低学年は3段階評価だとか，絶対評価が大事だということで，絶対評価を加味した相対評価というんでしょうか，そういう方向性が出ています。

　辰野千寿さんに指導要録改善協力者会議の座長になっていただいて，その後，この昭和55年の発表の頃まで約半年間，いわゆる協力者会議をやっているのですが，もうその前にある意味で事務的にいろんな検討が調査官，視学官，局長のところで進んで，こういうことが昭和54年の9月の段階で出ているんです。この頃から次の3月まで協力者会議を始めたんです。

　そこで絶対評価，観点別学習状況，この辺はやっぱり梶田さんなんかの存在が大きかったと思います。昭和46年の中教審答申の先導的思考が出てきて，それで昭和46年に例のブルームのスウェーデンのセミナーに梶田さんたちと出て，それで梶田さんに研究開発室に来てもらったんですね。昭和47年ぐらいからあと来てもらったんですね。そこで文部省内にもその評価のこと，しかも最先端の評価理論をもった人が当時いたというのは大きかったと私は思いますね。

　私もこの観点別学習状況なんかは，自分が取り入れたというほど専門性は私は高くないのですが，実際にこういう解説（諸澤正道監修，中島章夫・垂木祐三編著『昭和55年改訂　指導要録の解説』ぎょうせい）を書いたりしておりますから，十分理解はしておったつもりなんですけどね。これが入ってきたというのは教育課程を構造的に見ていくという上からは非常に一つの時期を画したんじゃないかと思いますね。

　私はこの後，昭和53年に小学校課長になって，2年経って昭和55年に高校課長になったんです。そこで教育課程の改訂と指導要録の改訂をやりまして，高校でもその解説を書いているんです。

古川：今のお話で52年の指導要領の改訂，また55年の指導要録の改訂の「関心・態度」というもの，絶対評価が入ってきたというのが，実は地下水脈のようにいろんな流れがあって，その前後からいわゆる競争主義の教育を何とかしなければならないという流れと，それからこういう形でかなり文部省内部，行政内部の方々も指導要領，指導要録の改訂で，「絶対評価」を加味していくということをもう腹案としてお持ちになりながら，指導要録協力者会議なんかをつくっていかれたわけです。ただ，その頃，絶対評価，特に「関心・態度」のような情意面は評価に馴染まないのではないかという声が一部あったということも聞いているんですが。

中島：そうでしょうね。私は，教育課程，評価ということに関心を起こさせられたのは，ブルーム理論から入っていきましたから，その中ではコグニティブなものもアフェクティブなものも，サイコモータードメインの，この三つのドメインというものをやっぱりきちっと見ていく，初めからそれがもう常識，当然のものとしておったものですから，だから今のように評価に馴染まないという感じでは自分では全然とらえもしなかった。そういう話がもしその当時出てきたとしたら，いやそうじゃなくてこうじゃないでしょうかという，その関心・態度も子どもの全体的な発達の上ではものすごく大事なものだと思いますよ。

　例えばこういうブルームの理論もありますという，こういう話で答えていただろうと思いますよ。だから私には何の抵抗もなかったですけど，現場ではおそらく，私はその当時の現場の様子がよくわからないですが，まあ抵抗もあったのかもしれませんね。だけど一番難しい評価のところを避けて通っておったらどうしようもないので。その後，教育課程評価ということが，あの1998年の中教審の答申か何かが出てきた時に，教育課程評価というのは初めて出たんですね。

　その教育課程評価ということが出てきた，その前の頃から，ちょうどこの教育課程が創意工夫ということで現場に投げたわけですよね。ある意味で，教育課程の基礎基本に絞って，学校が創意工夫をこらして教育課程というものをつくってくださいということに投げたわけです。通常なれば投げたら，

どういうふうに現場が工夫したかということを，総括的な評価でフィードバックしてこないといけない，この機能が文部省に一切ないんです。そういう機能を担当させるべく都道府県の教育センターというものを育てるべきだったと思うんですが，全然です。

だから私に言わせれば，ここの1980（昭和55）年の指導要録改訂というものの哲学が，つまり40年代の丸暗記，詰め込みがものすごく批判をされた，それでうんと絞ってきた，時間数も減らせよう，それで創意工夫で投げた，フィードバックもせずに臨教審との関係で10年足らずでまた教育課程審議会を開いた，内容的にはさっきの生活科と世界史ぐらいなもので，あとは本当はその前のこの時には高校の多様化をうんと進めたわけですね。次は中学校の番だということで，あえて特徴づければ，中学校が極端に言えば微動もしなかった。何にも変わらなかった。

そして，1992年から月1回土曜日が休みになったでしょう。1996年からは月2回土曜日が休みになったでしょう。その頃にはもう2002年には土曜日は全部休みになるということがほとんどみんな見えていたわけです。つまり減っていくのはずっとこの間の哲学だったんですよ。だから2002年の改訂も週休2日制のもとでの改訂ではありますが，この1980（昭和55）年の哲学，減らしていこうという，基礎基本に絞っていこう，あとは学校の現場にお任せをして工夫をしてもらいましょうという，この方針がずっといったんですね。

だから私に言わせれば30年間哲学はない，これしかないんです。だから先を見越した，OECDとか，いろんな問題も出てきますけど，長期的な展望を見据えて，長い20年30年というぐらいの意識で方針を決めていくというようなアレがここのところどこにもないんですよ。それで梶田さんが2008年の中教審答申でやってくれた，あれはそういったゴチャゴチャしてきたのを一回まとめて今出したという感じにしか過ぎない。

もうまさにブルームが言うパッチワークしかならない教育課程改訂をずっとやってきている。だから構造的に見直す。そして特に現場ではさっき言っていた，学校が本当に教育課程をつくる体制をつくっていかないかん，そのためには学校だけで言っててもできないところがあるから，県のセンターを

カリキュラムセンターに育てながら，そこにやっぱりテクニカルサポートをしてくれるようなものをつくりながら，学校をそういうふうに改めていかないと，この評価も定着をしていかない。

最初に申し上げた，教育課程の開発という意識が本当に学校の先生にはない。文部科学省の中をうろついておってもないです。だけども教育課程というのは国立教育政策研究所の中の教育課程開発センターで実験と総括評価と，それから先導的な試行的な評価，形成的な評価というものをやって，そしてそういう科学的なデータで次の展望を出すということ，そのデータで教育課程審議会を開いていく，そのためにはここで言ってるような，やっぱり文部科学省がもっている専門家というものが予め分析をしているということでないと，審議会なんか本来は動かないんですよ。総合的な学習の時間だって，あれはどうやって決めたかというと，何か文部省の初中局のキャリアだけを集めて，その中ででてきた意見をポッと入れて，バックデータも何もないんですよ。だから私は初めからあんな非科学的な導入のやり方はないと言ってます。必要なれば教育課程センターとか何とかで2年や3年は実験をして，これこれの問題とこれこれのアレがありますから，こういうふうにやりましょうと，そういうふうに言ったらみんなついてくるんですよ。そのデータ分析というのをきちっと持ってないとだめだ。これが教育課程に関しては最大の課題です。

小学校までは国民共通の資産ですから，次のジェネレーションをどういうふうに教育していったらいいか，国民共通の願いがこもっているんです。これはやっぱり国がある程度の自信をもって，基礎的なことだけは決めて，指導要領というのは持っていていいと思うんです。中学校の頃は社会科とか理科の基本的な方針だけは，そして美術とか音楽とか，芸術的な時間枠だけは大事ですが，それ以外のことは内容に立ち入った基準なんかもう中学校から必要はないと私は思っている。

だから必要ならば二つか三つの見本を示しておく。高校は基準はやめて，それも二つか三つのモデルカリキュラム的なものをつくっておくということで参考になればいいです。もう教科書なんか，国定の教科書なんてとんで

もないと思いますね。

　そういう意味で，私は問題山積だと思っているから，制度と実践の間と言われてみても，本当に教育課程のそこで観点別学習状況の四つの学習評価の観点は示したけれども，そのことが定着しているかどうか以前に，そのカリキュラムを学校が開発を本当にしてくれてないからだめだと思いますね。

　その気運はやっぱり県の教育センターです。今度から神奈川の高等学校では日本史を必修にする，そうすると近現代史に視点をおいたような特色のあるものと郷土史的なもの，やってみたらいいと思うんですよ。どういうところをとらえて，1〜2単位のものですから，何でもかんでも放り込むわけにはいかんわけだから，やっぱりカリキュラム開発としては非常に大事な意識があるわけです。

　今までの各県の教育センターに対する指導は国立教育研究所がやってきたんです。国研が集めて教育センター会議をやってきたんです。だから行政とつながってないんです。行政研修というのは，大事なものを県の学校教育課なんかがやっていて，センターの方は家庭科の研修とか技術研修だけやってきたというのが歴史である，これを一緒にして教育課程として一緒にやれるようにならないとだめだろうと思うんですね。

古川：中島章夫先生の目から見られて，昭和55年以降の学力観というのは変わってきているんですか。形式的には指導要領が出るごとに学力観を示す目玉のフレーズが出てきますが。

中島：先程ちょっと申し上げかけましたのは，これが出てからジワッとですが，行政の方も，確か1992年から始まった，この2002年の前の教育課程の時，私が審議官で対応した時の頃から，昭和55年がベースになって，投げたということから，教育課程評価というものを始めて，教育課程というのは数字で表せるものだけが評価の結果で，数字で出てくるものだけが評価でないという意識は浸透してきたように思いますね。

　ですから芸術教科とか，いろんな特活とか，教育課程評価にいろんな人が行く時にも数字に現れない，点数に現れない教科というのはあるという意識は文部省関係者はみんな共通に持つようになってきてますよね。そこは変わ

ってきているんじゃないでしょうかね。

　それをどうやったら評価できるかというのはまた別な話ですけど、やっぱり中心になってくるのは数字に出てくるのが一番中心になって、テストの結果がいつも問題になりますけど、2006年のPISA（OECD）調査なんかは良い例で、その中でも非常に大事な子どもたちが本当に、私なんかはあの中で特に注目しているのは、教科が好きかどうか、学習に意欲があるかどうかというのも出てきますけども、そこの面では常に日本は落ちてきております。これだけ一生懸命教えていて、教科嫌いにしておったのではしょうがないと思いますね。

　教科のおもしろさというのを本当にみんな同じように、同じ時間でなくていいから、それこそブルームのマスタリー・ラーニングが必要ですよ。ある子どもにはうんと違った時間、倍ぐらい、あるいは10倍ぐらいの時間をかけてもいいから、中学校の1年生の終わり頃までには、少なくともその子どもが持っている教科に関する最大の興味というものを身につけてやる、こういう発想があって、ようやく子どもたちは生きてくると思うんですけど、初めから教え方も内容も全く同じで、時間割固定でみんなこうやってしまうんですから、みんな共通の指導でしかやってくれないものですから、変化は起こらないですね。

古川：そういう意味でも昭和55年の指導要録改訂の意義は大きかったということですか。

中島：これは大きかったと思います。だから形の上ではカリキュラム評価をする体制、これはもう少しモディファイしてもっといいものになるかもしれませんが、しかし原型的には私はいいものができていると思うんです、出発点ですね、そこへ行くまでの出発点のところが見えていない、学校でとらえていないと私は常にそう思っています。

古川：この本（『昭和55年改訂　指導要録の解説』）の中に、「全教科の観点に「関心・態度」を共通に入れている」「難しさがあることは事実であるが、指導と評価が知識・理解の面に偏りがちな学校教育の現状についての反省に立って」「この観点を立てることにした」という文があるんですが、この当時パ

イロット校になっていたような学校なんかはございましたでしょうか。これはもう文科省が行政的に改訂のリーダーシップをとったということでしょうか。

　おそらく，梶田さんなんかがやった静岡大学附属浜松中学校だとか，そんなところでどうやっていたかということが辿れるぐらいじゃないでしょうかね。だからそういうことを書いて，こちらの調査官そのものがそれにのった組織になってないんですよね。従来とおりサブジェクト・スペシャリスト的な感じで。

古川：この時，中島先生は小学校課長だったんですね。だから課長がリーダーシップをとったということですか。

中島：この頃は私は（旗を）振れませんでしたね。私は梶田さんなんかと一緒にいて，ブルームの薫陶も受けているものだから，あれがまあ私の頭には常識で，何も抵抗感がなかったんですけど，現場がどうのという発想はなくて，むしろ高校課長を4年半やりましたら，これはもうよう首を切られなかったと思うぐらい旗を振りました。だけど小学校の時はまだ課長になりたてでもありましたし，だからそこまでリードする専門性を持たなかったんですね。その時の初中局長が諸澤さんです。この方は行政官ですけどね。やっぱり鋭い意見を持ってましたね。

第7節
梶田叡一氏インタビュー
―― 戦後教育評価改革のこれまでとこれから ――

聞き手：後藤真一（後藤教育研究所）／古川　治
日　時：2010年3月30日
場　所：大阪府箕面市教育センター

梶田叡一（かじた・えいいち）

1941年，島根県松江市生まれ。京都大学文学部哲学科心理学専攻卒業。文学博士。国立教育研究所主任研究官・大阪大学教授・京都大学教授。京都ノートルダム女子大学学長，兵庫教育大学学長。環太平洋大学学長を経て，現在，奈良学園大学学長。人間教育研究協議会代表（1989～2015），日本人間教育学会会長（2015～）。
この間，第4，5期中央教育審議会副会長，同初等中等教育分科会教育課程部会長，同教員養成部会長など。
主な著書：『人間教育のために』（金子書房），『子どもの自己概念と教育』（東京大学出版会），『教育評価』（有斐閣），『不干斎ハビアンの思想』（創元社）など。
神戸新聞平和賞（2010年），裏千家淡交会作動文化賞（2012年）を受く。

第Ⅴ章　ブルーム理論と実践を拓いた人々の足跡

学力観・評価観の転換と1980（昭和55）年指導要録の改訂

古川：戦後の指導要録改訂の中でも1980（昭和55）年の指導要録改訂は相対評価から絶対評価への転換点となり，エポックメーキングなものとなりましたが，そのお話をうかがう前に，その背景にある戦後の教育評価の流れを少しお話いただけますでしょうか。

梶田：戦後の学校教育の歴史というのは，1946年にアメリカの教育使節団が来て，新しい教育制度をつくる，新制中学，新制高校をつくる，ということの中でカリキュラムとか評価の考え方も一新したわけです。これが1948年の指導要録にはっきりと示されています。それまでの学籍簿をやめて，「ガイダンスレコード（Guidance Record）」を翻訳した「指導要録」にする。そして，成績評価というのはそれで行き止まりじゃないんだ，その後の指導のために役立てるものなんだ，という性格づけがなされる。これが後では形成的評価という概念になっていったわけです。こういう考え方がもう既にこの時に打ち出されているわけですね。だから，学校の戸籍という学籍簿でなく，ガイダンスレコード，指導要録なんだ，ということなんです。指導に生かすための要録，記録である，ということです。これはとても大事な点でした。

　しかし同時に，その時に持ち込まれた評価の仕方というのは，相対評価です。相対評価が日本で本格的に行われるようになったのは，1948年の指導要録からです。当時は「＋2・＋1・0・－1・－2」という5段階で相対評価をする，これこそが科学的な評価の仕方だ，ということで喧伝されたわけですね。確かに評価を客観的なものにするという意味で，一つの意味はあったと思うんだけれども，教育的には問題があります。

　しかも，なかなかガイダンスのために，指導のために成績評価を生かしていく，ということもあまり日本では定着しないで，結局はただ単に記録をつくる，あるいはそれによって子どもにレッテルを貼っちゃう，という悪い面が評価に出てきてしまったわけです。

　そうした中で，文部省の中島章夫さんや武村重和さんと一緒に，1971年の

夏,ベンジャミン・ブルームが責任者を務めたグレナ・セミナーに行ってきました。スウェーデンのグレナで開かれた国際セミナーで6週間勉強してきた。この時に30何カ国から参加者が来ていたわけだけれども,新しいカリキュラムの理論,新しい評価の理論を勉強しなおして,自分の国に持ち帰ってやっていこうというセミナーでした。

　評価について新しい考え方というのは,一つは相対評価でなく目標準拠という考え方でやっていこうということが非常に強く出ていたということ。もう一つはそれと関係するわけですが,目標としてどういうものが大事なのか体系的に認識しようということでした。内容的に体系化する,同時に認知領域であれば,情意領域であれば,精神運動領域であれば,ということで,能力レベル的な位置づけもはっきりさせる,そういう2次元マトリックスの考え方で体系的にとらえなくてはならない,という考え方です。

古川:ブルームたちが開発した教育目標の分類学(タキソノミー)を活用した考え方ですね。

梶田:だからカリキュラム内容的な面と能力レベルの面と両方から目標のあり方を考えましょう,ということが強調された。もう一つは,前からアメリカで言われていたんだけれども,ガイダンスのために,指導のために使うということを形成的評価という概念として明確化して,具体的な方法論まで落としてやっていこう,ということが強調されました。

　このことを,71年のグレナ・セミナーの後,各国でずいぶんやったわけです。我々もここで勉強したことを持ち帰って,その中心的な文献を丸2年かけて翻訳をして,1973年に『教育評価法ハンドブック』を出し,74年には各教科領域ごとに詳しく説いた『学習評価ハンドブック(上・下)』を出しました。これが広く読まれ,それによって現場で実践的な取り組みをやっていこう,という動きが出てきました。

　韓国では71年のグレナ・セミナーのずっと前から,キム・ホウゴン先生は,そういうマスタリー・ラーニングの理論についてベンジャミン・ブルーム先生の指導を受け,シカゴ大学で博士号をとられた方です。ソウル大学を中心として,キム・ホウゴン先生,その指導者のチョン・ボンモ先生,この人が

第Ⅴ章　ブルーム理論と実践を拓いた人々の足跡

学部長をやっていて、もう既にキム・ホウゴン先生が中心になってマスタリー・ラーニングのプロジェクトを進めておられました。ソウルの中学生たちを対象として、主要教科で目標分析をしたり、目標それぞれの実現をチェックしたり、そのチェック結果に応じて子ども一人ひとりの学力パターンごとに補充・深化課題を準備し、どの子どもにもある一定以上の学力を保障しようという取り組みを大規模にトライアウトしておられました。

　だから、それまでは評価というと測定とほとんど同じように考えていたわけです。知能を評価するには知能検査の話が出てくる、学力を評価するには学力テストの話が出てくる、ということで、知能や学力の中身をどういうふうに考えたらいいか、ということが考えられなかった。だから、カリキュラム内容と能力の体系という二つの次元で、縦横のマトリックスをつくって、なんていう考え方は日本ではなかったわけです。結局は測定論だったわけです。測定ということになると、一次元的に見ていくわけだから、100点から0点までという形で学力を見る、IQでいうと標準が100で、あの子は120だとか90だとかいう形で知能を見る、というだけになります。この子は何が強くて何が弱いかと、一人ひとりきめ細かく多次元的に学力実態とか能力実態をとらえて、それを授業の中に生かしていく、指導の中に生かしていく、ということはなかったわけです。

　一方では、指導要録とか通知表というのは相対評価で、学力は正規分布するのが当たり前だとされてきた。こういうとらえ方では、後の授業に生きるわけでもなく、指導に生きるわけでもないわけです。我々のブルーム理論の紹介が大きなインパクトを与えたわけです。

　それで、各地で実践化に取り組む学校が出てきたわけだけれども、73年、74年に翻訳を出して、すぐに取り組みだしたのが、岩手大学附属中学校、福岡教育大学附属福岡中学校、島根大学附属中学校、静岡大学附属浜松中学校です。当時「形成的評価の四附中学」と呼ばれていたわけですが、これが1975年から1980年代初めぐらいまでです。

　それから研究サークルとしては、1974年夏から植田稔先生を中心とした神奈川県藤沢市のグループが小学校を中心に取り組み始めています。こういっ

たところが草分けと言っていいでしょう。アメリカでも各地でそういう取り組みが行われていたわけですが，日本は遅れていたわけです。

古川：まだ1920年代のソーンダイク流の測定主義（メジャーメント）の考え方を引きずっていたわけですね。
梶田：完全に引きずっていた。タキソノミーなんかもアメリカでは1940年代後半からアメリカ心理学会でグループを作って着手して，1956年には認知領域についてタキソノミーが完成するわけだけれど，それでも日本には全然知られていない。あるいはガイダンスレコードということで，ガイダンスのための評価という考え方があったけれど，それを理論化して，どう実践に生かすかという形成的評価の考え方もあまり日本では知られていない。

　それが1973年，74年の翻訳で日本に少しずつ伝わってきた。もう一つ，1976年には，キム・ホウゴン先生の『完全習得学習の原理』というマスタリーラーニングの本の翻訳が日本で出ている。だから1970年代には，新しい流れについての理論や実践の手掛かりになるものが出ていたわけです。

　藤沢グループが一番早く実践研究を本の形にまとめて出しました。1976年，キム・ホウゴン先生の翻訳の刊行と同じ年に，植田稔先生と私の共編著という形で『形成的評価による完全習得学習』という本が出ます。理科を中心としたものでしたが，これもまた大きなインパクトをもったと思います。

　そういう流れの中で，1980年の指導要録の改訂がありました。これは終戦直後にアメリカが持ち込んだ評価理論を清算したものであると同時に，新たに日本で70年代後半に盛り上がってきた研究を踏まえたものでした。そういうことでアメリカやヨーロッパの当時の評価研究の流れと遜色のない指導要録の改訂とそれによる評価観の転換ができたと思います。
古川：その内容は主に相対評価から絶対評価に変える，指導と評価の一体化という形成的評価の考え方が入る，評価項目としては観点別評価が入る，そして認知面だけでなくて情意面の関心・態度というようなものも入る。それから，所見欄も自由記述欄という形で事実の記録だけではなくて，子どものよさを認めていこうという方向に変わっていったということですね。

梶田：子どもたちを評価するというのは，測定することじゃないということ，しかも一次元で評価するのではないということが，明確に打ち出されたわけです。相対評価ではどうしても一次元になります。優れた劣ったになっちゃうけど，そうじゃなくて，この子はどこができる，あの子はどこができる，あるいはこの子はどこに課題が残って，あの子はどこに課題が残ってという，そういう多次元な見方を入れたということです。さらに言うと，学力というとどうしても認知領域だけで考えやすいけれども，情意領域を大事にしたということです。それから，認知領域でも知識・理解・技能と思考力，表現力，判断力という，今で言うと習得のレベルと活用のレベルをはっきりと分けたということ，こういう点なんかが画期的だったと思います。

　この1980年の指導要録の様式の改訂があって，ここで1971年に我々が勉強してきたこと，それ以降各地で紹介し，実践研究を支援してきたことが一つの実りを迎えたと思います。この指導要録の改訂の時に，どういう観点にしようかということで，岩手大学附属中学校，福岡教育大学附属福岡中学校の目標分析などの資料が協力者会議で配られました。例えばこういうふうに，目標準拠の評価というのは，つまり相対評価じゃない評価の具体的なあり方というのはこういうことなんですよとか，形成的評価，指導と評価の一体化ということは，実はこういうようなことなんですよ，ということを実践的な資料に基づいて指導要録改善協力者会議で議論していきました。

古川：1979（昭和54）〜1985（昭和60）年指導要録改善協力者会議の様子ですが，当時委員を務められた宮本三郎先生（茨城県下館小学校長）へのインタビューによると，それまでの文部省の協力者会議というのは1年ぐらいかけてやるんだけれども，この時の指導要録の会議は短期集中で，真ん中に協力者の席が円形になっていて，外側の円に教科調査官や文部省の局長も出てくるという非常に物々しい雰囲気で，文部省自体が絶対評価に転換したいという強い意思を持って臨んでいたというふうにうかがっていますが。

梶田：そのとおりなんです。1971年にブルーム先生の6週間セミナーに文部省が若手の課長補佐の中島章夫さんと，一番若かった理科の調査官の武村さんと私を派遣したというのは，1980年の評価観の大転換の準備になったわけで

す。もう70年頃から，文部省の中にも，敗戦直後の評価観あるいは評価イコール測定という考え方，それを少し改めなきゃいけない，しかしこれは抜本的な話になるし，理論的な背景がわからなきゃいけないし，という課題意識があったのではないか，と私は想像しています。だからこそグレナ・セミナーに文部省が若手のキャリアや調査官を送ったのではないか。将来幹部になるような人をこういうセミナーに送ったというのも初めてだろうし，教科調査官だって基礎理論を勉強させるために6週間も仕事を離れて送り込むなんて稀有なことでした。

　1980年の指導要録改訂は文部省としても今までとは全く違う姿勢態度で臨んだんだと思うんです。ただ単に学習指導要領を変えたから指導要録もどうにかしましょう，という話じゃなくて，やはり学力観あるいは評価観というものを根本から，変えないといけないということで取り組んだのが，あの1980年の指導要録の改訂だと思います。

　1979年の指導要録改善協力者会議では完全に多勢に無勢でした。当時の評価をやっていた人達というのは，新しい流れのことは知らなかったわけです。だからいくら話をしても，パラダイムといいますか，基本的な学問の枠組みが違うものだから，彼らは理解できないわけです。彼らから言うと，評価というのは例えば図工の能力を評価するには，図工でどういうテストをつくったらいいかというだけの話ですよね。測定論的に，ソーンダイク的にどうつくったらいいか。だから図工の指導の中にはどういう大事な目標があって，例えば何年生の図工ではこういうことをわからせないといけない，こういうことをできるようにしなくてはいけない，こういうことに関心を深めさせなくてはいけない，こういうことに意欲を持たせなきゃいけない，どういう表現力を育てなきゃいけない，などという目標論が評価の中心に存在するなんて想像もつかないわけです。「はいそうですか」という文部省の会議であれほど熱っぽい議論が交わされたのは珍しいことだったと思いますね。

古川：宮本先生はそのことが逆に，聞いている委員にとって梶田先生の新しい評価理論の意味がわかり，全員の共通意識が高まっていったのではないか，というふうにおっしゃっていましたが。

梶田：私もそう思います。敗戦直後に持ち込まれて，それまでは常識になっていた考え方がどうも駄目らしいことに気がつくわけです。協力者会議に出席していた人達の中には，宮本先生もそうだし，実践に関心がある人が何人もおられたわけだから，そうした新しい考え方でないと評価と授業は結びつかないという，そこのところがわかっていただけたと思います。結局最終的には我々の理論が理解された。だから私も引き下がらないしね。それに資料として出されていたのが，私が指導してきた岩手大学附属中学校やら福岡教育大学附属福岡中学校のものでしょう。具体的な目標分析のやり方，それを基礎として単元をどう組んでいくかという単元指導計画の組み方，指導の過程のどこに評価の場をおいて，子ども一人ひとりの達成パターンを見てとって次の指導のステップに生かすということ，こういうことがきちっとできていることがわかるわけです。

　アメリカやキム・ホウゴン先生の研究の成果をみれば，学力が上がっているわけですね。そういう実証的な研究があって，それが私の翻訳した『完全習得学習の原理』に細かいデータとして出ている。

古川：梶田先生が提案されたのは，指導要録の評価を相対評価から絶対評価へ改訂していくことが基本だけれども，指導と評価は一体化しなければならない。加えて言うならば目標と指導と評価を一体化して，形成的評価をしながら授業改革をするという，その指導の改善に必要なのが形成的評価である。そういう議論を提案されたわけですね。

梶田：今の言葉で言うとエビデンスベースド（Evidence-based，事実を基にした）と言いますね。現実ということに根ざした働きかけなり実践なりをしないと，すべてが宙に浮いちゃうわけですね。

　当たり前といえば当たり前のことなんだけど，これが忘れられちゃって，印象論，心情論で流されがちだったわけです。それが戦後教育の流れの中でもっと増幅された部分があった。だからこそ，評価という大きな視点を持ち込むことが必要だったのです。評価というのは子どもの現実を多面的に見ることです。しかも次のステップに向かってそれを生かすことです。こういう新しい評価の概念を持ち込むことによって，結局教育のあり方そのものを変

えようということだったわけです。

1975（昭和50）年通知表全国調査（第1次）と指導要録

古川：話は少し戻りますが，先生が1975（昭和50）年に国立教育研究所で通知表の全国調査をされました。ちょうど相前後して77（昭和52）年に「ゆとりと充実」ということで，「ゆとりあるしかも充実した学校教育」をという学習指導要領が出ました。背景にはいわゆる落ちこぼれ問題があったと思うんですが，先生は通知表調査の意義といいますか，それがまた指導要録改善などに与えた影響というのはどんなものだったとお考えでしょうか。

梶田：第1回の通知表調査をした1975（昭和50）年というのは，71年以降ブルームの考え方を日本に紹介して，当時私は国立教育研究所にいたので，全国の都道府県の教育研究所，今の教育センターからお招きを受けて，全国的にブルーム理論の話を聞いてもらってきたわけだから，先進的な先生方は評価改革が始まるんだなと理解し始めたころです。

　ところが，教育実践のあり方そのものに生かしていくということになると，なかなかなわけですよね。授業に生かす前に，例えば通知表の様式も変えないといけないだろうし，日常のテストのあり方も変えないといけないだろうし，当然のことながら授業も変わっていかないといけない（当時はまだ指導要録は変わっていないのですけどね）。

　通知表というのは学校の判断で出すものだから，もし新しい考え方に切り換えようと思えばやれる。最初の通知表調査というのは，私が全国を回ってブルーム理論の話をし，ずっと続いてきた相対評価の評価観を刷新しようということを言ってきたわけですが，通知表という具体的に目に見えやすいもので，その兆しが出てきているのでは，ということを確認しようとしてやったわけです。ところによっては本当に変わってきているところがある。

古川：北海道，長野，大阪などの地域ですね。

梶田：北海道は，旭川の公立中学校，網走の公立中学校などが，岩手大学附属中学校だとか福岡教育大学附属中学校と同じような形で形成的評価の実践に

取り組んでいました。公立ですから，少し簡略化していますが，やっぱり新しい評価観・教育観で実践をやっていこうというところが出てきていたんです。根室市教育研究所もそういうことをやっていた。北海道は非常に早かったです。通知表なんかもその影響を非常に受けている。

古川：もうその頃は，目標分析に基づいた単元構成，形成的評価の指導への活用，いわゆるブルームのマスタリーラーニングに基づいた授業づくり，梶田理論の「学力保障と成長保障の両全」という取り組みは，学校現場の先生に広がっていたわけですね。

梶田：1980年代にはもうできているわけです。多くの学校現場では目標分析や形成的評価も実践し，マスタリーラーニング，到達度評価を目指していたわけです。そこでははっきりと「学力保障と成長保障」ということもいわれていました。公立学校が取り組める形でわかりやすくまとめたのが茨城県下館小学校の本で，2冊出ているわけです。『形成的評価の目標分析と授業設計』『形成的評価による学力保障と成長保障』，これが明治図書から85年に出ています。これはある意味で集大成だと思う。下館小学校の本は，宮本三郎校長が非常に現実的な方で，その下で先生方が苦労してつくった本だから，目標分析のやり方にしても，授業設計の仕方にしても，また評価から指導に結びつけるフィードバックの仕方にしても，無理がない。

古川：その意味では，1980（昭和55）年の指導要録の改訂をきっかけにして，大きな評価観の転換並びに学力観の転換，授業観の転換がそこから展開していったということですね。

梶田：そうなんです。あれは大きなエポックメーキングなできごとでした。一つのピークだったわけですね。

1990年代以降の学力観・評価観と新しい指導要録への期待

古川：相対評価による指導要録は，絶対評価（目標に準拠した評価）に大きく変わりました。1980（昭和55）年で変わって，次は1998年に総合的な学習の時間が入り，2002（平成14）年には，国立教育政策研究所から評価規準，評

価方法の参考資料が出されました。

梶田：1980年の指導要録の改訂から後は，言い方が少しずつ10年ごとに変わっていますが，考え方は変わっていません。実際に現場で評価が大事にされるように変わってきたわけです。例えば1990年代は生活科が入った，2000年代は総合的な学習の時間が入った，例えばこの生活科や総合的な学習でも評価が必要なんだけれども，「評価なんてことは一切必要ない」，みたいな言い方が出てきた。

　もう一つは，1990年前後から「新しい学力観」という言い方がされて，「評価は関心・意欲・態度だけでいい」と言われた。1980年のエポックメーキングな観点別の導入の場合には，学力というのは関心・意欲・態度もあるし，思考力・表現力もあるし，技能もあるし知識もあるしという，少なくとも4つの面から見ていこうということだったわけです。関心・意欲・態度だけが学力だ，となったのが1990年代です。そういう中で実質的に評価を考えない空気が拡がっていった。そして，また印象で教育を語る，心情で語る，という傾向が非常に強くなってきた。

古川：1989（平成元）年の学習指導要領では新しい学力観，それを受けて「観点別評価の状況」も資料として文科省から出されましたが，実質，定着はしませんでした。梶田先生がおっしゃったように，指導要録については観点別評価で関心・意欲・態度が一番上にあがったということだけがトピック的に扱われて，この間大きな変化はなかった。それが2008年の学力充実へ転換した学習指導要領で初めて総合的な学習でも評価が必要であるというふうに，これまでの問題が整理されました。

梶田：1990年前後から「新しい学力観」ということが言われた。「ゆとり」ということが本格的に言われたのも1990年代。「ゆとり教育」と言われてきたのが90年代です。「ゆとり」というのはまさに心情です。何がわかってできて，力がついてということは誰も考えなくなった。関心・意欲・態度にしても，基本的には気持ちの問題か印象の問題になってしまった。目がキラキラとか，みんな生き生きという，印象だけが問題になった。

　1990年代の終わりには既に，科学技術庁を中心として，理数系の学力が落

ちている。「このままだと日本の科学技術は壊滅状態になる」、という声が出てきています。それで科学技術振興基本計画というのをつくって、閣議決定後、国会で了解してもらって、5年間で7兆円という巨額なお金を注ぎ込む、次の5年には8兆円という流れができてきたわけです。

　それが、2001年のPISA（OECD）の国際学力比較調査で少し目が覚めた。2003年、2006年の調査では「PISAショック」と言われるぐらい大きく目が覚めた。日本の子どもたちの学力は本当にまずいことになっている、ということがわかったということです。

　小・中学校の世界でも1990年代から心配する人の動きは少しずつ出てきて、あるいは研究者の方からも出てきて、これが科学技術庁の動きと一緒になって2000年に内閣主導の「教育改革国民会議」が設けられた。実はその時に文部省は「ゆとり」をもう一段進める新しい学習指導要領を告示してしまっていたんだけれども、このまま「ゆとり」で突っ走っていっていいのか、という問い直しをした。もう一度きちっとした力を学校でつける、という考えに引き戻さなきゃいけない、という動きですね。「学力」といっても、知識・理解・技能だけじゃありません。「PISA型学力」と言われるような議論が2000年の「教育改革国民会議」でもあって、2001年から文部省が科学技術庁と合併して文部科学省になったものだから、それが国の教育行政の前面に出てきたということがあるわけです。

　だから2008年の学習指導要領の改訂では、はっきりとした形で、もう一度学力をつける、具体的に責任をもって子どもたちに一定の学力をつける、人間的な成長を保障する、こういうことが基本的な考え方になりました。そして2007（平成19）年度から全国学力・学習状況調査を悉皆で始めて、子どもたちに学力がついているかどうかを確かめるという流れの中で、学習指導要領の改訂が準備され、2008年3月の学習指導要領の告示となったわけです。

古川：2001（平成13）年の指導要録改訂では、目標に準拠した評価が全面的に学校現場に広がっていく中で、国立教育政策研究所が評価の参考資料を出しました。それは積極的なものでしたけれども、1時間の授業に4観点を割り振る、非常に細かい例を示したために先生方に負担を与え、現場に定着しない

問題点もり，功罪相半ばするように思うのですが，いかがでしょうか。

梶田：細かい目標や評価規準を参考案として出したことで，現場では伸び伸びした実践ができなくなってしまった。だから本来の評価の考え方をもたなければいけない。細かくやるのは第二次世界大戦の時のプログラム学習の発想です。まだ日本では評価や目標の話になると，スモールステップで細かく経過的な目標を全部出していって，という考え方になってしまいます。その考え方は克服しなければいけません。

　大事なのは，教育の成果についての考え方をもう一度確認しておくことです。教育の成果には基本的に3種類あるんです。1番目は，指導すれば，それがきちっと確認できる形で成果となるというものです。知識・理解や技能，その場での関心や意欲は，指導すれば成果が出てきます。我々はそういうものを達成目標タイプの目標と言ってきました。

　2番目は向上目標タイプの目標。目標がどう実現したかを長い目で見なくてはいけないものです。例えばどんなに短くても単元ぐらいで見なくてはいけない。1学期とか1年とか，もっと長くなれば3年や6年で見なくてはいけない目標です。具体的には思考力や表現力，あるいは長い意味で身についた関心・意欲のあり方などです。こういうことに関わる目標は，向上目標タイプとして見ていかなくてはいけません。

　3番目は，体験そのものが目標になる，というものです。この体験から，そのうちにその子なりに何かいい成果が出てくるはずだ，というものがあります。少なくとも教師が見ている間には成果が出てこない，でもやらせておかなくてはいけない，というものです。体験目標タイプの目標というのは，まさにそれです。ここでこういう楔のような体験を打ち込んでおく，これがこの子の中でどういう花を咲かせるかというのは，その子によっても違うし，時期によっても違う。しかし，やっておかなくてはいけない，というものです。

　目標と評価と指導の関わりについても，この3つのタイプ分けをおさえておかねばなりません。達成目標タイプであれば，目標があって実践があって評価があって，次にまた指導がある。けれども，向上目標タイプになれば，

目標に基づく働きかけや活動によって,目指した成果の兆し(シンプトム)が出てくればいい,ということになります。この兆しをとらえて,次の打つ手を考える。そういうサイクルを想定して,パーフェクトではないけれども,大まかに見ていこう,という考え方です。

　体験目標タイプになると,成果は全然見てとれないかもしれないのです。目標は立てなきゃいけない,それを実現するために楔のような体験を打ち込んでやらなきゃいけない,でもそれがどういう成果をあげてくるかは,きっといいものが出てくるはずだよね,と言って待つだけです。

古川:2008(平成20)年に告示された新しい学習指導要領とブルーム理論についてですが,2008年版学習指導要領では,「確かな学力」として,基礎・基本の力に加えて思考力や活用する力が非常に重要視されていますが,その評価がやはりわからないという思いが先生方の中にあると思うんですね。そういう時に,先ほど言われたブルームの教育目標の分類学(タキソノミー)を,もう一度見直す必要があるのではないかと思うのですが,いかがですか。

梶田:思考力は,例えば全国学力・学習状況調査のB問題が解ける,という形で一応のおさえをすることはできます。でもそれは,育てたい思考力からいうとシンプトム(兆し)でしかない。でも,それでいいのです。ただ,思考力について,PISAの読解力の問題やいろんな思考力の問題を通じて,現場でもう少し具体的なイメージをもっていかないといけないと思いますね。

　2008年の学習指導要領でいわれている「活用」とは,単にちょっと応用したものだけではないのです。思考というのは新しいものを生み出すわけですから,「活用」ももっと新しいものを生み出すところまで考えていかなくてはいけないのです。

　ブルームのタキソノミーでいえば,実は「活用」には非常に多様なものが含まれるわけです。ただ単なる応用だけではなくて,それについて「分析」とか,それを使って新たに創り出すには「総合」とか,新しい形で論拠論理をそえて最終判断をするには「評価」とか,こういうものはみんな「活用」なのです。非常に単純なレベルから非常に高次のものまで,タキソノミー(分類学)として細かく分けているわけです。これも一度勉強してみていた

だきたいと思いますね。
　ブルームのタキソノミーは今では古典になっていますので，これはこれで勉強したらいいと思いますが，その後いろいろと新しい展開があります。例えばPISA調査の「キー・コンピテンシー」と言われているものは，その新しい発展と言ってもいいわけです。日本でもタキソノミーを新しい形で展開したものがいくつか翻訳されていますから，そういうものをもう一度勉強し直してもいいのではないかと思います。

コラム　心理学者梶田博士

　梶田叡一は，一般にブルーム理論やそれを発展させた教育評価を専門にする学者だとか，中央教育審議会関係の審議委員を務める教育学者だと思われている。
　「ご専門は？」と問われると，「心理学と教育研究」と答えるが，けっして「教育学」とは答えない。あくまで，梶田叡一は自らの学者としてのアイデンティティを心理学者と規定している。にもかかわらず，1979年の文部省の指導要録改善協力者（連続3回），新教科「生活科」の創設，1997年から日本教職員組合「21世紀カリキュラム委員会」委員長，2000年からの小渕内閣の教育改革国民会議委員（総理大臣の私的諮問機関），2007年からの中央教育審議会副会長，中央教育審議会教育課程分科会長，教員養成部会長，全国学力・学習状況調査会議座長，2008年設立の教職大学院設立にともなう日本教職大学院協会会長等，初等教育から高等教育まで教育界における多岐にわたる活躍は教育界では知られたところである。
　梶田叡一の略歴は，1941（昭和16）年，島根県松江生まれ，その後鳥取県米子へ移り，1964（昭和39）年，京都大学文学部哲学科心理学専攻を卒業，同大学文学研究科を修了。博士論文は「自己意識の社会心理学的研究―特に，対人認知及び対人関係の規定要因としての自己意識について」である。1966年（昭和41）年国立教育研究所就職，その後日本女子大学，大阪大学，京都大学教授の後，1998年からノートルダム女子大学長をはじめ，兵庫教育大学長，環太平洋大学長，そして2015年度からは奈良学園大学学長を努める。
　梶田は「島根県人ですか鳥取県人ですか」と問われると「山陰人」ですと答え，2004年以来松江の松徳学園理事長を勤める。梶田はカトリック信者であり，1998年からカトリック教大学の京都ノートルダム女子大学長，仙台の聖ウルスラ学院英智小中・高等学校理事長や日本カトリック教育学会理事も勤める。梶田はカトリック信者であるが，京都大学文学部哲学科は戦前の西田幾多郎の哲学教育の伝統を持つことから，学生時代は京都の禅寺で仏教の修行も行っており，西洋的な思考と東洋的な思考を複眼的に持ち合わせ，独自の梶田理論を生み出している。例えば，西洋流のアメリカのブルームの教育目標の分類学が教師主導になるものを，梶田は仏教の経典「法華経」に依拠し日本的に発展させ，子どもの心を開くことを大切にし，ポイントを示し，次に納得して悟り，最後に学習成果を生活に活かすという「開・

示・悟・入」という教育目標の分類学（タキソノミー）を生み出した。

　学者梶田の研究，社会活動等の活動分野は五つに分けられる。

　一つ目は，ブルーム理論の日本への紹介によって相対評価中心であった教育評価を絶対評価に転換し，教育目標の分類学，形成的評価，これらを組み合わせたマスタリーラーニングなど日本の戦後の教育評価や学力観を転換させた教育評価としての学者の役割である。

　二つ目は，社会心理学的観点からの自己意識研究者としての側面である。梶田は大学時代から人間研究の中心に自己意識を位置づけ研究を続け，1980年には『自己意識の心理学』（1988年には改訂版）を出版している。心理学において，「自己意識とは何か」「自己概念と自己評価」「自己意識の形成と発達」「自己と他者」などの諸問題をライフワークとして，「我と我々の世界」で象徴的に表現している。三つ目は，カトリック信者として，カトリック精神に基づく中学校，高等学校，大学の学長や聖ウルスラ学院理事長（仙台），松徳学院理事長（島根）としての学校経営者，研究者としての側面である。近年の研究成果として2015年『不干斎ハビアンの思想―キリシタンの教えと日本的心性の相克―』（創元社）がある。四つ目は，広く教育研究者としての社会的貢献の役割である。前述のように，1980年代からは，文部省の小学校生活科指導要領作成協力者，大阪府箕面市教育委員会委員長，教育改革国民会議委員，日教組「21世紀カリキュラム委員会委員長」，2003年からの大阪府私学審議会会長，中教審の「教員養成部会長」「教育制度分科会長」「教育課程部会長」「第4・5期中教審副会長（2007年から～），兵庫教育大学学長，日本教職大学院協会初代会長，2007年からの全国学力・学習状況調査会議座長等数え上げればまだまだ日本の教育界の公職を担なっている。2010年に神戸新聞社から国と兵庫県の教育振興に対しての平和賞を受賞している。五つ目は，教育実践の組織者として学校現場教師とともに1975年から指導と評価を授業の中心に据え，「学力保障と成長保障の両全」をテーマに掲げ，豊かな人間教育の実現をめざし，神奈川県藤沢市研究グループをスタートに全国の教師たちと取り組んできた「人間教育研究協議会」会長の役割（研究機関紙『教育フォーラム』金子書房刊）である。2015年10月15日，「人間教育研究協議会」は名称を「日本人間教育学会」として学会組織に発展的解消を果たした。その他，「和文化教育研究会」会長，阪神大震災後発足した「いのちの教育実践研究会」顧問など学校現場とつながった研究会の日本の教育界の要職を果たしている。梶田の教育評価論・教育論は，これまで客観的で測定や評価方法を重視し，軽視されてきた子どもの内面の豊かな成長，それを支える内面世界に光を与える人間教育の立場に立った評価論であり人間教育論であるということ

第Ⅴ章　ブルーム理論と実践を拓いた人々の足跡

ができる。自分自身の内面世界を自己内対話によって形作り,「人間的な成長・発達」(Human Growth) を目指すのが梶田が言うところの「人間教育」として実現すべきところではなかろうか。

　ちなみに,梶田は2016年に1970年代のブルーム理論の研究から,近年の有能な「駒」でなく,賢明な「指し手」という主体的人間育成など,梶田がこれまでめざしてきた人間的な成長・成熟をめざして取り組んできた人間教育について,また,新しく発足した日本人間教育学会の前進の手掛かりと拠り所を提供することをめざして,『人間教育のために』(金子書房) を刊行し,志ある教師たちに提案し続けている。

参考・引用文献
梶田叡一著『巡礼する精神』東京書籍,2010年。
梶田叡一著『人間教育のために』金子書房,2016年。

資 料 編

戦後教育評価のあゆみ
指導要録様式の変遷
　○1948（昭和23）年改訂　小学校学籍簿（一部）
　○1949（昭和24）年改訂　中学校高等学校生徒指導要録（一部）
　○1955（昭和30）年改訂　小学校児童指導要録（一部）
　○1955（昭和30）年改訂　中学校生徒指導要録（一部）
　○1961（昭和36）年改訂　小学校児童指導要録（一部）
　○1961（昭和36）年改訂　中学校生徒指導要録（一部）
　○1971（昭和46）年改訂　小学校児童指導要録（一部）
　○1971（昭和46）年改訂　中学校生徒指導要録（一部）
　○1980（昭和55）年改訂　小学校児童指導要録（一部）
　○1980（昭和55）年改訂　中学校生徒指導要録（一部）
　○1991（平成3）年改訂　小学校児童指導要録（一部）
　○1991（平成3）年改訂　中学校生徒指導要録（一部）
　○2001（平成13）年改訂　小学校児童指導要録（一部）
　○2001（平成13）年改訂　中学校生徒指導要録（一部）
　○2010（平成22）年改訂　小学校児童指導要録（参考様式）
　○2010（平成22）年改訂　中学校生徒指導要録（参考様式）

戦後教育評価のあゆみ

■日本の事柄　★日本の書籍　□諸外国　○梶田叡一　☆書籍

年代（年）	
1881（明治14）	■学事表簿取調心得（生徒学籍簿の記入，学業成績は含まない）作成
1900（明治33）	■学籍簿の様式定める（学業成績，操行含む）
1920年代	□アメリカのソーンダイクを中心としたメジャーメント運動（五段階相対評価の源流）
1925（大正14）	■鈴木・ビネー個別知能検査の作成
1933〜41	□PEA（進歩主義協会）の8年研究，タイラー委員長「エバリエーション」概念成立
1936（昭和11）	■田中B式知能検査の作成
1941（昭和16）	■国民学校学籍簿の評価観点は「優」「良」「可」として評価基準を示す
1944（昭和19）	■田中・ビネー式個別知能検査の作成
1947（昭和22）	■学習指導要領一般編（試案）発行
1948（昭和23）	★青木誠四郎著『学習指導の基本問題』出版
1949（昭和24）	■学籍簿作成
	□アメリカ心理学会大会，大学試験員の会合で教育目標の分類（タキソノミー）開発研究がスタート
	□タイラー著『Basic Principles of Curriculum Instruction』出版
1950（昭和25）	★小宮山栄一著『教育評価の理論と方法』出版
1951（昭和26）	■学籍簿が「児童指導要録」に名称変更（相対評価による）
	★青木誠四郎他編『新教育と学力低下』出版
1953（昭和28）	★橋本重治著『教育評価法』出版
	■学習指導要領一般編改訂版発行
1954（昭和29）	□『教育目標の分類学ハンドブック』（仮）アメリカ心理学会大会シンポジュームで紹介
1955（昭和30）	■京大NX知能検査の作成
	★小宮山栄一『教育心理学講座』5巻「教育評価と測定」出版
	□スキナー，プログラム学習理論発表
	■指導要録の性格をめぐり「指導要録研究協議会」で在り方議論
1956（昭和31）	■指導要録改訂（学習の記録を「評定欄」「所見欄」に分け，対外的証明原簿の役割）
	□アメリカ教育研究協会（AERA）学力テストに関する専門的勧告
1958（昭和33）	★岡部弥太郎監修『教育評価事典』刊行（戦後初期の教育評価の集大成）
	□ブルーム等による『教育目標の分類学ハンドブック，認知領域のタキソノミー』刊行
1959（昭和34）	■学習指導要領改訂
1960（昭和35）	★橋本重治著『教育評価法総説』出版
1961（昭和36）	■中内敏夫「教育評価」『現代教育学2巻』5段階相対評価批判
1962（昭和37）	■指導要録改訂（学習の記録は相対評価，所見は個人内評価）
	■遠山啓，雑誌『現代教育科学』で相対評価批判

1963（昭和38）	■滝沢武久著『授業と認識』で相対評価批判
1964（昭和39）	□キャロル，学校学習モデル発表
	□グレーザー，規準準拠評価提案（criterion referenced measurement）
1965（昭和40）	□IEA（教育到達度評価国際協会）第1回算数・数学学力国際比較調査実施，日本参加
	□『教育目標の分類学ハンドブック，情意領域におけるタキソノミー・』刊行
	□「カリキュラム開発に関する国際セミナー」（OECDと文部省）におけるアトキンによる「工学的アプローチ」と「羅生門的アプローチ」の提案
1966（昭和41）	□クロンバック，適性処遇交換作用の理論発表
	□ブルーム，アメリカ教育研究協議会会長就任（AERA）
	★クロンバック著，東洋訳『教育の改善のための評価』刊行
1967（昭和42）	□スクリヴァン，カリキュラム改善のための形成的評価を提唱
	○梶田叡一，国立教育研究所就職（京都大学大学院文学研究科修士課程修了）
	■永野重史，ブルームのタキソノミー（認知領域）を日本に紹介
	★東井義雄・八鹿小学校編著『『通信簿』の改造』刊行
1968（昭和43）	□アイスナー，ブルームの教育工学的アプローチ批判
	□スクリヴァン，「ゴールフリー評価」提案『The Methodology of Evaliution』
1969（昭和44）	■学習指導要領改訂（「教育の現代化」）
	□ブルーム，「習得のための学習」論（Learning for Mastery）作業仮説発表
	■TVのモーニングショウでの通知表の相対評価論争（通信簿騒動）
	□『精神運動的領域におけるタキソノミー』（ダーベ）発表
	■渋谷憲一，ブルームのタキソノミー（情意領域）紹介
1970（昭和45）	★續有恒著『教育評価』刊行
	□NAEP（全米教育進歩度評価）の実施
1971（昭和46）	■全国教育研究所連盟学力調査（7・5・3教育，「落ちこぼれ教育」問題化）
	□IEA（教育到達度評価国際協会）第1回理科学力国際比較調査実施，日本参加
	□IEA「カリキュラム開発のための国際セミナー」開催（マスタリーラーニングの紹介）日本より四名派遣（中島章夫，日俣周二，武村重夫，梶田叡一）
	■指導要録改訂（文部省，「評定は一定の比率で割り振らないよう」通知）
	（「通知表は指導要録の記載方法の転用は適当でない」と通知）
1972（昭和47）	★中内敏夫著『学力と評価の理論』出版
	○梶田叡一，京都大学より文学博士の学位を受く
	■金豪権『完全学習の原理』初めて日本に紹介（『児童心理』5月号）
	■東京立川第二中学校で通知表の音楽の成績「オール3」問題発生
	■日本教職員組合，市販テスト追放運動
1973（昭和48）	■ブルーム来日公演（文部省，国立教育研究所，東京大学等）
	○梶田叡一，「来日したブルーム教授の所説を聞く」（内外教育7月11日号）
	★渋谷憲一・藤田恵璽・梶田叡一監訳ブルーム著『教育評価法ハンドブック』出版
1974（昭和49）	■日俣周二（協力教授組織研究会），横浜本街小学校でマスタリーラーニング試行
	★横浜本街小学校『学習目標の明確化と形成的評価』出版
	★渋谷憲一・藤田恵璽・梶田叡一訳ブルーム著『学習評価法ハンドブック』出版

年	
1975（昭和50）	○梶田叡一指導による神奈川県藤沢市教育文化研究所主催ブルーム理論教員研修会 ★神奈川県藤沢市教育文化研究所編『ブルームの完全習得学習理論の解明』刊行 ■静岡大学附属浜松中学校「形成的評価の研究」校内研究（1974～1995）日俣周二指導 ■京都府教育委員会『到達度評価への改善を進めるために』府下の学校へ配布 ■国立教育研究所通知表の全国実態第一次調査実施
1976（昭和51）	■国立教育研究所全国学力実態調査実施 ■福岡教育大学附属福岡中学校「形成的評価による授業改造」の校内研究始める ☆梶田叡一・植田稔編著『形成的評価による完全習得学習』出版 ■岩手大学附属中学校「形成的評価の研究」校内研究始める ■島根大学附属中学校「形成的評価の研究」校内研究始める ■マスタリーラーニングに関するシンポジュウム（岐阜大学カリキュラム開発センター，藤田恵璽中心） ○「完全習得学習の原則と研究・実践課題」発表・配布
1977（昭和52）	■韓国，金豪権『完全習得学習』（梶田叡一訳）日本で出版 ★橋本重治著『新教育評価法総説（上・下）』出版 ■学習指導要領改訂 ☆梶田叡一著『授業改革の論理』刊行 ★植田稔編著『マスタリーラーニングによる授業設計と実践』刊行
1978（昭和53）	○梶田叡一，日本女子大学文学部助教授就任 ○梶田叡一，小学校学習指導要領（教育課程一般）調査研究協力者 ★島根大学附属中学校編著『学習のダイナミック化と形成的評価』出版 ★福岡教育大学附属福岡中学校編著『形成的評価による授業改造』出版
1979（昭和50）	★タイラー著，金子孫市監訳『現代カリキュラム研究の基礎』（原著1949）邦訳出版 ★教育雑誌『授業研究—ブルーム理論』12月号特集 ★佐々木元禧京都府教育研究所編著『到達度評価』出版 ★東洋著『子どもの能力と教育評価』刊行 ■静岡大学附属浜松中学校「形成的評価の研究」校内研究，梶田叡一指導に変わる（1979～1995） ■京都到達度評価研究会結成
1980（昭和51）	■国立大学共通一次テスト実施開始 ○梶田叡一，指導要録改善協力者 ■指導要録改訂（相対評価と絶対評価による評価，観点別学習評価欄の導入） ★岩手大学附属中学校『形成的評価を生かした授業』刊行 ★『到達度評価研究ジャーナル』創刊 □IEA算数・数学学力国際比較調査実施，日本参加 □アメリカニューヨーク州テスト情報公開法発効
1981（昭和56）	○梶田叡一，大阪大学人間科学部助教授就任 ☆梶田叡一他訳ブルーム『個人特性と学校学習』刊行（原著は1976年） ○梶田叡一，「開示悟入」による日本的タキソノミーの再編を提案
1982（昭和57）	★静岡大学附属浜松中学校『子どもが生きる確かな授業』刊行

資　料　編

1983（昭和58）	★橋本重治著『到達度評価の研究』刊行
	★稲葉宏雄・大西匡哉監訳，ブロック，アンダーソン『教科指導における完全習得学習』刊行
	☆梶田叡一，「学校学習と個人特性の諸問題」（科研費研究）発表
	□IEA理科学力国際比較調査実施，日本参加
	■文部省全国学力調査～84年度（達成度調査）小学5年～中学3年の1％に実施
	■ブルーム来日公演（経団連ホール，大阪大学等）
	★教育雑誌『授業研究―ブルーム理論をどう受けとめるか』7月号特集
	○「開示悟入」によるタキソノミーの再編を提案，「教育評価研究協議会」機関紙，『教育評価展望1』発刊
	☆梶田叡一著『教育評価』刊行
	○梶田指導，兵庫県伊丹市笹原中学校，完全習得学習の研究（1983～1992年度）
	○梶田指導の指導と評価の各地のサークルが全国組織「教育評価研究協議会」を結成
	■全国到達度評価研究会結成
	■加藤幸次，ブルーム・梶田の「目標つぶしの授業」，行動目標論批判『授業研究』誌
	□アメリカ「危機に立つ国家」から標準テストの多用と説明責任論要求
1984（昭和59）	■中曽根内閣～87年度，「臨時教育審議会」設置
	□ブルーム，シカゴ大学定年退官，名誉教授就任
	★静岡大学附属浜松中学校『自己学習能力の育成――授業の設計と展望』刊行
1985（昭和60）	★稲葉宏雄著『学力問題と到達度評価』（上・下巻）刊行
	□アメリカ教職員団体「ウイングスプレッド会議」（ASCD）でブルーム批判
	☆梶田叡一著『子どもの自己概念と教育』刊行
1986（昭和61）	○「第1回教育評価実践交流会」開催（神奈川県藤沢市教育文化センター）
	★茨城県下館市立下館小学校（宮本三郎校長）『形成的評価による学力保障と成長保障』刊行
	★ブルーム著，稲葉宏雄・大西匡監訳『すべての子どもにたしかな学力を』
	○梶田叡一，小学校学習指導要領「生活科」協力者
	○梶田指導，兵庫県伊丹市東中学校，完全習得学習の研究（1986～1992年度）
	☆梶田叡一著『たくましい人間教育を――真の自己教育力を育てる』刊行
1987（昭和62）	○梶田叡一主催「第2回教育評価実践交流会」（大阪府箕面市文化センター）
	★安彦忠彦著『自己評価――「自己教育論」を超えて』刊行
	☆梶田叡一著『真の個性教育とは』刊行
1988（昭和63）	☆梶田叡一編集『教育評価フォーラム』創刊（2016年3月現在，第57号発刊）
	☆梶田叡一著『ブルーム理論に学ぶ』刊行
	○「第3回教育評価実践交流会」開催（岐阜県，文溪堂，総合等初等教育研究所）
	★梶田指導，神奈川県相模原市大野南中学校『学ぶ力を育てる授業の創造』刊行（84～88年）
	★東洋，梅本堯夫，芝祐順，梶田叡一編『現代教育評価事典』刊行
1989（平成元）	■学習指導要領改訂（小学校低学年に生活科新設，理科，社会廃止）
	★板倉聖宣著『私の評価論』刊行

	★武藤文夫著『安藤小学校の実践に学ぶ——カルテと座席表の22年』刊行
	○「第4回教育評価実践交流会」開催（神奈川県藤沢市教育文化センター）
	「教育評価研究協議会」を「人間教育研究協議会」に改組，（『教育フォーラム』4号〜）
	☆『教育フォーラム』2号「確かな授業をつくる」，『教育フォーラム』3号「個別化を考え」
	『教育フォーラム』4号「教育の人間化を」，
	○梶田叡一，指導要録改善協力者
	☆梶田叡一著『内面性の人間教育を』刊行
1990（平成2）	■大学入試センター試験開始
	☆梶田叡一編著『新しい授業づくりと形成的評価』（小・中編）刊行
	☆『教育フォーラム』5号「真の自立を目指す教育」，6号，『教育フォーラム』，7号「生き方の教育とは何か」，8号「自分自身への気づき」，9号，10号
	□「目標に準拠した評価」論批判から「真正の評価」論（authentic assessment）登場
1991（平成3）	ウイギンズ『A True Test Mowe Auhtentic and Equitable Assessment』参照
	○「人間教育研究協議会実践交流会」開催（茨城県下館小学校）
	○梶田叡一，大阪大学人間科学部教授就任（教育心理学講座）
	○長野県飯田市鼎小学校指導（〜2000年度）マスタリーラーニング，自己教育力育成
	☆梶田叡一著『内面性の人間教育を』刊行
	○梶田叡一，文部省，教育職員養成審議会委員
	■指導要録改訂（小学校低学年の評定は廃止，所見欄は文章表記，学籍と指導を別様化）
1992（平成4）	■指導要録開示請求に全面開示（箕面市教育委員会），各地へ波及
	○長野県南信濃和田小学校指導（〜2000年度）マスタリーラーニング，自己教育力育成
	★静岡大学附属浜松中学校『自己の生き方を探る授業の創造』刊行
	■文部省，業者テスト排除の事務次官通達
1993（平成5）	■梶田叡一指導，通知表全国第二次調査実施（箕面市教育センター）
	☆『教育フォーラム』11号「学校ぎらい」，12号「学力観の転換」，13号「内面を読む」
	☆梶田叡一編著『学びと育ちの評価——通知表全国調査研究リポート』刊行
1994（平成6）	○梶田叡一，京都大学高等教育教授システム開発センター教授就任
	○兵庫県教育委員会，阪神大震災「子どもたち達に生きる力を育む教育懇談会」委員
	★梶田指導，信州大学附属松本中学校『「新しい私」を育てる教育』刊行
	☆梶田叡一著『教育における評価の理論Ⅰ・Ⅱ・Ⅲ』刊行
	☆『教育フォーラム』14号「思いやこだわりを生かす」，15号「振り返り」
	□IEA算数・数学，理科学力国際比較調査実施，日本参加
1995（平成7）	☆『教育フォーラム』16号「真の基礎基本とは」，17号「学びと育ちの支援・援助」
	■中教審答申『21世紀を展望した我が国の教育の在り方』（生きる力の育成）

資 料 編

1996（平成8）	■学習指導要領改訂（「ゆとりの中で生きる力を」小・中学に総合的な学習の時間新設） ○長野県駒ヶ根市赤穂小学校指導（〜2001年度），「開示悟入」の実践研究 ☆『教育フォーラム』18号「学習環境を作る」，19号「生きる力を育てる」 ■藤田恵璽（聖心女子大学教授）人間教育研究協議会顧問死去
1997（平成9）	☆『教育フォーラム』20号「自信とプライドを育てる」 ★加藤幸次・安藤輝次著『総合学習のためのポートフォリオ評価』出版
1998（平成10）	★田中耕治・西岡加名恵著『総合学習とポートフォリオ評価入門編』出版 ○梶田叡一，ノートルダム女子大学学長就任 ☆梶田叡一著『意識としての自己──自己意識研究序説』出版 ☆『教育フォーラム』21号「授業に生かす自己評価活動」，22号「総合的な学習の実践」 □ブルーム博士死去
1999（平成11）	☆『教育フォーラム』23号「カリキュラムを創る」，24号 ■教育課程審議会答申「児童生徒の学習と教育課程の実施状況の評価の在り方について」
2000（平成12）	■小渕内閣，「教育改革国民会議」設置，報告，学力低下議論が国民的課題に □PISA（OECD）国際学力比較調査実施 ■教員評価制度導入（東京都実施後全国へ波及） ★高浦勝義著『ポートフォリオ評価法入門』刊行 ○梶田叡一，教育改革国民会議委員就任 ☆『教育フォーラム』25号「総合的な学習の展開と心の教育」，26号「教師の力量を高める」 ■指導要録改訂（評定欄と観点別学習状況欄に「目標に準拠した評価を採用）
2001（平成13）	★B.D.シャクリー他著，田中耕治監訳『ポートフォリオをデザインする』出版 □アンダーソン，クラスウオール等『学習・授業・評価のためのタキソノミー──ブルームのタキソノミー改訂版』刊行 □マルザーノの『新しいタキソノミー』紹介 ★安藤輝次著『ポートフォリオで総合的な学習を創る』出版 ☆『教育フォーラム』27号「学力向上をめざす教育」，28号「基礎基本に返る学習指導」 ■文部省「確かな学力向上のための2002アピール」発表
2002（平成14）	■国立教育政策研究所『評価規準の作成，評価方法の工夫改善のための参考資料』配布 ☆『教育フォーラム』29号「目標に準拠した評価の考え方と実際」，30号「評価基準を授業に生かす」 □PISA（OECD）国際学力比較調査実施（PISAショック） □TIMSS国際教育到達度評価学会（IEA），算数・数学，理科調査，日本参加 ○仙台聖ウルスラ学院理事長
2003（平成15）	■学習指導要領改訂一部改訂 ■OECD『成功の人生と良く機能する社会のためのキー・コンピテンシー』プロジェクト報告書（DeSeCo）

年	事項
	邦訳刊行
	☆『教育フォーラム』31号「基礎学力を考える」，32号「心の教育の基礎基本」
	■国立教育政策研究所『ポートフォリオ評価を活用した指導と評価に関する開発的研究』
	★高浦勝義著『絶対評価とルーブリックの理論と実際』刊行
2004（平成16）	○梶田叡一，兵庫教育大学学長就任
	☆梶田叡一著『絶対評価，〈目標準拠評価〉とは何か』出版
	☆『教育フォーラム』33号「確かな学力を育てる」，34号「教科の学力・指導力」
	□OECD教育研究革新センター編著『Formative Assessment』発表
2005（平成17）	○仙台聖ウルスラ学院英智小学校（〜2015年度），「開示悟入」とマスタリーラーニングの実践研究（金澤孝夫副校長指導）
	☆『教育フォーラム』35号「教育評価の課題を問い直す」，36号「真の学力向上のために」
	■教育基本法改正
	■中央教育審議会答申「新しい義務教育を創造する」（「確かな学力」提案))
2006（平成18）	□PISA（OECD）国際学力比較調査実施（PISAショック）
	☆梶田叡一著『和魂ルネッサンス――日本人の源流を求めて』出版
	☆『教育フォーラム』37号「授業力を磨く」，38号「いま求められている読解力とは」
	○梶田叡一，文部省全国学力状況調査の分析・活用の推進に関する専門家会議座長
2007（平成19）	○梶田叡一，中央教育審議会副会長（4期，5期），教員養成部会長，初等中等教育分科会長，教育制度分科会長，教育課程部会長就任
	■文部省全国学力状況調査実施
	■「学校評価」法制化（学校教育法改正）
	★田中耕治編著『人物で綴る戦後教行く評価の歴史』出版
	○梶田叡一，中央教育審議会副会長（4・5期），教員養成部会長，初等中等教育分科会長，教育課程部会長就任
	☆『教育フォーラム』39号「思考力を育てる」，40号「教師という道」
	□IEA（国際教育到達度評価学会），算数・数学，理科調査実施，日本参加
	■中央教育審議会答申
	■学習指導要領改訂
2008（平成20）	★OECD編著，有本昌広監訳『形成的アセスメントと学力』出版
	★田中耕治著『教育評価』出版
	○梶田叡一，日本教職大学院協会会長就任
	☆『教育フォーラム』41号「新しい学習指導要領」，42号「伝統・文化の教育」
	□PISA（OECD）国際学力比較調査実施
	☆『教育フォーラム』43号「活用の力とは何か」，44号「いのちの教育」
2009（平成21）	■指導要録改訂
	★石井英真著『現代アメリカにおける学力形成論の展開』
2010（平成22）	☆『教育フォーラム』45号「確かな学力形成と教育評価の在り方」，46号「言葉の力を育てる」
	□TIMSS国際教育到達度評価学会（IEA），数学・理科調査
	☆『教育フォーラム』47号「こころを育てる」，48号「国際教育の課題と展望」

2011（平成23）	□PISA（OECD）国際学力比較調査実施
	○梶田叡一，環太平洋大学学長就任
2012（平成24）	☆『教育フォーラム』49号「確かな学力を育てる確かな授業」，50号「やる気を引き出すやる気を育てる」
	■人間教育研究協議会顧問，宮本三郎，植田稔　死去
	☆『教育フォーラム』51号「新しい道徳教育のために」，52号
2013（平成25）	■中教審「特別の教科　道徳」新設（小・中学校）を答申
	○奈良学園大学学長就任
2014（平成26）	☆『教育フォーラム』53号「文学が育てる言葉の力」，54号「各教科を支える言語活動」
	☆梶田叡一著『不干斉ハビアンの思想』出版
	○日本人間教育学会設立，梶田叡一会長就任
	☆『教育フォーラム』55号，56号「アクティブ・ラーニングとは何か」
2015（平成27）	☆『教育フォーラム』57号「PISA型学力を育てる」
2016（平成28）	☆梶田叡一著『人間教育のために』出版
	■中央教育審議会「教育課程企画特別部会」次期学習指導要領に向けた審議のまとめ発表

1948（昭和23）年改訂　小学校学籍簿（一部）

教科	評価	学年	一年 +2+1 0-1-2	二年 +2+1 0-1-2	三年 +2+1 0-1-2	四年 +2+1 0-1-2	五年 +2+1 0-1-2	六年 +2+1 0-1-2
国語	聞く							
	話す							
	読む							
	書く							
	作る							
社会	理解							
	態度							
	技能							
算数	理解							
	態度							
	技能							
理科	理解							
	態度							
	能力							
音楽	鑑賞							
	表現							
	理解							
図画工作	鑑賞							
	表現							
	理解							
家庭	理解							
	態度							
	技能							
体育	理解							
	態度							
	技能							
	習慣							
自由研究								
学習指導上とくに必要と思われる事項								
全体についての指導の経過								
担任者職氏名								

出典：諸沢正道監修，中島章夫・垂木祐三編著（1980）『指導要録の解説　昭和55年改訂』ぎょうせい。

資料編

1949（昭和24）年改訂　中学校高等学校生徒指導要録（一部）

出典：諸沢正道監修，中島章夫・垂木祐三編著（1980）『指導要録の解説　昭和55年改訂』
ぎょうせい。

1955（昭和30）年改訂　小学校児童指導要録（一部）

出典：諸沢正道監修，中島章夫・垂木祐三編著（1980）『指導要録の解説　昭和55年改訂』ぎょうせい。

1955（昭和30）年改訂　中学校生徒指導要録（一部）

出典：諸沢正道監修，中島章夫・垂木祐三編著（1980）『指導要録の解説　昭和55年改訂』ぎょうせい。

1961（昭和36）年改訂　小学校児童指導要録（一部）

児童氏名															
各教科の学習の記録									行動および性格の記録						
Ⅰ 各教科の評定									Ⅰ 事実の記録						
教科 学年	国語	社会	算数	理科	音楽	図画工作	家庭	体育	第1学年				第4学年		
1															
2															
3									第2学年				第5学年		
4															
5															
6									第3学年				第6学年		

Ⅱ 各教科の学習についての所見

教科	観点＼学年	1	2	3	4	5	6
国語	聞く						
	話す						
	読む						
	作文						
	書写						
	進歩の状況						
社会	社会事象への関心						
	社会事象についての思考						
	知識・理解						
	社会的道徳的な判断						
	進歩の状況						
算数	数量への関心						
	数学的な考え方						
	用語・記号などの理解						
	計算などの技能						
	進歩の状況						
理科	自然の事象への関心						
	科学的な思考						
	実験・観察の技能						
	知識・理解						
	自然の愛護						
	進歩の状況						
音楽	鑑賞する						
	歌を歌う						
	楽器を演奏する						
	旋律を作る						
	進歩の状況						
図画工作	絵をかく・版画を作る						
	彫塑を作る						
	デザインをする						
	ものを作る						
	鑑賞する						
	進歩の状況						
家庭	技能						
	知識・理解						
	実践的な態度						
	進歩の状況						
体育	健康・安全への関心						
	運動の技能						
	公正・協力・責任などの態度						
	進歩の状況						

Ⅱ 評定

項目＼学年	1	2	3	4	5	6
基本的な生活習慣						
自主性						
責任感						
根気強さ						
自省心						
向上心						
公正さ						
指導性						
協調性						
同情心						
公共心						
積極性						
情緒の安定						

Ⅲ 所見

第1学年		第4学年	
第2学年		第5学年	
第3学年		第6学年	

Ⅲ 備考

第1学年		第4学年	
第2学年		第5学年	
第3学年		第6学年	

標準検査等の記録

学年	検査年月日	検査の名称・結果・備考

出典：諸沢正道監修，中島章夫・垂木祐三編著（1980）『指導要録の解説　昭和55年改訂』ぎょうせい。

資料編

1961（昭和36）年改訂　中学校生徒指導要録（一部）

生徒氏名											
各教科の学習の記録									行動および性格の記録		
I 各教科の評定				II 各教科の学習についての所見					I 事実の記録		
教科＼学年	1	2	3	教科	観点＼学年	1	2	3	第1学年		
国　語				国語	関心				第2学年		
社　会					聞く・話す						
数　学					読む						
理　科					作文				第3学年		
音　楽					国語への関心・意識						
美　術					進歩の状況				II 評定		
保健体育				社会	社会事象への関心				項目＼学年	1	2	3
技術家庭					社会事象についての思考				基本的な生活習慣			
	第1学年	第2学年	第3学年		知識・理解				自主性			
選択教科	外国語（　）	外国語（　）	外国語（　）		技能				責任感			
	（時数　）	（時数　）	（時数　）		社会的な道徳的な判断				根気強さ			
					進歩の状況				自省心			
	（時数　）	（時数　）	（時数　）	数学	数学への関心				向上心			
					知識・理解				公正さ			
	（時数　）	（時数　）	（時数　）		技能				指導性			
					直観・見通し				協調性			
					論理的な思考				同情心			
					進歩の状況				公共心			
				理科	自然の事象への関心				積極性			
					科学的な思考				情緒の安定			
					実験・観察の技能				III 所見		
					知識・理解				第1学年		
					応用・技術						
					進歩の状況				第2学年		
				音楽	歌を歌う						
					楽器を演奏する				第3学年		
					創作する						
					鑑賞する						
					知識・理解						
					音楽への関心・態度						
					進歩の状況						
				美術	絵をかく						
					彫塑を作る				IV 趣味・特技		
					デザインをする						
					鑑賞への関心・態度						
					進歩の状況						
				保健体育	健康・安全への関心						
					運動の技能						
					公正・協力・責任などの態度						
標準検査等の記録					知識・理解				進路に関する記録		
学年	検査年月日	検査の名称・結果・備考			進歩の状況				第1学年		
				技術・家庭	知識・理解						
					技能						
					表現・創造						
					態度						
					進歩の状況				第2学年		
				選択教科（外国語）	関心						
					聞く						
					話す						
					読む						
					書く						
					外国語への関心・態度						
					進歩の状況				第3学年		
				選択教科							
				III 備考							
				第1学年							
				第2学年							
				第3学年							

出典：諸沢正道監修，中島章夫・垂木祐三編著（1980）『指導要録の解説　昭和55年改訂』ぎょうせい。

1971（昭和46）年改訂　小学校児童指導要録（一部）

児童氏名	

各教科の学習の記録

I　評　定

教科＼学年	1	2	3	4	5	6
国　語						
社　会						
算　数						
理　科						
音　楽						
図画工作						
家　庭	✕	✕	✕	✕		
体　育						

II　所　見

教科	観点	学年 1	2	3	4	5	6
国語	聞くこと						
	話すこと						
	読むこと						
	作文・写						
社会	知識・理解						
	観察力や資料活用の能力						
	社会的思考・判断						
算数	知識・理解						
	技　能						
	数学的な考え方						
理科	知識・理解						
	観察・実験の能力						
	科学的な思考						
音楽	基礎						
	鑑賞						
	歌唱						
	器楽						
	創作						
図画工作	絵画						
	彫塑						
	デザイン						
	工作						
	鑑賞						
家庭	技能	✕	✕	✕			
	知識・理解	✕	✕	✕			
	実践的な態度	✕	✕	✕			
体育	運動の技能						
	実践的な態度						
	保健についての知識・理解						

III　備　考

第1学年		第4学年	
第2学年		第5学年	
第3学年		第6学年	

特別活動の記録

第1学年		第4学年	
第2学年		第5学年	
第3学年		第6学年	

行動および性格の記録

I　評　定

項目＼学年	1	2	3	4	5	6
健康・安全の習慣						
礼　儀						
自　主　性						
責　任　感						
根気強さ						
創意くふう						
情緒の安定						
協　力　性						
公　正　さ						
公　共　心						

II　所　見

第1学年		第4学年	
第2学年		第5学年	
第3学年		第6学年	

標準検査の記録

学年	検査年月日	検査の名称・結果・備考

出典：諸沢正道監修，中島章夫・垂木祐三編著（1980）『指導要録の解説　昭和55年改訂』ぎょうせい。

資料編

1971（昭和46）年改訂　中学校生徒指導要録（一部）

生徒氏名	

各教科の学習の記録

I 評定

教科＼学年	1	2	3
国語			
社会			
数学			
理科			
音楽			
美術			
保健体育			
技術・家庭			
選択教科 外国語（　）			

II 所見

教科	観点＼学年	1	2	3
国語	聞くこと			
	話すこと			
	読むこと			
	作文			
	書写			
	ことばに関する知識			
社会	知識・理解			
	資料活用の能力			
	社会的思考・判断			
数学	知識・理解			
	技能			
	数学的な考え方			
理科	知識・理解			
	観察・実験の能力			
	科学的な思考			
音楽	斉唱			
	歌唱			
	器楽			
	創作			
	鑑賞			
美術	絵画			
	彫塑			
	デザイン			
	工芸			
	鑑賞			
保健体育	運動の技能			
	実践的な態度			
	知識・理解			
技術・家庭	技能			
	知識・理解			
	くふう・創造			
選択教科 外国語（　）	聞くこと			
	話すこと			
	読むこと			
	書くこと			

III 備考

第1学年	
第2学年	
第3学年	

特別活動の記録

第1学年	第2学年	第3学年

行動および性格の記録

I 評定

項目＼学年	1	2	3
基本的な生活習慣			
自主性			
責任感			
根気強さ			
創意くふう			
情緒の安定			
寛容			
指導性			
協力性			
公正さ			
公共心			

II 所見

第1学年	
第2学年	
第3学年	

III 趣味・特技

出典：諸沢正道監修，中島章夫・垂木祐三編著（1980）『指導要録の解説　昭和55年改訂』ぎょうせい。

1980（昭和55）年改訂　小学校児童指導要録（一部）

出典：諸沢正道監修，中島章夫・垂木祐三編著（1980）『指導要録の解説　昭和55年改訂』ぎょうせい。

資 料 編

1980（昭和55）年改訂　中学校生徒指導要録（一部）

生徒氏名												
各 教 科 の 学 習 の 記 録									行動及び性格の記録			
Ⅰ 評　　定				Ⅱ 観点別学習状況					Ⅰ 評　　定			
教科＼学年	1	2	3	教科	観　点＼学年	1	2	3	項目＼学年	1	2	3
国　語				国語	表　現　の　能　力				基本的な生活習慣			
社　会					表現（書写）の能力				自主性			
					理　解　の　能　力							
数　学					言語に関する知識				責任感			
理　科					国語に対する関心・態度				勤労意欲・根気強さ			
音　楽				社会	知　識　・　理　解				創意工夫			
美　術					資料活用の能力				情緒の安定			
保健体育					社会的思考・判断				寛容・協力性			
技術・家庭					社会的事象に対する関心・態度							
選択教科 外国語（ ）				数学	知　識　・　理　解				公　正			
					技　　　　　　能				公共心			
					数学的な考え方							
					数学に対する関心・態度							
Ⅲ 所　　見				理科	知　識　・　理　解				Ⅱ 所　　見			
第1学年					観察・実験の技能				第1学年			
					科学的な思考							
					自然に対する関心・態度							
				音楽	表　現　の　能　力							
					鑑　賞　の　能　力							
					音楽に対する関心・態度							
第2学年				美術	表　現　の　能　力				第2学年			
					鑑　賞　の　能　力							
					美術に対する関心・態度							
				保健体育	運　動　の　技　能							
					知　識　・　理　解							
					運動・保健に対する関心・態度							
第3学年				技術・家庭	技　　　　　　能				第3学年			
					知　識　・　理　解							
					生活や技術に対する関心・態度							
				選択教科 外国語（ ）	聞　く　こ　と							
					話　す　こ　と							
					読　む　こ　と							
					書　く　こ　と							
					外国語に対する関心・態度							
特　別　活　動　の　記　録										Ⅲ 趣味・特技		
第1学年			第2学年			第3学年							
1活動の意欲　2集団への寄与			1活動の意欲　2集団への寄与			1活動の意欲　2集団への寄与							

出典：諸沢正道監修，中島章夫・垂木祐三編著（1980）『指導要録の解説　昭和55年改訂』ぎょうせい。

1991（平成3）年改訂　小学校児童指導要録（一部）

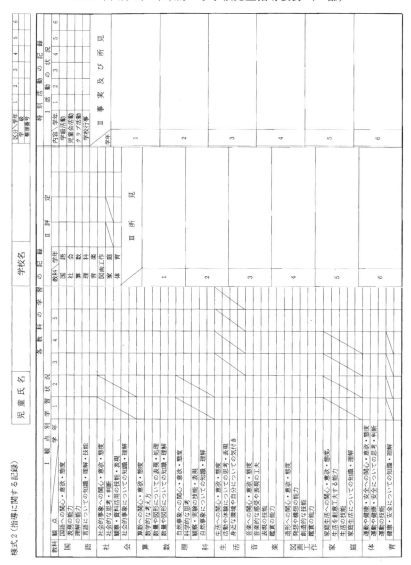

出典：文部省（1991）『文部省発表　小・中学校指導要録　全文と改訂の解説　平成3年改訂版』明治図書出版。

資料編

1991（平成3）年改訂　中学校生徒指導要録（一部）

様式2（指導に関する記録）

生徒氏名		学校名		区分＼学年	1	2	3
				学　　級			
				整理番号			

各教科の学習の記録

I　観点別学習状況

教科	学年＼教科	1	2	3
国語	国語への関心・意欲・態度			
	表現の能力			
	理解の能力			
	言語についての知識・理解・技能			
社会	社会的事象への関心・意欲・態度			
	社会的な思考・判断			
	資料活用の技能・表現			
	社会的事象についての知識・理解			
数学	数学への関心・意欲・態度			
	数学的な考え方			
	数学的な表現・処理			
	数量、図形などについての知識・理解			
理科	自然事象への関心・意欲・態度			
	科学的な思考			
	観察・実験の技能・表現			
	自然事象についての知識・理解			
音楽	音楽への関心・意欲・態度			
	音楽的な感受や表現の工夫			
	表現の技能			
	鑑賞の能力			
美術	美術への関心・意欲・態度			
	発想や構想の能力			
	創造的な技能			
	鑑賞の能力			
保健体育	運動や健康・安全への関心・意欲・態度			
	運動や健康・安全についての思考・判断			
	運動の技能			
	運動や健康・安全についての知識・理解			
技術・家庭	生活や技術への関心・意欲・態度			
	生活を創意工夫する能力			
	生活の技能			
	生活や技術についての知識・理解			
選択教科	外国語（共通）コミュニケーションへの関心・意欲・態度			
	表現の能力			
	理解の能力			
	言語や文化についての知識・理解			
	国語			
	社会			
	数学			
	理科			
	音楽			
	美術			
	保健体育			
	技術・家庭			
	外国語（選択）			

II　評定

教科	学年	1	2	3
国語				
社会				
数学				
理科				
音楽				
美術				
保健体育				
技術・家庭				
選択教科	外国語（共通）			
	国語			
	社会			
	数学			
	理科			
	音楽			
	美術			
	保健体育			
	技術・家庭			
	外国語（選択）			

III　所見

第1学年	
第2学年	
第3学年	

出典：文部省（1991）『文部省発表　小・中学校指導要録　全文と改訂の解説　平成3年改訂版』明治図書出版。

2001（平成13）年改訂　小学校児童指導要録（一部）

様式２（指導に関する記録）

児童氏名	学校名	区分＼学年	1	2	3	4	5	6
		学級						
		整理番号						

各教科の学習の記録

Ⅰ　観点別学習状況

教科	観点＼学年	1	2	3	4	5	6
国語	国語への関心・意欲・態度						
	話す・聞く能力						
	書く能力						
	読む能力						
	言語についての知識・理解・技能						
社会	社会的事象への関心・意欲・態度						
	社会的な思考・判断						
	観察・資料活用の技能・表現						
	社会的事象についての知識・理解						
算数	算数への関心・意欲・態度						
	数学的な考え方						
	数量や図形についての表現・処理						
	数量や図形についての知識・理解						
理科	自然事象への関心・意欲・態度						
	科学的な思考						
	観察・実験の技能・表現						
	自然事象についての知識・理解						
生活	生活への関心・意欲・態度						
	活動や体験についての思考・表現						
	身近な環境や自分についての気付き						
音楽	音楽への関心・意欲・態度						
	音楽的な感受や表現の工夫						
	表現の技能						
	鑑賞の能力						
図画工作	造形への関心・意欲・態度						
	発想や構想の能力						
	創造的な技能						
	鑑賞の能力						
家庭	家庭生活への関心・意欲・態度						
	生活を創意工夫する能力						
	生活の技能						
	家庭生活についての知識・理解						
体育	運動や健康・安全への関心・意欲・態度						
	運動や健康・安全についての思考・判断						
	運動の技能						
	健康・安全についての知識・理解						

Ⅱ　評定

学年＼教科	国語	社会	算数	理科	音楽	図画工作	家庭	体育
3								
4								
5								
6								

総合的な学習の時間の記録

学年	学習活動	観点	評価
3			
4			
5			
6			

特別活動の記録

内容＼学年	1	2	3	4	5	6
学級活動						
児童会活動						
クラブ活動						
学校行事						

行動の記録

項目＼学年	1	2	3	4	5	6
基本的な生活習慣						
健康・体力の向上						
自主・自律						
責任感						
創意工夫						
思いやり・協力						
生命尊重・自然愛護						
勤労・奉仕						
公正・公平						
公共心・公徳心						

出欠の記録

区分＼学年	授業日数	出席停止・忌引等の日数	出席しなければならない日数	欠席日数	出席日数	備考
1						
2						
3						
4						
5						
6						

出典：文部科学省ホームページ。

2001（平成13）年改訂　中学校生徒指導要録（一部）

様式２（指導に関する記録）

生徒氏名		学校名		区分＼学年	1	2	3
				学　級			
				整理番号			

各教科の学習の記録

必修教科

Ⅰ　観点別学習状況

教科	観点＼学年	1	2	3
国語	国語への関心・意欲・態度			
	話す・聞く能力			
	書く能力			
	読む能力			
	言語についての知識・理解・技能			
社会	社会的事象への関心・意欲・態度			
	社会的な思考・判断			
	資料活用の技能・表現			
	社会的事象についての知識・理解			
数学	数学への関心・意欲・態度			
	数学的な見方や考え方			
	数学的な表現・処理			
	数量，図形などについての知識・理解			
理科	自然事象への関心・意欲・態度			
	科学的な思考			
	観察・実験の技能・表現			
	自然事象についての知識・理解			
音楽	音楽への関心・意欲・態度			
	音楽的な感受や表現の工夫			
	表現の技能			
	鑑賞の能力			
美術	美術への関心・意欲・態度			
	発想や構想の能力			
	創造的な技能			
	鑑賞の能力			
保健体育	運動や健康・安全への関心・意欲・態度			
	運動や健康・安全についての思考・判断			
	運動の技能			
	運動や健康・安全についての知識・理解			
技術・家庭	生活や技術への関心・意欲・態度			
	生活を工夫し創造する能力			
	生活の技能			
	生活や技術についての知識・理解			
外国語	コミュニケーションへの関心・意欲・態度			
	表現の能力			
	理解の能力			
	言語や文化についての知識・理解			

選択教科

Ⅰ　観点別学習状況

教科	観点＼学年	1	2	3

Ⅱ　評定（必修教科）

学年＼教科	国語	社会	数学	理科	音楽	美術	保健体育	技術・家庭	外国語
1									
2									
3									

Ⅱ　評定（選択教科）

学年＼教科									
1									
2									
3									

総合的な学習の時間の記録

学年	学習活動	観点	評価
1			
2			
3			

出典：文部科学省ホームページ。

2010（平成22）年改訂　小学校指導要録参考様式

様式2（指導に関する記録）

児童氏名		学校名		区分＼学年	1	2	3	4	5	6
				学級						
				整理番号						

各教科の学習の記録

I　観点別学習状況

教科	観点＼学年	1	2	3	4	5	6
国語	国語への関心・意欲・態度						
	話す・聞く能力						
	書く能力						
	読む能力						
	言語についての知識・理解・技能						
社会	社会的事象への関心・意欲・態度						
	社会的な思考・判断・表現						
	観察・資料活用の技能						
	社会的事象についての知識・理解						
算数	算数への関心・意欲・態度						
	数学的な考え方						
	数量や図形についての技能						
	数量や図形についての知識・理解						
理科	自然事象への関心・意欲・態度						
	科学的な思考・表現						
	観察・実験の技能						
	自然事象についての知識・理解						
生活	生活への関心・意欲・態度						
	活動や体験についての思考・表現						
	身近な環境や自分についての気付き						
音楽	音楽への関心・意欲・態度						
	音楽表現の創意工夫						
	音楽表現の技能						
	鑑賞の能力						
図画工作	造形への関心・意欲・態度						
	発想や構想の能力						
	創造的な技能						
	鑑賞の能力						
家庭	家庭生活への関心・意欲・態度						
	生活を創意工夫する能力						
	生活の技能						
	家庭生活についての知識・理解						
体育	運動や健康・安全への関心・意欲・態度						
	運動や健康・安全についての思考・判断						
	運動の技能						
	健康・安全についての知識・理解						

II　評定

学年＼教科	国語	社会	算数	理科	音楽	図画工作	家庭	体育
3								
4								
5								
6								

外国語活動の記録

観点＼学年	5	6
コミュニケーションへの関心・意欲・態度		
外国語への慣れ親しみ		
言語や文化に関する気付き		

総合的な学習の時間の記録

学年	学習活動	観点	評価
3			
4			
5			
6			

特別活動の記録

内容	観点＼学年	1	2	3	4	5	6
学級活動							
児童会活動							
クラブ活動							
学校行事							

出典：文部科学省ホームページ。

資料編

2010（平成22）年改訂　小学校指導要録参考様式

児童氏名

行動の記録

項目 \ 学年	1	2	3	4	5	6	項目 \ 学年	1	2	3	4	5	6
基本的な生活習慣							思いやり・協力						
健康・体力の向上							生命尊重・自然愛護						
自主・自律							勤労・奉仕						
責任感							公正・公平						
創意工夫							公共心・公徳心						

総合所見及び指導上参考となる諸事項

第1学年	第4学年
第2学年	第5学年
第3学年	第6学年

出欠の記録

区分 \ 学年	授業日数	出席停止・忌引等の日数	出席しなければならない日数	欠席日数	出席日数	備考
1						
2						
3						
4						
5						
6						

出典：文部科学省ホームページ。

2010（平成22）年改訂　中学校指導要録参考様式

様式2（指導に関する記録）

生徒氏名		学校名		区分＼学年	1	2	3
				学級			
				整理番号			

各教科の学習の記録

I　観点別学習状況

教科	観点	学年	1	2	3
国語	国語への関心・意欲・態度				
	話す・聞く能力				
	書く能力				
	読む能力				
	言語についての知識・理解・技能				
社会	社会的事象への関心・意欲・態度				
	社会的な思考・判断・表現				
	資料活用の技能				
	社会的事象についての知識・理解				
数学	数学への関心・意欲・態度				
	数学的な見方や考え方				
	数学的な技能				
	数量や図形などについての知識・理解				
理科	自然事象への関心・意欲・態度				
	科学的な思考・表現				
	観察・実験の技能				
	自然事象についての知識・理解				
音楽	音楽への関心・意欲・態度				
	音楽表現の創意工夫				
	音楽表現の技能				
	鑑賞の能力				
美術	美術への関心・意欲・態度				
	発想や構想の能力				
	創造的な技能				
	鑑賞の能力				
保健体育	運動や健康・安全への関心・意欲・態度				
	運動や健康・安全についての思考・判断				
	運動の技能				
	運動や健康・安全についての知識・理解				
技術・家庭	生活や技術への関心・意欲・態度				
	生活を工夫し創造する能力				
	生活の技能				
	生活や技術についての知識・理解				
外国語	コミュニケーションへの関心・意欲・態度				
	外国語表現の能力				
	外国語理解の能力				
	言語や文化についての知識・理解				

II　評定

学年＼教科	国語	社会	数学	理科	音楽	美術
1						
2						
3						

学年＼教科	保健体育	技術・家庭	外国語
1			
2			
3			

総合的な学習の時間の記録

学年	学習活動	観点	評価
1			
2			
3			

特別活動の記録

内容	観点 ＼ 学年	1	2	3
学級活動				
生徒会活動				
学校行事				

出典：文部科学省ホームページ。

資料編

2010（平成22）年改訂　中学校指導要録参考様式

生　徒　氏　名

行　動　の　記　録							
項　目　　　学　年	1	2	3	項　目　　　学　年	1	2	3
基本的な生活習慣				思いやり・協力			
健康・体力の向上				生命尊重・自然愛護			
自主・自律				勤労・奉仕			
責任感				公正・公平			
創意工夫				公共心・公徳心			

総合所見及び指導上参考となる諸事項
第1学年
第2学年
第3学年

出　欠　の　記　録					
区分　　学年	授業日数	出席停止・忌引等の日数	出席しなければならない日数	欠席日数	出席日数	備　考
1						
2						
3						

出典：文部科学省ホームページ。

あとがき

　本書は，梶田叡一博士が1971（昭和46）年，スウェーデンのグレナで開催された IEA 主催国際セミナーで，ブルーム博士から直接指導を受け，1973年にブルームたちの理論を『教育評価法ハンドブック』として刊行し，当時主流の相対評価法中心の教育界で，京都府立教育研究所や民間教育団体での到達度評価運動など教育界での激しい論争を背景に，日本に絶対評価（目標に準拠した評価）を紹介し，ブルーム理論を導入，定着，開発させ，その後独自の梶田理論として発展させ行く過程を研究したものである。

　かつて，梶田は「教育研究の原点」として1971（昭和46）年に出会ったブルーム理論の研究の足跡を15年後の1986（昭和61）年に『ブルーム理論に学ぶ』として刊行している。本書は，さしずめブルーム理論を梶田叡一博士から学んできた私にとって，「ブルームと梶田理論に学ぶ」というのが適切ではないだろうかとした次第である。もちろん，「梶田理論」といっても，梶田の研究領域は心理学・哲学・宗教学・言語学・教育学等研究領域も広く，「梶田理論」の全貌を語ることは不可能に近い。したがって，本書は教育心理学者ブルーム博士の教育目標の分類学（タキソノミー），完全習得学習（マスタリーラーニング），形成的評価，カリキュラム論などブルーム理論の日本への受容と発展に関する教育評価論・学力論を中心に日本の戦後教育評価・学力のターニングポイントになった1970年代から1990年代を中心に研究を進めた。研究を進めるにあたって当時の記録も少なくなり，ブルーム理論の研究実践を拓いてきた諸先輩の多くが教育現場を離れ関係者も限られるようになってきた。幸い中心人物の梶田博士が今なお教育界の重鎮として活躍し，また教育現場で活躍する諸先輩のお世話になったおかげで，当時の研究実践，研究資料，貴重なインタビューなどを通して研究を進めることができた。

　特に第Ⅴ章の「ブルーム理論と実践を拓いた人々の足跡」で，恵まれていた点は，ブルーム理論の教育研究実践を拓いてき諸先輩である，植田稔（元神奈

川県藤沢市湘南台小学校長），宮本三郎（元茨城県下館市立下館小学校長），竹田紀男（元岩手県立総合教育センター所長），田中吉兵衛（元岩手県盛岡市立厨川中学校長），伊藤雅章（元静岡県浜松市立蜆塚中学校長），杉浦治之（現浜松日体中・高等学校教頭），陣川柱三（元福岡県教育委員会部長），中島章夫（元文部省大臣官房審議官），梶田叡一（元兵庫教育大学学長・現奈良学園大学長）各先生方から当時の歴史的概要をつぶさに聞き取ることができたことである。インタビューは，2007年度〜2009年度に取り組んだ科学研究費補助金（基盤研究C9）19530733「通知表に見るみる学力観の変遷に関する研究」，研究代表者―古川治，研究分担者―梶田叡一（兵庫教育大学学長），浅田匡（早稲田大学人間科学学術院教授），西森章子（大阪府立大学講師），細川和仁（秋田大学準教授），渡邊規矩郎（兵庫教育大学特任教授），後藤真一（後藤教育研究所長）の一環として実施したものであり，インタビューを担当したのは植田稔先生は古川が，宮本三郎先生は渡邊・古川が，竹田紀男，田中吉兵衛先生は細川・古川が，伊藤雅章，杉浦治之先生には古川が，陣川柱三先生は渡邊・古川が，中島章夫先生は細川・古川が，梶田先生は古川が担当した。今回本書に再録させていただくにあたって，当時科研研究の共同研究者の方々の了解をいただいた。快く了解していただいた共同研究者の皆様にお礼を申し上げたい。

　さて，日本のブルーム理論の実践研究の草分けは，先進的な教育研究をする大学附属の研究学校ではなく植田稔先生をリーダーとする神奈川県藤沢市の公立小学校の先生方を中心とする「藤沢グループ」である。何故，地方の公立小学校の先生方が『教育評価法ハンドブック』刊行１年後の夏休み，箱根で30人もの先生たちが宿泊までしてブルーム理論の研修に参加することができたのかが不思議であった。

　植田稔先生は，「当時先生方は，民間教育団体や教職員組合主催の研修会には参加するが，教育委員会主催の研修会には参加しない先生方が参加したことを『藤沢市の先生が動いた』と感動を持って語られていた。当時，植田先生は藤沢市教育文化センターの研究主事（指導主事ではない）という立場であった。インタビューによると，終戦前軍国主義教育により，「お国のために命を投げ出す覚悟をしていた軍国青年」が，戦後民主主義教育へと価値観が変わり，そ

あとがき

れを体験した植田先生は「教育とは恐ろしくもあり，重要なものであると思い，教師になろうと思った」と述べている。植田青年は，その後現在の横浜国立大学に入学し，直接戦後相対評価の日本のリーダーであった橋本重治から教育評価について学ぶ。新しい教育工学にも取り組んだが壁にぶつかり，悩んでいた時に手にしたのが『教育評価法ハンドブック』であった」と述べている。それはこれまで経過からすると偶然ではなく，必然的な出会いではなかったかと私は考えている。植田先生は，すかさず，国立教育研究所に梶田博士を訪ね，夏季合宿研修会講師に招聘している。その後，研修会に参加した先生方を母体に「藤沢グループ」が成立し，マスタリーラーニングの実践研究が拓かれた。今回，インタビュー原稿の校正をお願いしたが，時遅く植田先生に校正をしていただくことはできなかった。植田稔先生は残念にも2013（平成25）年にご逝去された。生前の指導に感謝申し上げるとともに，心よりご冥福をお祈り申し上げる。

植田先生の貴重なインタビュー原稿の校正は，ともに藤沢グループのリーダーで理科教育の実践を推進した中山洋司先生（恵泉女学園学園長）が快く植田先生の遺志を引き継いで正確な記録とし完成していただくことができた。中山洋司先生には心からお礼申し上げたい。

次に「四附属中学」と呼ばれた中学校にも，過去の研究を発展させるためブルーム理論に注目する必然的な理由があった。岩手大学附属中学校は，研究主任の竹田先生によると，ブルームの『教育評価法ハンドブック』の研究が1976（昭和51）年から始まる前の研究テーマは「一人ひとりの認識を高める授業の研究」であり，これを評価の観点から見直してみなければならない時期を迎えていた。また，田中吉兵衛先生による日本初の「目標構造図」の開発や梶田先生の「学力保障と成長保障の両全」の原型の開発などが行われた。

また福岡教育大学附属福岡中学校のブルーム研究は，陣川柱三先生によれば，福岡県教育センターの指導主事からブルーム理論の講義を受けた陣川たちが，1975（昭和50）年後半から始めたといっている。福岡教育大学附属福岡中学校のブルーム研究は，認知領域を経て，関心・意欲・態度を見取る評価方法としての兆候（シンプトム）の開発など，特に情意的領域の研究に優れた成果を上

げた。

　さらに，ブルーム研究を15年間行った静岡大学附属浜松中学校では1971年当時は，「教材の特質に即した学習過程の工夫」の研究を行い，その後附属浜松中学校は「今後10年指導講師を務めてもらえる先生として」梶田先生を招聘し，1980年代の杉浦治之研究部長時代には生徒の内面性を育てる研究を土台にブルーム理論の研究を発展させた。1980年代には，自己学習能力，自己評価能力の育成など生徒が学習課題を自己の内面性と教科や生き方とどう対峙させていくかという「ライフタスク」，のちに総合的な学習に発展する「ライフセミナー」など次々に研究を深めていく。同時に，梶田博士もこれらの理論的研究を次々に発表した。ブルームからマスタリーラーニングを学んだ後も，ただ学力向上を図るだけでなく，子ども一人ひとりの内面世界を成長させることにこだわっていた。それを梶田博士は「学力保障と成長保障の両全」という言葉で表現した。この点について『ブルーム理論に学ぶ』の中で，「『学力保障と成長保障の両全』とは，「長い目で見た子どもの全人格的な成長発達を支える感性や思考力や学習能力，積極性や自信やたくましさ等々を多様な活動の参加を通して，一歩一歩形成していくことであり，教育活動自体も子どもの心身をゆさぶり，成長発達への刺激を豊かに含むものとなるよう可能な限り，多様で躍動的なものにしていく」ということであると真意を述べている。したがって，その後梶田博士の研究は，「人間教育」を目指した研究活動へと一層広がりを見せていった。

　15年間の流れについては，お二人の話し合いで初期を伊藤先生，後期を杉浦先生から鳥瞰的に総括していただくことができた。伊藤雅章先生，杉浦治之先生には心からお礼申し上げる。

　文部省の1980年改訂指導要録改善協力者会議の委員を務めた宮本三郎先生には，歴史的な相対評価から絶対評価への転換点になった指導要録改善協力者会議の委員同士の相対評価と絶対評価の激し論争が交わされた様子をつぶさに語ってもらった。当時の緻密な資料を持参され絶対評価へ傾いていく議場の論点をお話しいただき，「戦前の軍国青年」から，戦後の民主教育に取り組み「人一倍教育の勉強をし」，梶田先生と出会い，一公立小学校であった茨城県下館

あとがき

　小学校で，全校をあげて完全習得学習へ取り組み，全学年・全単元の目標分析の事例集を出す苦労について語っていただいた。宮本先生は，校長退職後も大学で教鞭をとりながら，毎年開催する「人間教育研究協議会夏季セミナー」には研究会顧問として欠かさず参加され，物静かに助言いただいたことが忘れられない。その宮本三郎先生は，残念にも2013（平成25）年にご逝去された。生前のご指導に感謝申し上げるとともに，心よりご冥福をお祈り申し上げる次第である。

　元文部省大臣官房審議官の中島章夫先生には，1980年の指導要録改訂（評価改革）が「文部省に中島が，国立教育研究所に梶田がおり，文部省初等中等教育局長の諸澤局長が推進役であった」ので可能だったこと，またグレナセミナーでは若き文部官僚として「カリキュラム部会」に参加し，ブルームのカリキュラム論を踏まえて，日本のカリキュラムも，系統的にカリキュラム編成していく必要があり，そのため日本各地の教育センターはカリキュラムセンター機能を持たなければ，「指導要領の改訂はパッチワーク的な方法から改善できない」と語られていた。私が勤めていた新設の箕面市教育センターでは，梶田博士の指導の下，通知表全国調査，自己評価全国調査，ティーム・ティーチングの全国調査を実施し，全国のカリキュラムの現状と課題，授業づくりや教材センターとしての機能を担う努力をし，カリキュラムセンターのモデル事例として中島先生に見学に来ていただいたことが思い出に残っている。

　梶田博士からは直接，1970年代から1990年代にわたるブルーム理論の日本への導入の苦労や梶田理論に発展していく経過をお聞きすることができた。インタビューさせていただいた先生方には改めてお礼を申しあげる次第である。

　また，第Ⅲ章，第1節では梶田提案の体験目標を通して向上目標を考えていく日本流タキソノミー「開示悟入」の実践例では1985年からいち早く取り組んでいた黒田尚宏先生（小林聖心女子学院小学校）から，今回改めて当時の貴重な実践例の提供やインタヴューを伺うことができた。心から感謝申し上げる。

　次に，第Ⅳ章では，「ブルーム博士講演」として，1983年来日の講演記録であったが，あえて生のブルーム博士の声を受け止めた先生方の真摯な質問も歴史的記録として再録させてもらった。

次に，第Ⅲ章，第4節の「ブルームタキソノミーの批判と修正タキソノミー」について申し添えておかねばならない。マスタリーラーニングは，授業のつまずきを補修し，授業改善を図りすべての子どもたちを目指す到達目標へ達成させる学習方法として日本の教育界に広まり，子どもたちに学力の結果の平等を保障することに貢献し，「学力保障と成長保障の両全」を実現した。しかし，マスタリーラーニングには批判もあり，実践者たちも内在的な弱点の修正・補正に務めた。

　梶田博士は，民間教育団体の到達度評価運動の授業では「～ができる」など見える学力を中心に到達度評価を中心に進め，目標達成の平板な授業になりがちな傾向に対して，授業をいかに揺さぶりのある生き生きした授業にしていくか，そのためには学力の目標を，「達成目標」だけでなく，その子なりの向上を「向上目標」として，自分の実感・納得・本音に基づく「体験目標」の概念の創造，関心・意欲・興味などの情意面の学力をどのように評価すればよいのかという課題には，シンプトム（兆候）などを開発した。

　さらに，学習にとって内発的動機付けになる関心・意欲・興味などの情意面の開発には，仏教の仏典「法華経」から「開らかしめる」を大切にした「開示悟入」という授業方法を提言した。また情意面を優先し認知面を軽視する「新学力観」の混乱状況を「氷山に浮かぶ学力」として「見えやすい学力」「見えにくい学力」という学力モデルで整理した。また，理論的な批判としては，ブルームのタキソノミーは認知領域にまず，知識があり，次に理解があるように知識を量的にとらえ，知識を土台にして理解・応用と次々に獲得して収束的に知識を冷蔵庫の中へ新たな知識を貯蔵していく過程ではないかとも言われた。しかし，ブルームのタキソノミーは教科内容に沿った知識の目標を超えて，到達する長い展望の能力として広く学力を見通すことを可能にした。これまで，到達目標は教科の内容に沿って設定されていたが，ブルームのタキソノミーは教科の知識の習得と問題解決能力という二次元から能力を見ることを可能にした点はいまさらながら評価すべきである。2000年以来，学力はPISA国際学力調査で求められたようなキーコンピテンシーやリテラシーという「能力」の育成を中心に議論されるようになってきた。それこそ，思考力を中心にしたコン

あとがき

ピテンシー（資質・能力）の先進的研究として，ブルームや弟子のアンダーソンたちの「教育目標の分類学」（タキソノミー）の研究開発がこの分野を開拓したのである。これからのキーコンピテンシーなど教科を越えて求められる問題解決能力・汎用的な能力の育成には能力の要素の分析が必須になってくる。次期学習指導要領のアクティブラーニングしかりであろう。その原点がタキソノミーであったことを想起し，若い先生方にも歴史的意義を伝えねばならない。

第Ⅲ章，第4節では，梶田博士が1990年代から幾度となく日本流にブルームのタキソノミーの修正を図ってきたことにふれた。本書では梶田博士が「修正タキソノミー」として「獲得すべき能力」―「学習活動での留意点」―「教授・学習形態の例」を9段階に示した図を掲載しているので参考にされたい。

本書で見たように，梶田博士の評価論は教育評価のために行うだけでなく，子ども一人ひとりの内面世界を生きて，自らの一生に対して責任を持ち，たくましく生きていく学習主体を育てる「人間教育」理論の一貫である。

梶田博士は2016年に刊行した『人間教育のために』第9章「ブルーム理論の日本における実践化」の中で，ブルーム理論の位置づけを「我々が『人間教育』ということで願ってきた『人間的な成長を目指す教育』を『現実の教育的諸条件の人間化』を通じてという目標意識は，ブルーム理論の実践化を目指す教育実践研究の中に，大きな底流として流れていたものである。」と語っている。

そもそも，「人間教育」という概念については1989年8月に神奈川県藤沢で開かれた「教育評価研究協議会」第4回大会で，それまでの「教育評価」という名称から「人間教育研究協議会」として新たにスタートした。梶田博士はその思いを人間教育研究協議会の実践研究がめざすもの「暫定方針」10か条としてを提言した。

総括目標の中心4点は，① 子ども一人ひとりの個性的で主体的な成長を実現していくことこそ教育の本質的使命であると考える。望ましい教育活動の在り方に関し理論的実践的な研究に務める。望ましい教育制度，カリキュラムの在り方を研究し，提言する。② 子どもに対して責任を持って，基礎的基本的学力を実現することと同時に，個性的で主体的な人間的成長の基礎をづくりを

271

図る，「学力保障と成長保障の両全」に務める。③ 現代の社会文化的状況における子どもの成長発達の問題点に関心を持ち，実態解明に努め教育的是正案について工夫，提言する。④ 現代の学校教育がはらむ病理的現象に関心を持ち，実態解明に努めるとともに，抜本的な解決・軽減のため研究し，提言するである。梶田博士は「1989年に提言した「人間教育の暫定方針は2016年の現在も変わるところはない」とし，人間教育を取りまとめている。

　ところで，私的なことになりますが私のブルーム理論の学習の始まりは1979（昭和54）年です。大阪府箕面市内小学校高学年の先生たちでティームを作り，全市的に算数の分数領域でマスタリーラーニングを試み，概ね85％の到達率を達成し，この実践研究成果が，大阪府教育委員会から認められ1981年度大阪府公立学校教育研究会最優秀賞を受賞しました。成果は，日本数学教育学会大会，全日本教育工学研究協議会大会，関西教育学会，日本教育心理学会，日本教育方法学会等などで発表し，関西地区でも実践交流する研究サークル仲間も徐々に広がっていきました。1981（昭和56）年に梶田先生が東京の日本女子大学助教授から大阪大学人間科学部助教授に着任され，翌年の1982年，関西地区でブルームのマスタリーラーニングの実践研究をしていたサークル仲間の有志三人，長石敦先生（大阪府立教育センター指導主事），加藤明先生（大阪教育大学附属池田小学校）と私（当時大阪府箕面市立南小学校）の三人が，「梶田叡一先生から，直接ブルームのマスタリーラーニングについてご指導を受けたい」と，お願いに伺い，大阪大学人間科学部の研究室で梶田先生を囲むささやかな研究会が誕生することになりました。研究会名は「教育評価実践研究会」「授業改革研究会」そして全国規模の「人間教育研究協議会」へと名称を変えたが，通称「梶田研」として35年間続いてきました。研究会は月１回の定例会での実践発表や梶田先生からの講義や助言，夏休み・冬休みのセミナーの開催，機関誌『教育フォーラム』などの発行などに参加し，研鑽をつむことができました。全国的なセミナーでは，福岡，関西，浜松，藤沢，東京など各地のグループの先生方との実践交流「他流試合」を通して，研究的に人間的に多くを学ばせていただくことができました。

あとがき

　35年間続いた梶田先生を代表とする「人間教育研究協議会」に集う全国の仲間が取り組んだ研究会やセミナーなどの諸活動を通した実践研究は，1870年以降現在までの日本の授業改革，評価改革など「人間教育」の育成に貢献してきたと評価できるのではないでしょうか。（この研究会も2015年10月には，「日本人間教育学会」としてさらに，発展的解消をすることになりました。）

　今後とも，学恩ある恩師梶田叡一先生がお元気でご活躍されますようお祈り申し上げます。

　本書の刊行により新たな宿題ができました。本書は，ブルーム理論，梶田理論を中心に論じたものであり，2001年の『改訂版タキソノミー』を提言した弟子のアンダーソンたちのいわゆるポスト「ブルームタキソノミー」の教育評価論の整理と，さらにブルームの学力論を戦後学力・能力論の系譜の中に正当に位置付ける課題が残っているということです。現在に続く戦後教育評価史，学力論の位置づけについては，改めて論じたいと思います。

　今回，かつて取り組んだ科学研究費補助金対象研究「通知表に見るみる学力観の変遷に関する研究」や「人間教育研究協議会」機関誌『教育フォーラム』，甲南大学教職教育センター研究報告書や日本カリキュラム学会で発表したこれまでの成果を土台に，恩師梶田先生のお勧めにより，本書を編むことになりました。才能に溢れたものならともかく，筆者のような門下生でも，恩師から学んできたことを，とりまとめにかからなければならない年齢を迎えました。そこで，これまで35年間に及ぶ恩師梶田叡一先生への学恩に報いるべく本書を著した次第です。

　甲南大学教職教育センター所長の中里英樹教授には，本書が伊藤忠兵衛基金出版助成を受けるにあたって推薦の労をとっていただきました。また教職教育センター藤本佳和課長並びに伊藤忠兵衛基金出版担当の学長室の田原光乗様には煩雑な推薦事務をそれぞれ担当していただきました。さらに，同僚の藤井一亮教職教育センター教授（2016年3月退職）には出版の後押しと助言を賜りました。中里英樹所長，藤井一亮教授，藤本佳和課長，田原光乗様には心よりお礼を申し上げます。

　また，本書を作成するに当たり，PC. Communicationセンターの前中收二

さんには，インタビューの撮影，原稿の掘り起こし，原稿校正，膨大なデータの整理等大変お世話になりました。友人の前中さんの助力がなければ本書はできなかったでしょう。心からお礼申し上げます。

　さらに，本書の出版に当たり，ミネルヴァ書房編集部の浅井久仁人氏には筆者の相談に真摯に対応してくださるとともに，有益な助言をしていただきました。心中より感謝の言葉を申し上げます。

　最後に私事になりますが，学校現場，教育委員会や大学等の教師を務めながらも，校務の合間を縫い35年余りの間研究活動に専念させてもらい，陰ながら支えてくれた妻の浩子に本書を捧げ，感謝の気持ちを伝えます。

　　2016（平成28）年9月20日

古川　治

人名索引

ア 行
アイスナー，E. W.　　37, 54, 101
青木誠四郎　　3, 4
浅田匡　　58, 181
熱海則夫　　173, 202
有島重武　　77
有薗格　　57, 58
アンダーソン，L. W.　　58, 101
板倉聖宣　　16, 43, 141
伊藤雅章　　182, 185
井上正明　　36, 167
上田薫　　19
植田稔　　39, 40, 70, 139, 222, 223

カ 行
梶田叡一　　20
加藤明　　80
金井達蔵　　39, 139, 197
金澤孝夫　　82
キム・ホウゴオン（金豪権）　　38, 151, 221, 223
キャロル，J. B.　　55
クラスウォール，D. R.　　31, 58, 101
黒田尚宏　　80, 82
コールバーグ，L.　　32
小宮山栄一　　5, 6

サ 行
佐々木元禧　　20
柴田義松　　142
渋谷憲一　　20, 37
菅井啓之　　80
杉浦治之　　47, 192, 193
スクリヴァン，M.　　33
ソーンダイク，E. L.　　12, 223, 225

タ・ナ 行
タイラー，R. W.　　23, 37
竹田紀男　　42
武村重和　　37, 144
辰野千寿　　197, 212
田中耕治　　24
ダーベ，R. H.　　32, 55
続有恒　　20, 152
東井義雄　　16
遠山啓　　16
中内敏夫　　20
中島章夫　　37, 38, 216, 224
中山洋司　　147

ハ 行
ハヴィガースト，R. J.　　37
橋本重治　　10, 11, 13, 22, 23, 24, 133, 139
ピアジェ，J.　　32
肥田野直　　17
日俣周二　　182
広岡亮蔵　　181, 187
藤田忠爾　　20, 37
ボファム，W. J.　　54

マ・ヤ 行
牧口常三郎　　77, 78
松本金寿　　17
宮本三郎　　49, 224, 228
村越邦男　　21
村松啓至　　47
メイシア，B. B.　　31
諸澤正道　　198, 218
山根俊喜　　10

事 項 索 引

ア 行

アクティブ・ラーニング　104
新しい学力観　92, 93
アメリカ教育使節団　61, 220
岩手大学附属中学校　42, 181, 222
海に浮かぶ氷山　95
エヴァリエーション　5
オール3　20
落ちこぼれ　16
──問題　19, 36, 186

カ 行

開示悟入　74, 76, 78, 82
ガイダンスレコード　220
海面に浮かぶ氷山としての学力　93
各教科の所見　199
学習指導要領　3
──2008年版　232
学籍簿　8
学籍簿改訂委員会　7
学力の四つの層　98
学力保障　164
学力保障と成長保障の両全　49, 51, 57, 190, 228
仮説実験授業　70, 141, 142
学校目標総括表（O表）　47, 48, 189, 191
学校目標分析基礎票（P表）　47, 48, 188, 189, 191
学校目標分析表（Q表）　47, 48, 188, 191
カリキュラム開発のための上級者国際セミナー　37, 55
カリキュラムセンター　215
関心・意欲・態度　53, 174
関心・態度　52, 199
完全習得学習　25, 73
『完全習得学習の原理』　151, 223
完全習得理論　2, 30, 133
観点別学習状況　2, 52
観点別学習状況の評価　94

「観点別学習評価状況」欄　70
「観点別評価」欄　53, 60, 97
キー・コンピテンシー　233
基礎目標　50
技能・表現　53
教育工学　25
教育測定　6
教育の現代化　186
教育評価　6
教育評価研究協議会　78
『教育評価法』　10
『教育評価法総説』　11
『教育評価法ハンドブック』　20, 141, 143, 151
教育目標の分類学（タキソノミー）　30, 31, 73, 75, 126
京都府教育委員会　70
グレナ・セミナー　221
形式的テスト　125
形成的評価　2, 25, 33, 167, 171, 224
──の四附属中学校　222
考査　5
向上目標　46, 49, 71, 155
行動・性格の記録　199
国際教育到達度評価学会（IEA）　108, 132
国立教育研究所　71, 215
個人差　130
個人内評価　8, 12, 13, 24
五段階教授法　77
個別指導　118, 120

サ 行

才能開発　131
座席表カルテ　19
自己意識　100
思考・判断　53
自己概念　192, 194
自己学習能力　193
自己実現　193
自己評価　84, 86

自己評価カード　88
自己評価活動　85, 86
静岡大学附属浜松中学校　47, 48, 181, 194, 222
「7・5・3」教育　19
実感，納得　96
指導と評価の一体化　58, 224
指導要録　2, 8, 9, 61, 220
　　──昭和55年版　52, 60, 64, 201, 220
指導要録改善協力者会議　52, 197, 212
島根大学附属中学校　181, 222
下館小学校　204, 205, 228
修正タキソノミー　101, 102
習得主義　158, 187
　　──育　186
情意的領域　31, 54, 57, 76, 101
「所見」欄　9
『新教育評価法総説』　11
診断的評価　32, 167
シンプトム　46, 186
生活科　92, 229
正規分布　6, 222
　　──曲線　2, 8, 14
精神運動的領域　31, 54, 57, 76, 101
成長保障　164
絶対評価　2, 12, 13
全国教育研究所連盟　19
前提目標　50
総括的評価　33, 167
総合的な学習　229
相対評価　2, 12, 13
測定主義　223

タ　行
体験目標　46, 49
タキソノミー　30, 232
確かな学力　232
達成目標　46
タレントディベロップメント　127
知識・理解　53
中核目標　50, 190
中教審「教育課程企画特別部会」　104

兆候　46, 186
調査書　62
通信簿　15
通知表　2, 61, 62
通知表全国調査　63, 227
通知表論争　18, 62
詰め込み教育　19
『到達度評価の研究』　22
到達度評価法　2
到達目標　43

ナ　行
内申書　2
内発の動機づけ　96
認知的領域　31, 54, 57, 75, 101

ハ　行
発展目標　50
PISA（OECD）　230
　　──ショック　230
評価基準　177
評価規準　71, 177
標準偏差（S.D.）　15
「評定」欄　9, 53
福岡教育大学附属福岡中学校　43, 181, 222
藤沢グループ　41, 222
藤沢市教育文化研究所　70, 139, 140, 141, 144
方向目標　43
補充・深化・発展　170

マ　行
マスタリーラーニング　30, 34, 38, 113-134
マトリックス　188
見えない学力　94, 97, 98
見えにくい学力　93
見えやすい学力　93
見える学力　94, 97, 98
目標つぶし　71, 72
目標分析　25, 151, 195
目標分析表　155, 156
問題解決能力　122, 126

ヤ・ラ行
ゆとり教育　229
ユニット　183, 185
四附属中学校　70

四六答申　201
ライフセミナー　48, 190, 191, 192, 195
ライフタスク　48, 190, 192
履修主義　158, 187

〈著者紹介〉

古川　治（ふるかわ・おさむ）
1948年，大阪府豊中市生まれ。桃山学院大学社会学部社会学科卒業。
現在，甲南大学教職教育センター特任教授。中央教育審議会専門委員を務める。専門は教師教育学，カリキュラム論，教育経営学。大阪府箕面市立萱野小学校教諭，箕面市教育委員会指導主事，箕面市教育センター所長，豊川南小学校長，止々呂美中学校長，東大阪大学こども学部教授を経て現職。著書に，『教育改革の時代』（東京書籍），『自己評価活動が学校を変える』（明治図書），『過渡期の時代の学校』（日本教育新聞社），『学びと育ちの評価――全国通知表リポート』（共著日本教育新聞社）『ティームティーチングの教育技術』（共著，明治図書），『総合的な学習を生かす評価』（小・中2巻，共著，ぎょうせい），『教職に関する基礎知識』（共著，八千代出版），『教職をめざす人のための教育課程論』（編著，北大路書房），『学校と保護者の関係づくりをめざすクレーム問題』（編著，教育出版）など。

　　　　　　ブルームと梶田理論に学ぶ
　　　　　──戦後日本の教育評価論のあゆみ──

2017年3月1日　初版第1刷発行　　　　　　　〈検印省略〉

定価はカバーに
表示しています

著　者　　古　川　　　治
発行者　　杉　田　啓　三
印刷者　　江　戸　孝　典

発行所　株式会社　ミネルヴァ書房
607-8494 京都市山科区日ノ岡堤谷町1
電話代表（075）581-5191
振替口座 01020-0-8076

© 古川治，2017　　　　　　共同印刷工業・新生製本

ISBN978-4-623-07920-9
Printed in Japan

パフォーマンス評価入門——「真正の評価」論からの提案
────────── ダイアン・ハート著,田中耕治監修　A 5 判 204頁　本体3000円

●思考力・判断力・表現力を評価する「パフォーマンス評価」や「ポートフォリオ評価」は,どんな考え方に基づき,どのように実践するべきか？　本書では,「質」の高い学力を教師や子ども,保護者たちの「参加」によって育もうとする「真正の評価」論と,その評価方法である「パフォーマンス評価」や「ポートフォリオ評価」等の進め方を具体的に解説する。授業と評価に関わる全ての人のための格好の入門書。

協調学習と CSCL
────────── 加藤浩・望月俊男編著　A 5 判 240頁　本体2700円

●子どもたちの「学びあい」を中心とした学習方法で,近年注目を集める「協調習」の理論と具体的な技法,分析・評価について解説。「協調学習」が展開するコミュニティの構築を支援する学習環境,システムについて考察する。

学びのデザイン：学習科学
────────── 大島純・益川弘如編著　A 5 判 240頁　本体2700円

●学びをデザインする,という挑戦。学習科学研究の展開の過程をたどり,理論と具体的な国内外での取り組みを紹介する。最新の学習科学研究の紹介を学習理論と実践の融合という軸で構成,教育工学がどのように貢献できうるか考察する。

事例で学ぶ学校の安全と事故防止
────────── 添田久美子・石井拓児編著　B 5 判 156頁　本体2400円

●「事故は起こるもの」と考えるべき。授業中,登下校時,部活の最中,給食で…,児童・生徒が巻き込まれる事故が起こったとき,あなたは——。学校の内外での多様な事故について,何をどのように考えるのか,防止のためのポイントは何か,指導者が配慮すべき点は何か,を具体的にわかりやすく,裁判例も用いながら解説する。学校関係者必携の一冊。

──── ミネルヴァ書房 ────

http://www.minervashobo.co.jp/